CSR 3.0

기업사회공헌에서 기업사회혁신으로

두 아이, 조나와 맥스 줄리우스
그리고 내 인생의 궁극적 사회변화혁신을 가능하도록 해 준
아내 리사에게 이 책을 바친다.

CSR 3.0

기업사회공헌에서 기업사회혁신으로

제이슨 사울 지음 · 안젤라 강주현 옮김

청년
정신

감사의 말

　이 책은 기업의 가능성과 가치 평가의 힘을 믿는 나의 회사 미션 매저먼트Mission Measurement의 고객인 여러 기업, 재단, 정부기관의 도움으로 쓰여졌다. 초기부터 그 가능성과 힘을 신뢰해 주었던 사람들과 친구들에게 진심으로 감사한다. 특히 맥도널드 RMHC의 자넷 버튼, 크래프드 푸드의 애미나 디커슨, 보스턴 칼리지 기업시민센터 브래드 구긴스와 세릴 카이저, 리바이스의 제이슨 맥브라이어티, DAI의 크리스티 라간, 비-커즈Be-Cause의 매트 레더하우센, 월마트의 미쉘 스테갈, 소셜 캐피털 파트너스Social Capital Partners의 폴라 베레진, 트래블러스 재단의 마릴린 입센, CECPCommittee Encouraging Corporate Philanthropy의 찰리 무어에게 특별한 감사의 마음을 전한다. 나와 나의 일에 믿음을 준 데 대해서 모두에게 감사한다.

　미션 매저먼트의 유능한 직원들에게도 감사의 마음을 표현하고 싶다. 에린 심슨은 나의 첫 '캠페인 매니저'로서 내가 이 책을 생각하게 된 아이디어 파트너였다. 나의 파트너인 프라나브 코타리도 귀중한 조언을 통해서 내가 이 책을 마칠 수 있도록 '공중 엄호' 해주었다. 나의 동료인 쉐릴 데벤포트는 내가 우리 고객들과의 활동 속에서 중요한 내용들을 뽑아내 '꼭 필요한 원칙' 들을 만들 수 있도록 도와주었다. 웬디 라자르는 내가 분기별 데드라인을 달성하고 마지막 목표 라인까지 갈 수 있도록 힘이 돼 주었다. 이들은 나의 사고에 영감을 주고, 그 사고들을 다듬을 수 있게 해주었고, 또한 그 사고를 완성할 수 있도록 자극을 주었다.

이 책을 만드는 팀 또한 세계 최고의 수준이었다. 나의 에이전트인 캐롤 만은 이 책을 저술하는 프로젝트를 개념화 하고 현실화 할 수 있도록 도와주었다. 조시-배스의 편집자 캐런 머피는 첫 날부터 이 프로젝트에 확신을 가지고 임해 주었으며, 이 책이 더 나은 책이 될 수 있도록 도움을 주었다. 편집 개발자인 사친 웨이카는 나의 저술과 구성 작업에 있어서 이 책이 창공을 날 수 있도록 처음부터 끝까지 나의 부기장 역할을 도맡아서 해주었다.

또한 힐러리 하르네트와 멜라니 할베슨은 사례 연구와 정보 조사를 하는 데 있어서 믿음직하고 능력 있는 열성적인 정보 조사 지원자였다.

무엇보다도 나의 가족에게 감사한다. 특히 나의 아내 리사는 내가 두 번째 저서를 마치는 동안 우리의 두 번째 아들을 출산했다. 이 책은 우리의 신혼여행에서 생각하게 되었는데, 리사는 나와 나의 비전에 대한 인내심, 지원, 사랑, 헌신으로 이 책을 가능하게 해주었다.

마지막으로 이 책을 위해 인터뷰했던 모든 혁신적인 기업과 앞서가는 실무자들에게 감사한다. 사실 당신들이 이 책의 진정한 저자들이다.

세계를 변화시키는 방법은 세 가지다.

중국을 변하게 하고, 캘리포니아를 변하게 하고,

월마트를 변하게 하면 된다.

−윌리엄 맥도노크, 건축가, 디자이너, 지속가능성 전문가

월마트는 경주마 샴푸에서부터 잘라서 파는 선인장, 공을 꿰매는 실 감는 장치에 이르기까지 모든 것을 판다. 그야 말로 동전 하나하나를 긁어 모아 2008년 순이익은 120억 달러나 된다.

그런데 월마트가 아직 수익을 내지 못하고 있는 부분이 있다. 선한 일을 하는 분야이다. 월마트가 좋은 일을 많이 하고 있지 않다는 얘기가 아니다. 2009년 월마트와 관련 회사들은 4억 2,300만 달러의 현금 및 현물을 전 세계 자선기관에 기부했다. 미국 푸드뱅크에는 1억 파운드나 되는 음식을 제공하였으며, 100만 시간이 넘은 자원봉사 활동을 하였다. 하지만 비즈니스 관점에서 볼 때, 월마트가 10만 개가 넘는 자선기관들에 했던 기부활동은 그 투자에 대한 효과가 명확하지 못하다. 환경, 교육, 헬스케어, 국제개발 등의 사회적 문제는 이제 비즈니스 성공의 중요한 요소가 되었다.

월마트와 같은 기업들은 이런 질문을 하게 되었다. 우리는 어떻게 사회적 전략을 비즈니스 전략으로 만들 수 있는가?

월마트 본사에는 그 질문이 벽에 쓰여 있다. 진짜다. 또한 아칸소의 벤토빌 월마트 본사 사무실 로비에는 기업 역사에서 주요 시점들을 기리는 명판들이 줄지어 걸려 있는데, 2006년에는 특히 중요한 활동이 적혀 있다. 바로 그 해는 월마트가 4달러짜리 처방약 프로그램을 런칭한 해이다. 즉 모든 월마트 고객들에게 일반 처방약을 4달러에 살 수 있도록 한 것이다.

그 프로그램을 시작한 이후, 월마트는 모든 고객, 특히 건강보험 미가입자 고객들은 물론 메디케어 가입자들로 하여금 총 20억 달러에 달하는 금액을 아끼게 해주었다. 더 나아가서 이 '월마트 효과'는 CVS와 월그린Walgreens과 같은 다른 대형 의약품 판매 매장들에게도 영향을 주었다. 그들도 건강보험 처방약 가격을 인하한 것이다. 비즈니스 효과는 엄청났다. 4달러짜리 처방약 프로그램이 미국 27개 주에서 실행된 2006년 9월 21일부터 11월 12일까지, 전년 대비 210만 명의 새로운 처방전 고객이 생긴 것이다. 실제로 월마트는 이 4달러짜리 처방약 프로그램을 통해서 대형 의약품 판매 유통 분야에서 전국 3위의 위치를 차지하게 되었고 16%라는 시장점유율을 달성하게 되었다. 또한 4달러짜리 처방약에 대한 고객의 수요는 미국의 해당 시장 자체의 성장도 가져와 2008년에는 3.3%가 성장했다.

4달러짜리 처방약 프로그램이 특별한 것은 그것이 비즈니스 전략으로 만들어졌다는 것이다. 자선활동으로는 할 수 없었던 매우 긍정적인 사회적 효과가 수반된 것은 물론이다. 월마트는 과연 궁극적으로 메디케이드보다 더 나은 혜택을 만들어 고객들에게 제공할 수 있을까?

만약에 그렇다면…,

- IBM은 공립학교보다 학생들을 더 잘 교육시킬 수도 있을까?
- GE는 '교토의정서' 보다 지구온난화 영향을 더 줄일 수도 있을까?
- 스타벅스는 르완다의 경제를 미국 국제개발처보다 더 잘 안정시킬 수 있을까?

내가 이 책을 쓰게 된 계기는 이러한 질문들에 대답하기 위한 것이다. 또한 기업들에게 사회 혁신에 대한 노력을 강력한 비즈니스 전략으로 만드는 방법을 알려 주기 위한 것이다. 많은 책들이 기업이 '좋은 일을 하면서도 성과도 낼 수 있는 방법'을 얘기하고 있기는 하지만 이 책은 그런 책들과는 다르다.

이 책은 **기업 전략에 관한 책**이다. 이 책의 내용은 4년 동안 내가 해왔던 미국 대기업들의 사회적 책임이나 자선 활동에 대한 성과 측정 연구조사 내용을 기반으로 한다. 그 조사 내용들은 한 가지 명확한 사실을 알려 주었다. '그러한 활동들은 측정할 만한 비즈니스 가치를 만들어 내지 못한다는 것이다.'

그 이유는 애초부터 매우 다른 목적에서 만들어 졌기 때문이다. 즉 그저 선한 일을 하는 것이다. 하지만 아주 극소수의 몇 가지 전략은 달랐다. 긍정적인 사회변화를 수반하고 그것을 활용하는 진정한 비즈니스 전략이었던 것이다. 그런 전략은 사회문제를 해결하면서도 실질적인 비즈니스 성과를 만들어 냈다.

어떤 전략은 4달러짜리 처방약 프로그램, 혹은 건강보험에 가입되지 않은 젊은 층들에게 값싼 건강보험상품을 판매하는 것처럼 사회적으로 영향을 주는 새로운 제품이나 서비스를 개발하는 방식이었다. 다른 혁신적인 전략은 도시의 '음식사막'이나 저개발국가와 같이, 그 동안 도외시되었거나, 도달하기 힘든 시장을 개척하는 전략이었다. 어떤 기업들은 그들 기업에 '인재를 직접 채용하는 파이프라인'을 구축하는 방식으로 공교육에 혁신적인 대안교육 해결책을 제공하기도 했다. 어떤 기업들은 파상풍으로 인한 산모나 영유아 사망과 같은 사회적 문제를 푸는 데 핵심 비즈니스를 활용하여 고객들과 강력한 감정적 유대감을 구축하기도 하였다. 어떤 기업들은 정부를 마치 비즈니스 파트너처럼 만들어서 공무원들과 함께 사회문제를 해결하는 데 있어서 비즈니스 효과도 낼 수 있는 창조적인 전략을 만들어 냈다. 예를 들면, 비누 회사가 아동들에게 위생교육을 시키거나, 기술 회사가 헬스케어 해결책에 대한 접근성을 높여주는 혁신기술에 투자하는 방식이었다. 나는 이러한 전략들을 **'기업사회혁신'** 이라고 부르겠다. 기업사회혁신은 사회라는, 기업이 아직 개척하지 못한 잠재적 시장을 개발할 수 있도록 해 주는 방법이다.

오늘날 기업들은 완전히 다른 경제적 환경에서 사업을 운영하고 있다. 사회적 변화가 경제적 가치가 되는 시장이다. 전 미국 부통령이었던 알 고어는, "당신 기업의 임직원, 동료, 이사회 멤버, 투자자, 고객들은 이제 모두 당신 기업이 사회문제에 어떤 해결책을 제시하고 있는가를 평가하는 데 더 많은 가치를 두게 될 것이다. 또한 시장도 이제 그렇게 변하게 될 것이다"라고 하였다.

이제 이러한 변화하는 환경에서 선도적인 기업이 되려면 '사회적 효과' 라고 불리는 제품을 만들고, 생산하고, 판매하는 방법을 알아야 한다. 애석하게도 많은 기업들이 사회문제를 생각할 때만큼은 기업의 비즈니스 두뇌를 정지시키고 있다. 현재 기부금에서 자원봉사 활동, 환경경영 감시활동 등 기업의 많은 사회적 전략은 오직 사회적 기대만을 충족시키는 데 급급할 뿐 비즈니스 가치는 만들어 내지 못하고 있다.

이 책은 기업이 사회적 문제를 푸는 데 있어서 당신의 비즈니스 두뇌를 다시 사용하게 해주고, 비즈니스적인 가치를 창출할 수 있도록 설계된 새로운 차원의 사회적 전략을 만들 수 있도록 도와준다.

이 책은 3부로 구성되어 있다.

제1부 사회 변화의 새로운 경제학에서는 사회적 변화에 대한 사고가 변하며서 새롭게 밀려오는 트렌드를 설명한다. 사회적 자본시장의 성장과 발전 요인, 그 강력한 힘의 증거들, 기업의 사회적 책임 corporate social responsibility : CSR과 비즈니스 전략과의 큰 차이점을 보게 될 것이며 어떻게 기업사회혁신 전략이 가치를 만들어 내고 있는가를 알 수 있게 될 것이다.

제2부 기업사회혁신의 5가지 전략은 총 5장으로 구성되어 있고, 각 장은 그 전략에 대한 자세한 설명이다. 즉 서브마켓 제품과 서비스가 어떻게 매출을 높이는지, 백도어 채널을 이용해서 어떻게 새로운 시장에 진입하게 되었는지, 어떻게 사회문제를 풀면서 고객들과 감정적인 유대감을 쌓게 되었는지, 어떻게 인재채용 파이프라인을

만들 수 있는지, 어떻게 역 로비를 통해 공공정책에 영향을 미칠 수 있는지를 알게 될 것이다.

각 장은 해당 기업사회혁신 전략을 성공적으로 실행한 기업 사례로 시작하며, 어떻게 그 전략이 성공할 수 있었는지에 대한 설명으로 이어진다. 왜 그 전략이 가능할 수 있었는지 배경에 대한 설명도 있다. 또한 전략을 성공시키는 데 필요한 요령과 주의해야 할 점들을 알 수 있을 것이다.

제3부 기업사회혁신으로 가는 로드맵에서는 기업사회혁신 전략을 만들고 실행하는 실용적인 내용에 집중하였다. 기업 내부에서 기업사회혁신 전략을 가능하게 해주는 기업문화를 만드는 방법, 올바른 기업 사회책임 전략을 만들어 내는 단계별 지침, 사회적 해결책을 비즈니스와 통합하고 사회적 성과와 비즈니스 성과를 측정하는 방법들이 설명되어 있다. 또한, 사회책임투자자, 정부, 비영리기관 관계자들을 위해 기업사회책임의 시사점과 발전 방향 등을 얘기해 보았다.

다시 말하지만, 이 책은 기업의 사회적 책임에 대한 책이 아니라 비즈니스 전략에 관한 책이다. 이 책의 목적은 기업들로 하여금, 도덕적 의무를 넘어서는 사회적 전략을 발전시키고, 긍정적인 사회 변화를 만들어 내면서 비즈니스 가치를 만드는 데 도움을 주기 위한 것이다. 기업의 경영자나 실무자, 혹은 기업에게 영향을 주고 싶은 사람들이라면 이 책이 많은 도움이 될 것이다.

만약 당신이 사회적 문제를 해결하면서 진정한 경제적 성과를 만들어 낼 수 있다고 믿는다면, 당신은 사회적 전략을 반드시 비즈니스 전략으로 만들어 내야 한다. 이 책은 당신에게 그 방법에 대해서 알려 줄 것이다.

contents

제1부

사회 변화Social Change의 새로운 경제학

최근까지 기업이 사회를 바라보는 시각은 오직 비용과 리스크였다. 규제, 세금, 소송, 불만, 지원금 요청 등. 사회운동가들은 압력을 가했고 데모를 했고, 기업들은 세계화, 차별, 오존층 감소, 동물 실험, 인권 침해 등 '숨겨진' 비용들에 대한 책임을 회피했다. 정책 입안자들은 이러한 외부성 비용을 내부화 하도록 기업에게 규제나 세금으로 압박을 가했다. 그리고 기업은 외부성 비용을 비즈니스에 적용하기 시작했다.

사실 이 모든 상황들은 기업이나 사회 모두로 하여금 손익계산서의 한 가지 면만 보도록 만들어 왔다. 이러한 비용은 없어지지는 않지만 (사실 점점 커질 것이다. 2010년 BP의 미국 멕시코만 석유 유출 사고를 보라) 이제 기업은 당면한 사회문제를 푸는 데 있어서 '숨겨진' 경제적 효과들을 발견하기 시작했다. 너무나 잘 알려진 피라미드 하부의 빈민층bottom-of-the-pyramid : BOP 대상 비즈니스는 이 효과들 중 빙산의 일각일 뿐이다. 환경, 교육, 헬스케어, 기아 퇴치, 차별, 경제 발전 등과 같은 비즈니스 잠재력을 가진 문제들은 어쩌면 기업에게 수 백

억 달러의 수익을 올리도록 해주거나, 새로운 시장을 개척하게 해주거나, 새로운 고객층을 확보하게 해주거나, 새로운 혁신을 유발하거나, 비용을 획기적으로 절감하도록 해줄 수도 있다.

나는 이 엄청난, 아직 실현되지 않은 잠재적 시장기회를 '사회적 차익거래social arbitrage'라고 부르고 싶다. 실제로 사회 변화의 경제적 가치(투자자, 임직원, 고객, 소비자에 의한)는 아주 새로운 시장을 탄생시켰다. 사회적 자본시장social capital market이 그것이다.

기업이 이 새로운 시장의 잠재력을 자본화 하기 위해서는 현재와 같은 기준준수나 책임의 마인드 세트를 넘어서 가치 창조에 집중해야 한다.

이제부터 소개될 장들을 통해 사회 변화를 위한 비즈니스에 접근하는, 근본적으로 다른 방법에 대한 배경과 논리에 대해서 설명하겠다.

제1장

사회적 자본시장의 성장

현재의 경제 위기는 또 다른 경제 사이클이 아니다. 정서적, 사회적, 경제적인 분야에서 아주 근본적으로 다시 시작해야 한다는 것을 의미한다.

−GE CEO, 제프리 이멜트

기업에게 사회문제는 언제나 부차적인 문제였다. 기업은 수익 창출을 우선으로 한다. 매출이 만들어지고 수익이 집계된 이후에야 '환원' 할 기회를 찾는다. 밀턴 프리드먼이 항상 말했던 것처럼 비즈니스의 비즈니스는 비즈니스이기 때문이다. 대부분의 기업들에게는 이 말이 옳다.

하지만 이제 비즈니스의 비즈니스가 변하고 있다. 과거 '소프트' 하게 간주되었던 환경, 교육, 헬스케어, 국제개발 등이 이제는 '하드' 한 경제학적 영향력을 갖게 되었기 때문이다. 실제로 경제적 결정을 하는 데 있어서 주요 기관투자자나 소비자, CEO, 임직원, 언론, 나아가 월 스트리트까지 사회적 환경적 성과에 가치를 두기 시작했다. 2009년 재무 데이터 기관 블룸버그는 블룸버그의 25만 데이터 터미널을 활용하는 고객들에게 2천 개가 넘는 기업의 환경, 사회, 거버넌스environmental, social and governance : ESG 정보를 포함시키기로 결정했다.

이러한 새로운 경제학적 현실은 사회에 대한 기업의 역할(그리고 비즈니스 안에서 사회가 차지하는 중요성)을 완전히 변화시켰다. 오늘날 기업의 성공은 점점 더 사회 변화에 영향을 받는다. 생각해 보자. 보험 혜택을 받지 못하는 사람들, 신선한 음식을 찾아보기 힘든, 흡사 음식사막 같은 소외 지역, 인도와 같은 거대한 개발도상국 등과 같은 '사회적' 시장은 아직 미개척 분야로 남아 있다. 기업은 이 시장에 적합한 '사회적' 제품이나 서비스를 개발하지 않고는 이 새로운 시장에서 비즈니스 혜택을 얻기 힘들다. 젊은 세대의 교육을 지원하지 않고서는 개발도상국에서 원하는 인재를 채용하기 힘들다. 또 고객들과 사회적 혹은 정서적 유대감을 쌓지 않으면 브랜드 충성도를 기대하기도 어렵다. 이러한 것들은 모두 사회 변화와 경제적 가치를 결합하는 새로운 경제(사회적 자본시장)가 갖는 특성이다.

기업은 비즈니스 성장과 수익을 극대화 하기 위해서 사회적 자본시장의 중요성 및 규모를 이해해야 한다. 왜냐하면 그 시장이 바로 기업이 사업을 운영하고, 비즈니스 기회를 찾고, 사회 변화와 경제적 가치를 창출할 곳이기 때문이다. 간단하게 말해서 사회 변화는 이제 중요한 경제적 상품이 되었다. 사람들은 그 상품에 기꺼이 지불을 할 의향이 있고, 희생할 수도 있고, 투자도 하고 있고, 사회 변화를 위해 일도 하고 있다. 결과적으로 기업은 이제 적극적으로 사회 변화를 위해서, 또 만들기 위해서 노력해야 한다.

그런데 이것이 과연 기업이 공공의 이익을 위해 수익을 포기해야 하는 것을 의미하는가? 사실은 정반대다. 시장이 이제 사회적 효과에 가치를 두기 때문에 기업은 순수한 자선에 기댈 필요가 없다. 다른 말로 하자면 이제는 사회 변화를 비즈니스 전략으로 사용해도 된다는 것이다.

벤처 투자자들은 재생에너지 기업에 투자한다. 순전히 투자 대비 효과가 크기 때문이다. 아니 환경에 좋은 영향을 준다는 것은 어쩌면 보너스와 같다. 전자업계의 거대 기업 지멘스Siemens는 2007년에만 170억 유로(매출의 무려 25%)의 매출을 폐수 재활용 시스템 혹은 탄소 감축 제품과 같은 친환경 혹은 기후 변화 관련 제품에서 올렸다.[2]

소비자는 이제 이러한 흐름의 한 축이다. 소비자들은 하이브리드 자동차를 환경보호를 생각해서 산다기보다 기름값을 아끼기 위해서 산다. 사람들은 가난한 중소기업가를 위한 마이크로 대출을 통해 수익을 올리기 위해 (어떤 때는 이자도) kiva.org와 같은 웹사이트를 이용한다. 이 모든 경우를 보면, 이제 기업과 대중 모두 긍정적인 사회 변화를 만드는 데 있어서 강력한 경제적 동기에 의해 움직이고 있는 것이다.

실제로 이러한 창조적인 시장 메커니즘의 흐름 속에서 이제 기업, 소비자, 투자자들은 단순한 세제 인센티브나 심리적 혜택보다 더 많은 사회 변화에 가치를 두는 방법을 찾기 시작했다.

사회적 자본시장의 규모

사회적 자본시장의 규모나 성장에 대한 징후는 어디서나 찾아 볼 수 있다. 점점 더 많은 소비자들이 하이브리드 자동차나 연료 절감 차량을 몰고 다닌다. 유력 매거진이나 신문 기사들이 바이오 연료, 태양 에너지를 비롯한 새로운 차세대 대안 에너지를 주제로 다룬다. 미국의 소비자가 건강, 환경, 사회 정의, 지속가능한 생활 등에 관련한 제품이나 서비스에 지불하는 금액은 매년 2,200억 달러에 달한다. 이 시장은 6,300만 명의 소비자로 대표되며 미국 시장의 약 30%에 달하는 소비층이다.[3] 따라서 기업이 이 사회적 자본시장을 노리기 위해서 환경, 지속가능성, 거버넌스, 리스크, 준수, 사회적 책임, 자선 등에 연간 320억 달러에 달하는 투자를 하고 있는 것도 놀랄 만한 일이 아니다.[4] 사회적 자본시장은 긍정적인 사회나 환경 변화를 촉진하는 제품이나 서비스의 수익을 획기적으로 증가시키고 있다. 앞서 언급한 것처럼 지멘스는 매출의 25%를 친환경 제품에서 올리고 있으며, GE의 에코메지네이션ecomagination 전략은 풍력 발전기, 담수화 등의 분야에서 이룬 환경 혁신으로 2008년에만 170억 달러에 달하는 매출을 올렸다.[5]

사회적 환경적 분야의 투자 사업도 호황이다. 미국에만 260개의 사회적 뮤추얼 펀드가 있으며 자산 규모만 해도 2,020억 달러 규모다. 미국의 사회책임투자 규모는 전체 2조 7,000억 달러에 달한다.(세계 전체는 6조 8,000억 달러[6]) 다양한 펀드, 연금, 트러스트 등의 형태를 띠는 사회책임투자Socially Responsible Investing : SRI는 환경, 사회, 거버넌스 분야 스크리닝, 주주 행동, 지역사회투자 중의 하나 혹은 세 가지 전략을 이용하고 있다.[7]

더 재미있는 사실은 가장 빠르게 증가하는 SRI 중 하나가 지역사회투자라는 점이다. 지난 수십 년간, 지역사회투자는 (투자 전략으로

서 빈곤층 지역사회에 투자하는 것) 540%가 증가하였고 자산 규모도 40
억 달러에서 258억 달러가 되었다.[8] 이러한 투자는 탁월한 수익을
올려준다. 또한 주거, 자녀 양육, 헬스케어, 일자리 등이 부족한 저
소득층들에게 자본과 대출, 교육 등을 제공함으로써 아주 매력적인
사회적 수익도 높여준다.[9]

이런 돈은 어디서, 왜 오는 걸까? '유럽 사회투자포럼'European
Social Investment Forum에 따르면 4가지의 주요 동기가 있다.

▶ 기후 변화와 같은 분야에서 리스크 관리가 관건이 되면서 책임
   있는 투자에 대한 기관투자자들의 요구사항이 높아졌다.
▶ 환경, 사회, 거버넌스 분야의 고려를 전통적인 투자 서비스에
   결합시키는 것이 주된 흐름이 되고 있다.
▶ 비영리기관이나 언론에서 외부 압력을 높이고 있다.
▶ 개인, 특히 부유층에서 이 분야에 관심을 높여가고 있다.[10]

다우존스 공업주평균주가Dow Jones Industrial Average는 사회적 책임
에 대한 지수인 다우존스 지속가능성 세계지수Dow Jones Sustainability
World Index : DJSWI를 만들었다. 이 지수는 전 세계 지속가능성을 선도
하고 있는 기업들 중, 상위 10위까지만 뽑아서 지수를 구성한다.
DJSWI는 2009년에만 36%가 성장했다.[11] 월 스트리트 기업들 중에
서도 특히, 경이의 대상이자 금융 분야를 강타한 경제 위기의 생존
자 골드만삭스Goldman Sachs는 ESG 데이터를 종합해서 GS SUSTAIN
이라는 자체 지수를 개발하였는데, 살펴보면 시장 평균보다 25% 더
나은 결과를 내고 있다.[12] 2009년 말, J.P. 모건, 시티그룹, 미국 국제

개발처USAID, 록펠러 재단 등은 '글로벌 임팩팅 투자네트워크' Global Impacting Investing Network : GIIN라는 민관협력 파트너십을 구성하였다. GIIN의 목표는 SRI를 위한 더 나은 산업 인프라를 개발하고, 평가와 보고 기준을 강화하는 것이다. 이것은 사회적 자본시장이 빠르게 성장하고 있다는 증거이다.[13]

광범위한 영역과 역동성 때문에 사회적 자본시장이 어느 정도 규모인지 말하기는 어렵다. 다른 이들이 추정한 것을 보면 수 십, 수백 조 달러 단위의 비즈니스 기회라고 말한다. 지구상에서 가장 가난한 피라미드 하부의 빈민층bottom-of-the-pyramid : BOP 대상 비즈니스 규모 하나만 보더라도 5조 달러로 추정되기 때문이다. 이 때문에 마이크로 소프트와 일련의 거대 기업들이 "불평등은 자선을 통해 해결되어야만 하는 문제이면서도 비즈니스 이슈다"라고 이야기하는 것이다.[14]

따라서 오늘날의 기업들에게 이 시장에 연결하는 것은 더 이상 질문의 대상이 아니다. 어떻게 연결하느냐가 질문의 주제인 것이다. 그 질문에 대답을 하기 위해서는 사회적 자본시장을 움직이는 동인들에 대해서 살펴 보아야만 한다.

사회적 자본시장을 이끄는 동인

사회적 자본시장은 하루아침에 만들어지지 않았다. 적어도 지난 30년간 꾸준히 성장해왔다. 여러 사회적, 경제적, 정치적인 요소들이 사회적 자본시장을 만들어 왔고 이 시장은 이제껏 우리가 본 시장 중에서 가장 크고 강력한 시장이다.

이 시장의 출현이 가능하게 된 5가지 동인에 대해서 하나하나 살펴보기로 하자.

1. 기업은 정부보다 강하다

에릭 슐로서는 그의 저서 《패스트푸드 네이션Fast Food Nation》에서 "맥도널드는 미국 서비스 산업의 강력한 상징이 되었으며 미국 내 새로운 일자리의 90%를 차지한다"[15] 고 하였다. 매년 맥도널드는 백만 명이 넘는 사람들을 채용한다. 어떤 미국의 기관, 그것이 공공기관이든 민간 기업이든 이 숫자를 따라올 수 없다. 그러니까 미국의 근로자 8명 중 1명이 어떤 식으로든 이 패스트푸드 프랜차이즈 기업에 다니고 있다는 얘기다. 맥도널드는 또한 전 세계에서 가장 큰 부동산 소유 기업이다.[16]

또한 2,700만 미국인들이 매일 맥도널드 제품을 먹고 있으며 전 세계적으로는 4,700만 명이 맥도널드 제품으로 배를 채운다. 숫자는 차치하고라도 맥도널드는 이제 지역사회 활동의 중심이 되고 있다. 펀드레이징 행사를 하고, 스포츠 팀을 후원하고, 장학금을 제공하고, 공원을 세우고, 아동용 운동시설까지 제공한다.

기업의 이러한 경제적 파워는 기업의 엄청난 영향력을 말해주고 있다. 실제로 전 세계 100대 '경제 주체' 중 51개가 이제는 기업이다.[17] 다시 살펴보자. 2007년 핀란드의 예산이 400억 유로였는데 이는 노키아의 연간 매출보다 20% 적은 금액이다.[18] 기업은 생산도 많이 하고 소비도 많이 하고 어느 때보다 더 많은 세계의 자원을 활용하고 있다. 미국만 하더라도 2005년 〈포춘〉지 500대 기업을 다 합친 매출이 9조 1,000억 달러였다. 이는 미국 GDP의 73%이다.[19] 미국의 알 고어 전 부통령은 이를 두고 이렇게 말했다. "1년 동안 지구상의 모든 정부가 쓰는 돈보다 1시간에 전 세계 기업들이 쓰는 돈이 더 많다."[20]

이러한 흐름 때문에 기업은 이제 우리의 일상생활에서 정부보다 더 중요한 역할을 하고 있다. 이것은 기업이 연방정부나 지방정부보다 다양한 분야에서 소비자의 요구를 이해하고 해결하는 데 더 나은 입장에 있다는 것을 뜻한다. 게다가 우리도 기업들이 그렇게 해주길 원한다. 대중은 점점 더 기업이 사회문제를 해결해 주길 원하고 있다. 89%의 소비자가 주주에 대한 기업의 의무를 보다 더 넓은 공공선에 대한 기여와 균형을 맞추어야 한다고 한다. 예를 들면 양질의 일자리를 제공한다든가, 자선적인 기부를 한다든가, 비즈니스 활동의 부정적인 효과나 환경오염을 최소로 줄이기 위해서 법적 기준의 준수 의무 이상의 것을 해야 한다는 등의 일이다.[21]

기업 매니저들은 이런 메시지를 듣는다. 10명 중 6명의 기업 임원들은 사회문제를 해결함에 있어서 대중이 정부가 하는 책임과 같은 것을 기업에게 기대한다고 믿는다.[22]

기업과 영리적 사회적 기업들은 이러한 요구사항에 빠르게 대응하고 있다. 기업은 많은 부분에서 사회문제를 해결하는 데 있어서 정부보다 빠르게 움직이고 있다. 시카고 기후변화 거래소Chicago Climate Exchange를 보라. 미국 정부가 탄소배출권 거래제cap-and-trade system를 실시하기 전에 기업들이 모여서 자체적으로 탄소 배출을 규제하는 자발적 거래시장을 만들어 냈다. 월마트나 미국의 최대 건강보험 기업인 웰포인트WellPoint는 비즈니스 혁신을 활용하여 미국 정부보다 더 빠르고 싸게 미국 내에서 보험 혜택을 받지 못하는 사람들의 숫자를 줄여왔다.

MTV 케이블 네트워크는 〈MTV EXIT 다큐멘터리〉를 통해 3,800만 가구에게 어떤 정부 기관보다 더 효과적으로 아시아 태평양 지역의 인신매매 문제에 대한 인식과 예방에 대한 논의를 확산시켰다.[23] 기업이 더욱 커지고, 빨라지고 우리 일상생활에 밀접하게 다가오면서 이러한 흐름은 더 가속화 될 전망이다.

2. 소비자는 시민보다 더 강하다

오늘날 기업이 정부보다 더 강하다면 시민이 투표권을 행사하는 것보다 소비자가 구매와 투자를 통해서 더 많은 영향력을 행사할 수 있다는 것도 놀랄 만한 일은 아니다. 클린턴 행정부의 노동부 장관이자 경제학자 로버트 라이시는 그의 저서 《슈퍼자본주의Supercapitalism》에서 빠르게 변하는 기술과 다양한 요소들로 인해서 기업 임원, 성장에 집착하는 주주와 투자자, 어느 때보다 더 다양한 제품의 선택권을 가진 소비자들에게 유래 없는 파워가 주어진 결과, 자본주의는 '승리자'가 되었고 민주주의는 '병자'가 되었다고 했다. 아무리 시민적인 의식을 가지고 있는 사람들이라도 고작 1년에 1번 정도만 정치적 투표권을 행사하지만, 유기농 제품, 친환경 세제, 사회책임투자 상품들을 고르는 선택권은 매일 행사할 수 있다. 즉 우리는 시민보다는 소비자로서 더 힘을 발휘하면서 살고 있다. 대중이 사회적 가치 기반의 제품에 돈을 더 낼 의향이 있기 때문에 이제 기업은 사회책임 비용을 내부화 할 필요가 없다. 기업은 그저 그런 상품을 파는 걸 결정만 하면 된다. 월마트가 지속가능하고 유기농으로 재배된 제품을 판매하도록 결정하면 다른 기업들도 그렇게 따라온다.

사회적 가치 기반의 제품이나 서비스를 위한 운동에 붙여주는 이름도 있다. 로하스LOHAS는 건강과 지속가능성을 위한 생활습관 Lifestyles of Health and Sustainability의 줄임말인데, lohas.com 웹사이트에 따르면 로하스는 '건강, 신체 단련, 환경, 개인 개발, 지속가능한 생활, 사회정의 등에 관련된 세분화된 시장'으로 정의되어 있다. 다른 말로 하면 긍정적인 사회나 환경 변화를 촉진하는 활동이나 구매를 증진하는 것이라는 뜻이다.

그러니까 로하시언Lohasians이라고 일컬어지는 사람들은 많은 제품과 서비스의 선택 중에서도 유기농 사과, 티셔츠, 그린 빌딩 자재나 물품, 친환경 관광 등을 구매하는 사람들이라는 것이다.

이 시장은 틈새시장과는 다르다. 어떤 통계에 따르면 로하스 시장은 미국 시장의 30% 정도인 6,300만 명에 달하는 소비자가 있으며, 연간 2,270억 달러의 구매력을 가지고 있다고 한다.[24] 특히 로하시언은 평균 제품보다 더 깨끗한 청정 제품을 구매하기 위해서라면 20%의 프리미엄을 더 주고라도 구매를 할 의사가 있다고 한다. 한 조사에 따르면 이 소비자층은 기업과 기업 브랜드에 자신의 개인적인 가치를 다른 사람들보다 2배나 더 연계시킬 가능성이 있으며, 이들은 환경, 윤리, 사회적 보호자로서의 인식을 가지고 소비자 브랜드 가치에 가장 강력한 영향을 미치는 사람들이라고 한다.

3. 사회문제는 이제 비즈니스 이슈다

최근 〈맥킨지〉는 CEO들을 대상으로 다음과 같은 질문에 대한 설문 조사를 했다.

"어떤 글로벌 환경, 사회, 정치 문제들이 당신 기업 미래에 있어서 비즈니스 성공에 가장 중요하다고 생각합니까?"

다음은 설문조사 결과이다.

▶ 50%의 CEO들이 '교육 시스템과 인재 부족'을 꼽았다.

▶ 40%의 CEO들이 '부실한 공공 거버넌스'를 언급했다.

▶ 38%의 CEO들이 '기후 변화'를 선택했다.

▶ 36%의 CEO들이 피라미드 하부의 빈민층BOP 대상 제품 개발이나 마케팅, 소액대출 서비스microfinance와 같이 '세계화의 혜택을 빈곤층에게 돌리는 것'을 얘기했다.

▶ 35%의 CEO들이 '에너지 공급의 안전성'에 대하여 우려했다.

▶ 20%의 CEO들이 '깨끗한 물, 위생에 대한 접근성'을 걱정했다.

▶ 8%의 CEO들이 'HIV/AIDS나 다른 공중보건 문제'를 꼽았다.[25]

그뿐만 아니다. 응답자 100% 모두는 이제 사회문제가 비즈니스 성공에 직접적으로 영향을 미치는 문제라고 답했다. 아무도 '연관 없음' 항목을 선택하지 않았다는 것이다.

사실 〈맥킨지〉가 이러한 종류의 설문조사를 했다는 것 자체가 비즈니스에 있어서 사회문제가 가지는 중요성을 말해 준다. 중요한 것은, 이제 사회문제는 비즈니스 리더들에게 더 이상 선택의 문제가 아니라는 것이다. 각 분야별로 좀 더 살펴보도록 하자.

환경

지구촌 인구는 하루에 3,200억 킬로와트 시간의 에너지를 사용하고 있다. 이는 지구촌의 60억 모든 사람을 위해서 22개의 전구를 24시간 켜놓는 것과 같은 양이라고 하며,[26] 다음 세기 안에 이 사용량은 세 배로 증가할 것이라고 한다. 화석 연료는 한정되어 있고, 환경오염이나 지구 온난화를 야기한다. 이제 이러한 사실들에 대해서 부인할 사람은 아무도 없다. 이러한 에너지와 같은 큰 문제는 거대한 해결책을 필요로 한다.

기업은 바로 이러한 큰 문제에 대해서 거대한 해결책을 제공하고 있다. 그것이 풍력 발전이든, 태양광 패널이든, 수소연료 전지든, 아니면 다른 대안적 에너지를 공급하는 기술이거나 화석연료의 피해를 감소시켜 주는 기술이거나 말이다. 그리고 거기에서 더 커다란 수익을 얻는다. 기업이 환경에 영향을 주는 긍정적인 효과는 놀랄 만하다.

선두 기업 중 하나는 에코메지네이션ecomagination 전략을 실행하고 있는 GE이다. 오염물질 배출을 40% 줄인 기관차, 전기 그리드에 쓰이는 고효율 탄소배출 절감 비정질 트랜스포머, 해수를 담수로 바꾸어 주는 탈염기술 등과 같은 혁신 제품과 고효율 에너지 해결책을 내놓음으로써 2008년에 이 부분 매출로만 170억 달러를 달성하였다.[27] 에코메지네이션 웹사이트에는 이렇게 적혀 있다.

'우리는 에코메지네이션을 통해서 전 세계가 직면한 환경문제를 해결하고 GE의 수익성 높은 성장을 견인한다.'

즉 GE는 사회, 환경적 문제가 잠재적으로 아주 고수익 비즈니스 이슈라는 것을 잘 이해하고 있는 것이다.

교육

불행한 현실은 대부분의 기업들이 미국의 공교육 문제로 인해 비싼 비용을 지불하고 있다는 것이다.

교육 분야의 막대한 투자에도 불구하고 (2011년 미국 연방정부와 주정부는 5,400억 달러 이상을 지출할 것이라고 한다.[28]) 고등학교 학생들의 중퇴율은 아직도 높다. 미국은 OECD 국가 중 수학과 과학 기술 분야에서 거의 꼴찌에 해당한다. 이 결과 기업은 시장에서 성공하기 위한 필요한 인재를 구하는 데 더 이상 미국의 교육 시스템에 의존할 수 없게 되었다. 기업이 '대안적 교육 경로'를 통해서 필요한 인재를 양성하는 것도(제7장 인재 채용을 위한 파이프라인 만들기에서 자세히 설명될 예정이다) 전혀 놀라운 일이 아니다. 그러한 대안적 교육 경로는 기업이나 민간 분야에서 기능인 양성 제도를 통해 지원하는 경력 아카데미도 포함한다. 기업들은 수준 높은 직업학교나 온라인 학습 제도 등을 통해 인재 채용의 격차를 메우고 있다.

교육 분야의 문제를 해결하는 것은 기업에게도 엄청난 비즈니스 기회이다. 교육산업협회에 따르면 교육 시장은 1조 달러에 달하는 빠르게 성장하는 시장이다. 이는 미국 GNP의 10%에 해당하며, 헬스케어 산업 다음으로 규모가 큰 시장이다.[29] 교육과 관련된 기업 하나의 연간 매출이 800억 달러에 육박하기도 한다.[30] 교육 분야 영리기업들은 아동 보육부터 미취학 아동 교육, 테스트, 교육 훈련, 교육 기술, 고등교육, 직업학교 등 모든 교육을 담당하고 있다. 교육은 사회문제이자 비즈니스 기회인 것이다.

헬스케어

미국의 헬스케어 이슈에 대한 관심의 증가는 이 문제가 미국 경제에서 핵심에 자리 잡고 있다는 사실을 말해 주고 있다. 선진국 중에서도 미국의 헬스케어에 대한 비용은 빠르게 높아지고 있으며 헬스케어라는 사회적 문제가 해결되어야만 할 경제적 당위성은 더욱더 중요해지고 있다.

미국의 전체 헬스케어 지출은 2008년 2조 3,900억 달러에서 2009년 2조 5,000억 달러로 늘었다.[31] 2009년 미국의 헬스케어 시장은 병원 치료 분야(약 7,894억 달러), 내과나 임상 치료 서비스 분야(약 5,391억 달러), 처방약 분야(약 2,448억 달러), 간호시설 및 간병 서비스 분야(약 2,136억 달러), 치과 치료 분야(약 1,019억 달러), 기타 다른 분야(약 6,112억 달러)이다.[32] 의회의 2010년 헬스케어 개혁법안 통과는 헬스케어 산업을 기업에게 좀 더 매력적으로 만들 전망이다. 왜냐하면 정부가 모든 미국인들에게 보험 혜택을 주도록 권한을 위임받았기 때문이다. 법안이 통과되었을 때, 보험 혜택을 받지 못하는 미국 시민은 4,600만 명이었다. 이는 기업에게는 커다란 비즈니스 기회이다. 또한 효율성의 문제이기도 하다. 보험을 들었든 들지 않았든 38%의 미국인들은 과연 미국이 헬스케어를 감당할 수 있는지가 앞으로 가장 중요한 보건 분야의 문제라고 얘기했다.[33]

이러한 통계는 문제를 설명해 주기도 하지만 동시에 잠재력을 보여 주기도 한다. 이제 기업은 헬스케어 분야에 혁신을 하고 비용을 절감함으로써 사회적 문제도 해결하고 수익도 만들 수 있는 것이다.

사회 혁신과 비즈니스 기회와의 중요한 연결 고리 중 하나는 피라미드 하부의 빈민층BOP 대상에 대한 집중이다. BOP란 전 세계의 가장 많은, 그리고 가장 가난한 사회 경제학적 그룹을 말한다. 대략 40억 가량의 인구가 브라질이나 인도의 슬럼가, 아프리카 시골 마을을 비롯한 세계 각지에서 하루 2달러 미만으로 살아가고 있다. 하지만 동시에 이 BOP 그룹들의 구매력은 5조 달러에 육박하며,[34] 2050년까지 85%의 소비자층은 개발도상국에서 나온다.[35] 기업들은 이러한 사실을 잘 알고 있다. 스타벅스에서 샘스 클럽까지 모두 이 시장에 주목하고 있다.

4. 자선은 이제 흔한 상품이 되었다

자선은 기업이나 부유층 개인에게 사회적 우월성과 차별성의 상징이었다. 1960년대와 1970년대, 많은 기업들은 지역사회에 환원을 하는 방식으로 기업 이름과 똑같은 기업 소유의 재단을 세웠다. 재단 설립은 성공의 표시였다. 그런데 1980년대 엄청난 경제적 성장으로 기업재단은 어느 기업이나 하는 일이 되어 버렸다. 1987년과 2007년 사이 기업 재단의 수는 2배가 넘게 늘었다.[36] 1992년부터 2007년까지 재단의 전체 숫자도 꾸준히 증가하여 2배 이상 늘었다.[37]

거액의 기부 시대가 시작된 시기는 1997년 테드 터너가 유엔에 10억 달러 기부를 공표했을 때였다. 그 때부터, 〈포브스〉 매거진은 13명 남짓의 '수십 억 달러 기부자' 들을 발표하기 시작했다.[38] 빌 게이츠부터 워렌 버핏을 거쳐 독일 기업가인 슈테판 스미트하이니까지,

거액 기부는 일반적인 관행이 되었다. 버진Virgin의 설립자 리처드 브란슨이 2006년 클린턴 글로벌 이니셔티브Clinton Global Initiative에 환경문제 해결을 위해 30억 달러 기부를 발표했을 때는 별로 소문도 나지 않았다. 자선의 유행은 '와우! 하고 놀라는 가치'를 감소시켰고, 특히 기업 자선은 이제는 기업의 명성에 차별성을 주지도 못할 뿐만 아니라 이제는 성공한 기업이라면 당연히 하는 일이 되어 버렸다.

5. 무형 자산의 가치가 높아지고 있다

나는 앞에서 블룸버그가 이제 ESG 데이터를 제공하기 시작했다고 말했다. 2009년 말부터 이 거대 금융 서비스기업은 3천 개 가량의 기업 ESG 데이터를 제공하기 시작했다. 어떤 통계에 따르면 이제는 기업 가치의 3분의 1 정도가 이 소프트한, 무형의, 비재무적인 요소에 의해 결정된다고 한다.[39]

《1등 기업에는 있고 2등 기업에는 없는 것Invisible Advantage》의 저자인 조나단 로우에 따르면, '무형자산은 많은 산업 및 서비스 기업 시장 가치의 50%까지 육박한다'고 한다.[40] 로우의 주장에 따르면, 날로 증가하는 가치 기반 기관투자가들과 포트폴리오 매니저들이 기업 내부와 외부에서 창조되는 사회적 가치와 같은 비재무적 정보에 의해 투자하는 것이 증명되면서 전통적인 자산이나 수익이 주식 성과의 지표에 해당하는 비중이 최근 현저하게 감소하고 있다는 것이며, 기업들 또한 이 사실을 인지하고 있기 때문에 환경, 사회, 거버넌스 노력에 대한 정보를 공개하기 위해서 노력하고 있는 것이다.

엑손모빌ExxonMobil, 마이크로소프트, 미국 전력American Electric Power 등의 기업들은 일상적으로 '지속가능성' 혹은 '기업시민활동' 보고서를 발간하고 있다. 2009년 코카콜라는 10-K 파일링(미국 증권거래위원회에서 요구하는 재무적, 회사 연혁, 거버넌스, 리스트 관련 데이터: 역주)에 수자원 부족 리스크를 설명하면서 기후 변화로 인해 어떻게 영향을 받고 있는지를 기술하였다. 내셔널 그리드National Grid는 온실가스 감축 목표 달성과 임원 연봉시스템이 어떻게 연계되어 있는지에 대한 정보를 공개하기도 하였다.[41]

사회적 자본시장이 기업에게 주는 의미

사회적 자본시장이 실질적으로 계속 성장하고 있다는 것은 더 이상 논쟁의 여지가 없다. 근본적인 사실은 시장이 사회적 효과를 경제적 가치에 연계하기 시작하면서 기업은 마케팅, 채용, 혁신, 자선, 파트너십, 비즈니스 모델 등을 다시 생각하게 되었다는 것이다. 동시에 사회적 자본시장은 기업 전략에 매우 실용적인 시사점을 준다. 이 근본적인 의미들이 바로 이 책의 핵심 내용이며 차세대 기업사회전략corporate social strategies의 방향성을 나타내주고 있다.

이제 더 이상 명성은 중요하지 않다. 책임감 있는 비즈니스 시대에는 이제 우리 기업이 책임감이 있다고 얘기하는 게 더 이상 차별성을 주지 못한다. 기업 자선은 이제 자랑거리라기보다 기대사항이다. 따라서 기업사회전략의 우선순위는 기업 명성이 아니라 어떤 결과를 내느냐가 되었다. 사회적 자본시장의 투자자, 임직원, 소비자 모두 실질적인 사회적 효과와 비즈니스 성과에 가치를 둔다.

이제 좋은 일을 하면서 경제적인 대가를 기대해도 좋다. 사회책임투자, 마이크로 파이낸스, 공익 마케팅, 지속가능성 전략, 이 모든 것은 사회가 사회적 성과와 수익적 결과 개념의 연결고리를 허용하도록 만들었다. 이제는 기업 임원이 사회투자나 사회전략에 대한 비즈니스 정당성을 찾는 것을 부끄러워 하던 시대는 지났다. 사회적 기업이 비영리 전략에서 활발하게 허용되고 있고, 정책 결정자들은 사회문제 해결을 위해서 보다 확장된 기업의 역할을 주문하고 있다. 또한 환경, 지속가능성에 집중하는 새로운 비즈니스 물결이 나타나고 있다. 이 모든 것이 마인드 세트의 변화를 가져온 것이다.

사회적 전략은 비즈니스 전략이 되어야 한다. 사회적, 환경적 효과에 관심을 기울이는 사회적 자본시장에 의해 변화된 가치는 기업으로 하여금 비즈니스 성과를 내도록 특별히 고안된 새로운 사회참여 모델을 요구한다. 자선, 자원봉사, 환경기준준수 등과 같은 전통적 접근법을 비즈니스 용어로 정당화 하는 것은 진정한 유형의 비즈니스 가치를 만드는 것과는 다르다.

측정은 핵심 역량이 되어야 한다. 사회적 자본시장에서 측정할 수 없는 것은 가치를 따질 수 없다. 돈, 시간, 노력, 더 많은 자본이 사회적 자본시장에 들어갈수록 사람들은 질문한다.

"이게 정말 변화를 만들어 내고 있다면 얼마나 많이 만들어낸다는 거지?"

경영진, 소비자, 투자자 등은 기업의 사회적 책임corporate social responsibility : CSR에 대한 데이터를 정밀 조사하고 있으며, 재무보고서 데이터, 애널리스트 보고서는 물론 다른 정보도 상세히 분석

한다.

이제는 정보 공개를 하는 보고서를 발행한다는 것만으로는 부족하다. 얼마나 의미 있는 사회적 가치와 비즈니스 가치가 만들어졌는지 증명해야만 한다. 사회적 자본시장은 기업에게 가치를 창조하는 새로운 방법을 요구하고 있다.

사회적 자본시장은 기업에게는 '사회적 차익거래'를 할 수 있는 기회의 시장이다. 실제로 사회적 변화를 요구하는 시장은 기업에게 아직 개척되지 않은 마지막 거대한 시장인 것이다. 그리고 가장 높은 수익을 올릴 가능성이 있는 시장이다. 헬스케어 보험 미가입자를 모두 보험에 들게 하고, 대안 에너지 자원을 제공하고, 건강 유지를 위한 음식이 부족한 '음식사막'을 없애고, 빈곤을 퇴치하며, 질병을 없애는 노력을 통해 얻을 수 있는 거대한 시장인 것이다.

성장을 원하는 기업이라면 이들이 원하는 바를 파악하여 요구사항을 만족시키면서 동시에 수익도 만들어 낼 수 있을 것이다. 이 책은 그렇게 할 수 있는 방법에 대해 알려 준다.

제2장

책임은 전략이 아니다

탄소 배출량을 줄여라.

공급업체의 다양성을 보장하라.

지역사회에 환원하라.

최저 생활 임금을 보장해라.

책무성을 가지고 책임감을 다해라.

… 윤리적으로 사업해라.

… 환경 친화적으로 운영해라.

기업은 도저히 이기는 게 불가능해 보인다. 환경운동가, 사회운동가, 국제 NGO, 마이클 무어 등의 압력에 못 이겨, 기업은 그 동안 마지못해 기업의 옷이 아닌 사회적 책임이라는 옷을 입어 왔다. 기업은 방어적인 자세로 그저 해야만 하는 일을 해왔다. 환경 컨설턴트를 쓰고, 지속가능성 보고서를 발간하며, 비영리기관들과 파트너십을 맺고, 언론의 설문에 응답하고, 탄소배출 정보를 보고하고, 기준준수 관련 세미나, 워크숍, 컨퍼런스 등에 참석해왔다. 갭Gap은

빨간색 옷을 입었고(RED 캠페인은 에이즈 퇴치 기금을 마련하는 공익 마케팅: 역주)1 에이본Avon은 핑크색 옷을 입었으며(유방암 퇴치 기금을 마련하는 핑크 리본 공익 마케팅: 역주),2 코카콜라는 파란 옷도 입었다(중국의 올림픽 게임을 스폰하면서 진행한 환경 캠페인. 물 부족을 해소하기 위해서 제품 생산시 물 사용을 줄이고, 재활용 하고, 다시 보충하는 운동이었는데 물을 상징하는 블루칼라를 사용했다. 역주).3 그 뿐인가. 모든 기업은 그린 색 옷을 입고 있다.4 거의 광적으로 열광한 상태에서, 기업은 속에 무엇이 들었는지도 모르는 사회적 책임이라는 피냐타(미국의 스페인어권 사회에서 아이들이 파티 때 눈을 가리고 막대기로 쳐서 넘어뜨리는 장난감과 사탕이 가득 든 통-역주)를 후려치고 있다. 기업들과의 진솔한 대화에서, 컨퍼런스 장에서, 블로그에서, 출간된 논문들에서, 나는 한 가지 명확한 사실을 발견할 수 있었다. 기업은 기업사회혼란corporate social confusion에 빠져 있다는 것이다. 과연 왜 그럴까?

사회적 계약에서 사회적 자본시장으로

사회적 자본시장은 과거의 기업 전략을 퇴물로 만들고 사회에서 기업의 역할을 근본적으로 바꾸어 놓았다. 새로운 경제 현실에 적응하려면 기업은 이제 기업사회전략을 다시 생각해야 한다. 왜 이것이 필요할까? 새로운 참가자들(소비자, 임직원, 월 스트리트, 공급업체, 비즈니스 파트너)이 아주 새로운 기대를 가지고 몰려들고 있기 때문이다. 이 새로운 '이해관계자' 들은 긍정적인 사회적 성과와 함께 비즈니스 성과도 원한다. 마지못해서 하는 기준준수를 넘어 실질적인 비즈니스 효과 말이다.

이것을 제대로 한다면 많은 것을 얻을 수 있을 것이다. 이 책의 서문에서 언급했듯이, 기업은 매년 사회적 책임과 관련된 노력에 약 320억 달러 정도를 쓴다.[5] 기업이 자선 활동에만 쓰는 금액은 110억 달러이다.[6] 〈포춘〉지 100대 기업의 자선 금액 평균만 하더라도 5,000만 달러나 된다.[7] 지난 몇 년간 엑손 모빌이나 로열더치 쉘은 기업사회책임CSR 노력에 매년 1억 달러를 써왔다.[8]

역사적으로 기업은 사회투자를 윤리적 차원에서 접근했다. '좋은 기업시민'이 되기 위해 '환원하는' 책임을 지는 것 말이다. 사회적 계약이라고 불리는 암묵적인 동의였던 이 논리 아래서, '기업은 수익을 추구하는 대가로 지역사회를 지원하고 사업 활동의 부정적 효과를 최소화 하기 위해서 노력해야 한다'는 사회의 기대를 충족시키기 위해서 노력해왔다. 이러한 의무를 다하기 위해서 기업은 사회적 계약을 지키기 위한 전략을 개발해왔다. 예를 들면 지역 자선 기관을 위한 지원금 기부나, 자원봉사, 기준준수 등이다. 자선적 기부에 더해서, 기업은 비윤리적이거나 무책임하다고 여겨지는 행동을 하지 않도록 압력을 받아 왔다. 예를 들면 환경오염(친환경 운동), 인권(나이키 신발 공장의 아동 노동), 노동자 권리(월마트의 저임금), 건강에 나쁜 음식(맥도널드의 슈퍼사이즈 프렌치프라이), 거버넌스와 책무성(엔론이 한 모든 것), 무책임한 행동(모두 엑손 발데즈 사건을 기억할 것이다) 등이다.

일부 종교 단체와 사회운동가들은 담배, 알코올, 도박, 군수산업 등과 같은 산업 전체를 무책임한 산업으로 만들었다.

지난 20여 년 동안 기업에 대한 사회의 기대는 획기적으로 증가했다. 최근 CEO를 대상으로 한 설문조사에서는 95%의 CEO들이 5년 전보다 기업이 젊어지고 가야 할 공적 책임에 대한 사회의 기대가 높아졌다고 말했다.[9] 기업은 사회적 계약을 기반으로 하는 책임을 다해야 했다. CSR에 의해 그러한 책임은 좀 더 공식화 되었다. CSR은 이제 많은 종류의 지침을 포함한다. 기업의 지배구조, 윤리경영 프로그램, 건강과 안전 그리고 환경 프로그램, 인권과 노동에 대한 주의, 인적자원 관리 정책, 기업의 사회 참여, 선주민이나 소수 인종에 대한 존중, 기업 자선과 임직원 자원봉사, 공정거래원칙 준수, 반부패, 뇌물제공 금지조치, 책무성, 투명성, 성과 보고, 책임감 있는 공급망 관리 등이다.[10]

맥도널드의 활동은 지역사회, 환경, 임직원, 공급업체 등에 대한 책임을 다하는 CSR에 대한 전통적인 기업의 접근법을 잘 설명해 준다.[11] 맥도널드에는 패키징, 에너지, 건축 등과 같이 지속가능성에 관련된 분야의 기준을 준수하고 비즈니스에 통합하는 활동에 집중하는 CSR 담당자가 있었다.

한 예로, 공급망 관리 차원에서, 맥도널드에 공급되는 91%의 생선이 지속가능한 방식으로 운영되는 어장에서 왔는지, 고기 공급업체들은 폐기물 재활용을 통해서 디젤 연료를 재생산하는 선순환적 환경 경영을 기반으로 고기를 가공하였는지 등을 관리하였다.[12] 다른 사회적 책임 기준준수 활동은 공급업체의 다양성, 자원 보호, 동물 복지, 임직원 복지, 제품 안전성, 영양, 기업 지배구조 등과 관련된 일들이었다. 투명성 분야에서는 기준준수 매트릭스를 기반으로 연간 발행하는 자체 글로벌 사회책임보고서를 통해서 정보를 공개하고 있다. 예를 들면, '9개의 가장 큰 매출 시장의 몇 %가 오프라인 매장 이외의 방법을 통해서(예를 들면 웹사이트) 영양에 대한 정보를 제공하고 있다’거나 ‘공급업체 몇 %가 맥도널드의 윤리강령 준수 서약을 하였다’는 등이다.[13] 이러한 보고서는 인쇄된 하드카피 보고서 형태보다는 온라인 형태로 소개된다. 이렇게 하는 것도 기업이 환경을 고려하는 신념을 표현하는 것이기 때문이다.

사실 이런 전략은 다른 기업에 비해 그다지 차별성을 주지는 못한다. 그렇지만 두 가지 기능은 가진다. 좋은 일을 하는 것(자선)과 나쁜 일을 하지 않는 것(책임감 있는 관행을 통해서 기준을 준수하는 것). 이런 활동을 하면서 우연히 비용 절감, 리스크 감소, 임직원 만족, 긍정적인 언론 기사 효과 등의 비즈니스 효과를 얻을 수는 있다. 하지만 그건 그저 사회적 계약을 만족시켜 줄 뿐이다.

이런 활동을 하는 기업들은 왜 혼란스러워 하는가. 사회적 자본시장은 이 오래된 사회적 계약을 기반으로 하는 마인드 세트(그저 좋은 일을 하면 될 거라는)로는 충분하지 않기 때문이다. 사회적 자본시장에서 승리하려면 기업은 이러한 과거의 마인드 세트를 기반으로 하는 사고를 뛰어 넘어야 한다.

사회적 자본시장의 이해관계자들은 기업에게 거는 기대가 더 높다. 대중은 기업이 사회적 계약 의무를 준수하기를 기대한다. 하지만 투자자, CEO, 월 스트리트의 애널리스트들은 단기적이고 유형적인 비즈니스 가치를 만들어 낼 수 있는 새로운 사회적 전략을 기대한다. 또한 임직원, 소비자, 비영리기관, 시민운동가들도 이제는 기업이 사업운영 환경 내에서 사고를 최소화 하는 것 이외의 것을 기대한다. 즉 그들은 기업이 사회문제를 적극적으로 해결해 주기를 바라는 것이다.

왜 기업이 이길 수 없는가

문제는 기업이 책임을 다하지 않거나, 윤리적이지 않다거나, 지속가능하게 운영하고 있지 않다거나 하는 게 아니다. 사실 기업은 다들 그렇게 하고 있다. 정작 문제는 사회적 계약 전략이 리스크를 감소시키기 위해 설계되었지, 비즈니스 가치를 만들어 내기 위해서 설계되지 않았다는 것이다. 현재 사회적 계약에 기반을 둔 사회 변화 노력에 대한 접근법이 어떠한 제한점들이 있는지 좀 더 자세히 살펴보기로 하자.

1. 좋은 일을 하는 것은 그저 '나쁘지 않다는 것'으로만 여겨진다.

최근 내가 진행한 강연 말미에 한 기업의 임원은 '자기 기업 CEO는 항상 이렇게 질문을 한다'고 하면서 질문을 했다.

"왜 기업은 항상 돌려주어야 하는 거지요? 기업이 사회에서 가져온 것은 아무 것도 없지 않습니까!"

CSR이 지배하는 세상에서는 기업은 적자 재정의 국가 상태나 윤리적으로 똑같다. 나쁘지 않다고 증명되기 전까지 사회적으로 무책임하다고 간주되는 것이다.

더 나아가서 무엇이 사회적 책임인지 불분명한 것도 문제다. CSR 성과를 평가하는 지표들은 사실 많은 부분이 주관적이며 그걸 다 지키기는 힘들다. 몇 년 전에 포장식품을 판매하는 한 기업의 기업시민활동 임원은 CEO로부터 회사의 사회적 책임 업무를 보고해 달라는 요청을 받았다. 그 임원은 '다우존스 지속가능성 지수'에 편입되는 것이 기업의 지속가능성 성공을 가늠할 만한 표시라고 생각되어 해당 설문조사(스위스 지속가능성 자산운용 회사가 담당한다)를 작성하였다. 설문조사는 아래와 같은 내용들로 이루어졌다.

- ▶ 당신 기업은 전사적인 리스크 분석 프레임워크를 사용하고 있습니까?
- ▶ 당신 기업의 반부패와 뇌물방지 정책은 어떤 측면을 포함하고 있습니까?
- ▶ 고객 피드백을 회사 운영에 반영하기 위해서 어떤 접근법을 사용하고 있습니까?
- ▶ 당신 기업은 다국적기업과 사회 정책에 관한 ILO 삼자 원칙 선언을 공개적으로 지지하고 있습니까?

설문조사를 다 마친 후에, 그 기업시민활동 임원은 지수 안에 동종 기업과 비교해서 백분율 점수가 50퍼센타일에 있다고 연락을 받았다. 다음 해, 그 임원은 해당 설문조사를 다시 작성하였는데, 이번에는 한 질문만 다르게(자선 기부 평가에 관련하여) 대답했다. 그런데 기업 순위가 95퍼센타일로 치솟았다! 요점은 이것이다. 현재의 사회적 책임 측정방법은 신뢰할 만한 게 못 된다는 것이다.

한 블로거는 〈포춘〉지의 사회적으로 책임을 다하는 기업 리스트를 보고 이렇게 썼다.

"거대 석유 기업인 BP와 쉘Shell이 2위와 3위를 각각 차지했다. 10위 중 4개 기업은 가스, 전기, 수도 부문 기업이다. 랭킹은 탄소 배출과 같은 성과를 측정하지 않는다. 대신에 경영관리 관행을 본다. 기업이 비판자에게 귀를 기울이는 절차를 가지고 있는가? 기업 임원과 이사회 멤버가 책임감이 있는가? 외부 검증기관을 썼는가?' 14

결과적으로, 기업만이 오로지 지역, 이슈, 운영기관 간에 중복적으로 발표하는 자발적인 기준, 규범, 강령, 규제 등이 만드는 불협화음을 조화롭게 만들어야 하는 숙제를 떠맡았다. 가장 대표적인 것들을 보자.

호주 형사법Australian Criminal Code Act, 비즈니스를 위한 코 라운드 테이블 원칙Caux Round Table Principles for Business, 세레스 원칙CERES Principles, EMAS, 윤리무역 이니셔티브Ethical Trading Initiative, 산림보호위원회Forest Stewardship Council, 글로벌 리포팅 이니셔티브Global Reporting Initiative, 글로벌 설리반 원칙Global Sullivan Principles, 화장품에 대한 인도주의적 기준Humane Cosmetics Standard, ICFTU 노동 관행에 대한 기본강령ICFTU Basic Code of Labour Practice, 사람을 위한 투자Investors in People, 지속가능 발전을 위한 ICC 비즈니스 헌장ICC Business Charter for Sustainable Development, ISO 14001, OHSAS18001, PERI 보고 가이드라인PERI Reporting Guidelines, 사회적 책임 8000Social Accountability 8000: SA8000, 남아공 정부의 고용평등법South African GovernmentEmployment Equity Act, 선샤인 기업 보고 기준Sunshine Corporate Reporting, 미 연방정부 선고 가이드라인U.S. Government Federal Sentencing Guidelines 그리고 FTSE 4 Good 모유 대체품 기준FTSE4 Good Breast-Milk Substitute Criteria 등이다. 15 심지어는 중요성, 이해관계자 포함성, 지속가능성, 완전성, 신뢰성, 명확성, 균형성, 비교가능성, 정확성, 적시성 등으로 된 어카운터빌리티Accountability의 AA1000 기준처럼 모든 법칙을 잘 보고하는 법칙도 있다. 16

요점은 이것이다. 사회적 계약의 세계에서 기업이 할 수 있는 최선의 것은 사회의 기대를 충족시키는 것이다, 책임감 있는 비즈니스로. 하지만 이것마저도 어렵다!

2. CSR은 이제 비즈니스의 기본이라고 여겨진다

오늘날 대부분의 모든 기업들은 자선 기부를 하고 임직원 자원봉사 활동을 실시하며, 재활용 프로그램을 운영하고, 다양성을 지원하는 등 좋은 기업시민이 되어야 하는 점의 중요성에 대해서 얘기한다. 최근 KPMG 연구에 따르면, 글로벌 대기업 중의 절반이 따로 지속가능성 보고서를 발간하고 있으며, 64%가 연간 회계보고서에 기업의 사회적 책임을 이야기한다고 한다.[17]

파나소닉, 맥도널드, 나이키, P&G, 박스터, GM, 영국항공 등 1,200개가 넘는 기업들이 지속가능성 보고서를 발간하고 있다.[18] 사회는 기업에게 임직원들을 잘 돌보고 자선기관에 기부를 하며 환경오염을 하지 않을 것을 기대하고 있다. 많은 기업들이 인권 가이드라인이나 노동 기준들을 잘 지키는 것을 가지고 사회적 책임을 잘 실행하고 있다고 자랑한다. 결과는 이렇다.

어느 기업도 사회적 책임을 다하는 데 있어서 특별히 다른 기업보다 더 나아 보이기는 힘들다. 그렇지 못할 때는 무조건 나쁘게 보인다.

사회적 책임을 다하고 있다고 인정을 받지 못하는 것 자체는 나쁜 일이 아니다. 사회적 책임을 기업의 운영에 통합시키는 것이 CSR 운동이 가지는 제일 중요한 의미인 것이다. '책임감을 다하고 있는 기업'이라고 기업 세계에서 그리고 월 스트리트에서 인정받는 것은 그저 본전인 것이다.

그러나 CSR의 성공은 새로운 도전을 만들었다. 특히 비즈니스 케이스를 만드는 측면에서 말이다. 많은 기업들이 CSR이 브랜드 명성을 높여 자기 회사를 다른 회사에 비해서 차별화 시켜 줄 수 있을 것이라는 믿음에 근거한 사회적 계약 전략에 따라 그들이 하는 많은 투자를 정당화 시키고 있다. 하지만 모든 기업들이 '사회적 책임을 다하고 있는' 세계에서는 그저 약간의 기업 이미지 효과만 가질 뿐이다.

3. 대부분 기업의 사회적 어젠더는 기업 자신의 것이 아니다.

최근 전 세계는 경제 위기를 겪었다. 나는 교육과 관련된 한 기업 자선 분야 컨퍼런스에 참석한 일이 있었다. 수십 개의 〈포춘〉지 500대 기업들이 거기에 왔다. 컨퍼런스 후반기에 세계 4대 감사 회사의 기업시민활동 이사가 나에게 다가오더니 이렇게 말했다.

"정말 어려운 일이에요. 사실 우리는 실패했어요. 왜냐하면 미국의 교육문제에 대한 해결책을 찾지 못했으니까요."

위로의 말을 건네다가, 갑자기 한 가지 생각이 들었다.

'가만 있자! 기업이 언제부터 미국의 교육문제를 개선하는 게 주된 일이 되었지? 당신 기업이 생존을 위해 싸우고 있는 지금, 당신이 교육문제에나 신경 쓰는 것을 당신 회사 CEO가 알고 있나요?'

이 예는 기업이 원래 자기의 어젠더가 아닌 사회적 어젠더를 내면화하는 데 있어서 어느 정도까지 나갈 수 있는가를 보여주는 좋은 예이다. 지금껏 기업은 글로벌 NGO, 학계 전문가, 블로거 운동가,

컨설턴트, 환경 전문가, 학계 전문가 등 전통적으로 이해관계자가 아니었던 이해관계자 그룹에 의해 영향을 받아 왔다.

이러한 추세에는 글로벌 리포팅 이니셔티브나 유엔 글로벌콤팩트United Nations Global Compact 같은 기준 설정 기관들도 있었다. 이러한 기관들은 기업을 위한 윤리나 보고 가이드라인들을 만들고 기업의 사회적 책임의 '성공'을 정의하는 방식에 많은 영향을 끼쳐 왔다. 영향을 미치는 다른 기관에는 사회적 책임을 위한 비즈니스Business for Social Responsibility, 어카운터빌리티, 세레스 등도 있다. 이러한 그룹들은 기업이 지속 가능한 비즈니스 관행을 채택하도록 격려하고 기술적 지원을 제공하며 컨퍼런스를 열고 CSR 운동을 증진하는 일을 해왔다. 기업들은 발표되는 랭킹과 사회적 책임 인덱스에 영향을 받아 왔다. 리스크 매트릭스 그룹Risk Metrics Group에 인수된 KLD 분석회사KLD Analytics나 이노베스트Innovest, 다우존스 지속가능성 지수Dow Jones Sustainability Index, FTSE 4 Good 등은 기업의 사회적 책임 기준과 관련된 재무성과를 분석해 왔다.

이러한 복잡한 이해관계자들의 그물들은 기업의 어젠더를 한층 더 복잡하게 만들어 왔다. 자체적이고 능동적인 어젠더의 부재와 더불어 기업은 다른 이들이 만든 사회적 프로필 기준에 기업을 끼워 맞춰 정의해 왔고, 이에 따라 소비자들도 반사적으로 기업들을 정의해 왔다. 나이키=아동 노동, 맥도널드=비만, 월마트=저임금, 엑손모빌=환경오염, 필립모리스=암. 이렇게 말이다.

이러한 예들이 말하는 것처럼 사회계약 전략은 기업으로 하여금 거부할 수 없는 선입견을 안겨준다. 그렇지 않다는 것을 증명하기 전까지는 사회적으로 무책임한 기업이라는 것이다. 이런 기업의 어젠더를 좌지우지하는 제3자의 영향은, 왜 최고의 기업도 사회적 책임 분야에 있어서만은 본전만 하고 있는지 그 이유를 잘 말해 주고 있다.

4. 사회계약 전략은 비즈니스 가치를 만들도록 설계되지 않았다.

많은 기업들이 추구하는 사회계약 전략은 비즈니스 가치를 측정하는 데 어려움을 준다. 어떤 기업은 '사회적 감사'에 정통한 전문가들을 써서 비즈니스 가치를 측정하기도 한다. 다른 기업들은 '사회적 투자수익률social return on investment: SROI'과 같은 새로운 프레임워크와 방법론을 사용하여 측정하기도 한다.

나는 CSR 전략 및 측정에 대해 오랜 기간 기업을 자문해 온 경험에 근거하여, 사회적 책임의 비즈니스 성과를 측정하는 것이 왜 그렇게 힘든지 깨달았다. 사회계약 전략은 비즈니스 성과와 같은 유형의 결과를 만들도록 설계되지 않았다. 자선, 자원봉사 활동, 투명성, 기준준수 보고 등과 같은 전략은 사회계약만을 만족하기 위해서 만들어 졌지, 비즈니스를 위한 경제적 가치를 만들도록 설계되지 않았기 때문이다. 임직원들에게 자원봉사 활동을 위해서 유급휴가를 주는 것은 임직원 참여나 관여를 높일 수는 있지만 측정할 수 있는 비즈니스 가치는 없다. 그저 하면 좋은 일인 것이다. 많은 연구나 조사 분석을 해보아도 결과는 마찬가지일 것이다. 실제로 CSR과 수익성 간의 연결고리를 찾는 연구 분석을 통해서《기업은 왜 사회적 책임에 주목하는가The Market for Virtue》의 저자 데이비드 보겔은 이렇게 결론지었다.

"더 좋은 일을 하는 기업이 더 수익성이 높다는 증거는 없다."[19]

몇 년 전에 맥도널드는 본인이 직접 모르모트처럼 인스턴트식품의 유해성을 체험하여 소개한 다큐멘터리 영화 '슈퍼 사이즈 미Super Size Me'의 제작자 모건 스퍼록에 의해 많은 공격을 받았다. 그뿐인가. 《패스트푸드 네이션Fast Food Nation》을 통해 소비자, 글로벌 식품 공급업체, 중소기업에 미치는 맥도널드의 악영향을 소개한 에릭 슐로서에게서도 마찬가지였다.

언론은 떠들썩했고, 소비자는 맥도널드 매장으로 들어가는 것조차 죄책감을 느낄 정도였다. 맥도널드는 이들의 '감정 계좌'에 호소하기 위해서 대대적인 활동을 개시했다. 친환경 경영을 하고, 공정무역 커피를 구매하고, 닭고기 공급업체로 하여금 양계장의 닭에게 최소한 72평방 인치 공간을 보장하도록 하는 조치를 취했다. 하지만 그것 만으로는 부족했다. 맥도널드는 신뢰의 문제는 신뢰의 문제 그 자체를 고쳐 시정하기로 하였다. 슈퍼 사이즈 프렌치프라이와 음료수를 없애고, 샐러드, 요구르트 파르페, 애플 딥퍼와 같은 사과 다이어트 식품 등 건강에 좋은 메뉴를 제공하였다. 맥도널드는 이제 전 세계의 가장 큰 사과 구매 고객이 되었다.

맥도널드가 취한 사회적으로 책임감을 높이려는 모든 노력은 사회적, 환경적 리스크에 노출되는 것을 경감시키고자 하는 노력이었다. 하지만, 당신은 이미 예상하겠지만, 비즈니스 성과에 가장 크게 영향을 미치는 사회적 전략은 핵심 비즈니스를 바꾸는 것이다. 맥도널드 사례의 경우, 메뉴 그 자체를 바꾼 것이다.

아직도 기업은 자선 활동을 좀 더 '전략적'으로 만들고자 한다. 예를 들어 경영학계의 선구자들은 기업이 자선을 위한 공익 요소나 프로젝트들을 좀 더 '비즈니스와 연계하거나' 경쟁 우위적 방식으로 만드는 것이 좋다고 주장해왔다.[20] 한 전문가에 따르면, '이러한 접근법에 따르면 아메리칸 익스프레스American Express는 춤과 관련된 회사를 지원해 주는 것이 적절하다. 왜냐하면 같은 엔터테인먼트 업계에 있기 때문이다.'[21]

한번 솔직하게 생각해 보자. 누구도 아메리칸 익스프레스가 발레 공연을 후원한다고 해서 그 회사 신용카드를 신청하지 않을 것이다. 그것은 그저 하면 좋은 자선적인 활동일 뿐이다. 올바른 방향이긴 해도 자선을 좀 더 전략적으로 만드는 것은 한계가 있다. 왜냐 하면 자선 그 자체는 원래 비즈니스에 도움이 되도록 만들어지지 않았기 때문이다.

기업이 사회계약을 충족시키기 위해서 노력하는 것은 확실히 비즈니스에 도움이 된다. 하지만 사회적 자본시장의 압력이 거세지면서 기업은 사회계약 전략을 비즈니스 전략으로 늘여 당기려는 노력을 하고는 있지만 한계가 있는 것이다.

한 미국 의류회사는 이러한 교훈을 몇 년 전에 깨달았다. 북미 생산 공장의 문을 닫고 생산 기지를 해외로 보내면서 그 회사는 재테크 관리법(기본적으로는 저축 계획)에 대해 공장 노동자들을 교육시키는 자선 활동에 집중했다. 경영진으로부터 '사회적 효과를 비즈니스에 일치시키라'는 요구를 받은 기업사회공헌팀은 비영리기관들과 함께 미국 유통매장 노동자들에게도 자산관리교육을 시켰다. 저축을 늘려 대학 등록금을 마련하도록 장려하고 이를 통해 이직률을 감소시키기 위한 목적에서였다. 하지만 이 전략은 말도 안 되는 것이었다. 미국의 평균 유통매장 노동자들은 노동 권리나 5백 달러를 저축하는 방법 등에 대해서 카운셀링을 받을 필요가 없었다. 대부분이 도시 근교의 쇼핑몰에서 일하는 청소년들이었기 때문이다. 또한 자산관리교육도 매장의 노동자 이직률 감소에 도움이 되지 못했다. 즉 기업이 우선순위를 두는 도전에는 별 도움이 안 된 것이다.

요점은 이것이다. 사회계약 전략은 비즈니스 전략이 아니다. 또 사회계약 전략은 비즈니스 가치를 만들어 내도록 설계되지 않았다.

5. 사회계약 전략은 사회문제를 해결하도록 설계되지 않았다.

아마 이 주제에 대해서 가장 큰 아이러니는 사회계약 전략 자체도 사회적 가치를 만드는 데 제한적이라는 것이다. 오늘날 기업 전략은 특정한 사회문제를 해결하도록 설계되지 않았다. 미디어 평론가나 지속가능성 촉진가들이 떠들어 대는 수많은 유명한 '그린' 기업 전략도 사실 실제로 환경을 개선시키지는 못한다. 그저 피해를 좀 줄일 뿐이다. 더구나 기업이 하는 자선 규모도 사실 크지 않다. 2007년, 5백만 달러 이하의 전체 CSR 예산을 가진 기업이 보통 하는 평균 자선 활동 금액은 23,200달러였다. 1억 달러 이상의 예산을 가진 기업들의 평균 자선활동 금액은 61,900달러였다.[22] 마치 정맥주사를 맞는 것처럼 방울방울 떨어지는 펀딩 규모로는 실질적 변화를 만들어 내기 힘들다.

심지어 사회적 전략 자체도 어떤 때는 사회적 효과를 내지 못한다. 기업의 사회적 책임의 대부로 불리는 벤&제리스Ben&Jerry's사는 1980년대 아마존의 열대우림을 돕기 위해 노력하던 중에 그 교훈을 뼈저리게 느꼈다. 회사의 공동 창업자인 벤 코헨은 최적의 해결책을 찾았다고 생각했다. 회사의 새로운 신제품 레인포리스트 크런치 Rainforest Crunch 맛 아이스크림에 쓰이는 땅콩을 아마존 열대우림에서 직접 재배한 브라질 땅콩으로 구매하기로 결정했기 때문이다. 아이스크림 용기에는 이렇게 적었다. '땅콩 구매 비용은 브라질 열대우림 주민들이 땅콩 생산협동조합을 시작하는 데 도움을 줍니다.'[23] 이 전략은 채굴이나 벌채 등의 일자리만을 가질 수밖에 없는 브라질 열대우림 원주민들이 대안적 직업을 찾을 수 있도록 지원하는 것이 목표였다. 결과적으로 자푸리 협동조합(땅콩 생산을 위한 브라질 협동조합)이 생기긴 했는데 벤&제리스가 원하는 품질이나 물량의 땅콩을 공급하기에는 역부족이었다. 결국 그 협동조합은 문을 닫았다. 벤&제리스는 수 백만 파운드의 땅콩을 구매하지만 미국 기준을 통과한 협동조합이 생산한 땅콩은 겨우 5만 파운드였다.[24] 레인포리스트 크런치 제품은 몇 년 후에 사라졌다.

벤&제리스의 의도는 좋았다. 하지만 다른 좋은 의도의 전략이 항상 그렇듯이, 비즈니스에 가져다주는 효과가 미약할 때는 사회에 미칠 수 있는 영향력도 작다. 지속가능한 비즈니스 가치와 사회적 가치 두 가지 모두를 충족하는 종합적 전략을 설계하는 데 실패함으로써 벤&제리스의 좋은 의도도 실패하였다. 전략의 주 의도가 사회적이면, 기업은 그것을 성공시키기 위한 자원 동원에 제한을 받을 수밖에 없고, 그러한 특정 사회문제를 해결하는 데 있어서 기업의 능력을 총동원할 수 없다. 그 결과 기업은 사회문제에 근본적인 대책을 낼 수 없고 지원금이나 장학금과 같은 단편적인 노력만 하게 되는 것이다.

좋은 일을 하는 것이 나쁘게 보이지 않게 하는 것이라면, 우리는 너무 기준을 낮게 잡는 것이다. 사회적 효과 미적분에 있어서 기업에게 해가 되지 않는 활동만 하라고 요구하는 결과는 그저 본전치기가 될 뿐이다. 사회계약의 시대는 미국을 비롯한 기업들에게 사회적, 환경적 문제의 중요성에 대해 눈을 뜨게 하고, 좀 더 높여진 사회적, 환경적 기준을 달성하기 위해 많은 활동을 하게끔 격려하게 한 것만으로도 충분히 그 업적을 자랑할 만하다. 그건 간단한 일이 아니었다. 하지만 이제는 게임을 좀 더 진전시켜 기업에게 긍정적인 사회변화도 유도하고 비즈니스 가치도 올리는 연결고리를 만드는 새로운 방법을 제공해야 한다.

사회 변화를 비즈니스 성과와 연계하려면, 기업은 사회 변화에 접근하는 방법을 다시 생각해야 한다. 이 새로운 접근법은 기존의 사회계약 전략을 좀 더 멋진 비즈니스 정당화로 포장하는 것과는 차원이 다르다 사회 변화를 통해 비즈니스 가치를 창조하도록 특별히 고안된 새롭고 혁신적인 전략이 필요한 것이다

그렇다면 이러한 새로운 사회적 전략은 무엇인가?

이제 다음 장부터 기업사회혁신(social innovation: 기업사회공헌이나 기업의 사회적 책임이 아닌 '기업의' 사회혁신을 강조하기 위해 '기업사회혁신' 으로 번역한다 – 역주)을 설명해 보겠다.

제3장

기업사회혁신

우리 월마트가 사회에 환원하는 데 있어서

가장 중요하게 할 수 있는 방법은

우리가 가진 거대한 기업의 파워를 활용해서

그 파워를 변화의 강력한 힘으로 만드는 일이다.[1]

— 샘 월튼, 월마트 설립자

리바이스는 문제가 많았다. 1960년대 초반, 이 유명한 미국의 의류 제조회사는 버지니아의 블랙스톤에 미국 남부에서 처음으로 생산 공장 오픈을 준비하고 있었다. 버지니아의 시민운동가들은 백인만 채용할 것을 요구하였다. 리바이스는 흑인도 함께 채용하지 못하도록 한다면 공장을 다른 도시로 옮기겠다고 거부하였다. 자신들의 도시에 만들어질 일자리 기회를 놓치기 싫었던 시민운동가들은 공장 시설에 흑인 출입은 허용하지만 백인과 항상 분리해 줄 것을 다시 요구하였다. 리바이스는 다시 거부하였고, 결국 그들은 끝내 항복하여 리바이스는 버지니아에 최초로 백인과 흑인이 공존하는 작

업환경을 만들게 되었다.[2]

리바이스의 이러한 움직임은 1964년에 생긴 시민법이나 분리 금지에 대한 연방 입법들보다 더 앞선 것이었다. 이러한 사례는 기업 사회혁신의 중요성을 얘기해 준다. 어떻게 기업이 비즈니스라는 시스템을 통해서 긍정적인 사회 변화를 창조할 수 있는지.

실제로 기업은 사회문제에 혁신적인 해결책을 만드는 데 언제나 최전선에 있었다. 그저 그것이 비즈니스 전략이 아니었을 뿐이다. 예를 들어, 리바이스의 행동은 인종분리를 반대함으로써 긍정적인 사회 변화를 만드는 데 목적이 있었다. 하지만 그 행동이 잠재적인 비즈니스 가치(예를 들면 근로자의 생산성 향상이라든지 새로운 고객층 창출이라든지)를 염두에 두고 한 행동이었는지는 불분명하다. 오늘날, 업종을 막론하고 기업은 (GE, 코카콜라, 트래블러스 보험회사Travelers Insurance 모두) 비즈니스 성장을 이끄는 전략으로서 사회 변화의 파워를 인식하기 시작했다.

앞에서 설명한 장들은 기업 전략가들에게 새로운 도전을 안겨 주었다.

만약 이제는 사회문제가 비즈니스 이슈라면, 어떻게 사회적 전략을 비즈니스 전략으로 바꿀 것인가? 대답은 자선도 아니고, 기준준수도 아니고, 사회적 책임도 아니다. 그 해답은 기업사회혁신Social Innovation이다. 이 장은 기업사회혁신이 무엇인지, 어떻게 작동하는지에 대해서 설명한다.

우리는 기업 사회 그 무언가corporate social everything의 시대를 살아가고 있다. 기업들은 사회적 효과와 비즈니스 가치가 연관되어 만들어질 수 있는 모든 것을 하고 있다. (기업의 사회적 책임, 기업의 지속가능성corporate sustainability, 사회적 기업으로서의 기업, 기업 내부의 사회적 기업가corporate social intrapreneurship, 기업의 사회투자, 기업의 사회참여, 창조적 자본주의creative capitalism, 전략적 자선strategic philanthropy, 자선적 자본주의philanthrocapitalism, 공익 마케팅cause-related marketing, 공익 브랜딩cause branding 등 끝도 없이 이어진다.) 모두 사회적 자본시장의 코드를 풀기 위해서 말이다. 하지만 올바른 대답을 얻기 위해서는 올바른 질문을 해야 한다. 사회적 자본시장에서 제대로 사업하기 위해서는 올바른 질문은 이렇게 해야 한다.

"사회문제를 해결하면서 어떻게 비즈니스 가치를 만들 것인가?"

앞선 장에서 언급하였듯 많은 비즈니스 리더들은 아직도 비즈니스 정당성을 자선이나 기준준수라는 전략에 끼워 넣으면서 사회계약 패러다임 틀에서 사업을 하고 있다. 나는 기업의 자선이나 사회적 책임 노력에 대한 비즈니스 성과를 평가하는 일에 수 년 동안 종사해 오면서 깨달은 단순한 진리가 하나 있다. 그러한 전략들은 전혀 손익계산에 영향을 주지 못한다.

기업이 원하는 결과를 얻으려면 새로운 차원의 전략이 필요하다. 긍정적인 사회 변화를 통해서 경제적인 가치를 창조하도록 특별히 설계된 전략 말이다. 그것이 바로 기업사회혁신이다.

기업사회혁신에 대해서 좀 더 깊이 들어가기 전에 보다 정확하게 무엇이 사회 변화이고 무엇이 사회 변화가 아닌지 알아보도록 하자.

기업사회혁신이 아닌 것

기업사회혁신은 기업의 사회적 책임이 아니다. 이제껏 많은 기업의 책임 노력은 사회계약의 일부로서 사회적 가치 창조는 '되돌려 주는' 혹은 '좋은 기업시민'이 되기 위한 기업의 의무라고 여겨져 왔다. 이러한 의무를 다하기 위해서, 기업은 기부금 지원, 임직원 자원봉사, 지속가능 경영 혹은 '그린' 활동 등과 같은 전략을 개발해 왔다. 각 전략은 주로 중요한 사회문제 해결을 지원하거나 환경 문제와 같이 비즈니스의 부정적 효과를 최소화 하는 것이었다. 결과적으로 이러한 노력들은 좋은 일을 하는 자선이나 나쁜 일을 하지 않는 기준준수로 귀결되었다.

많은 사람들은 자선이나 기준준수가 기업 명성, 고객 충성도, 임직원 이직률 감소 등과 같은 비즈니스 효과를 낼 수 있을 것이라고 기대한다. 하지만 많은 조사들에 따르면 그러한 효과들은 너무 분산되어 있고(지역사회에 주는 기부금의 경우), 실체적이지 않아서 (임직원 자원봉사의 날처럼) 손익 계산으로 측정할 만한 결과를 만들어 내는 데 결정적이지 않다고 한다. 많은 경우에, 비즈니스 정당성은 자선적 전략을 뒷받침해 주는 데에서만 그친다. 만약 실제로 원래 의도가 비즈니스 효과를 내는 것이라면 잘 고안된 홍보 캠페인이나 새로운 연봉 성과급 프로그램처럼 좀 더 직관적이고 비용상으로 효율적인 전략이 나왔을 것이다.

나는 기업의 사회적 책임이나 자선 노력이 가치가 없다고 말하는
게 아니다. 이러한 노력들도 임직원, 비영리기관, 지역사회에 진정
한 효과를 안겨줄 수 있다. 하지만 기업사회혁신은 기업에게 좀 더
강력한 접근법을 제시할 수 있다는 것이다.

왜냐하면 기업사회혁신은 사회문제를 해결하는 데 비즈니스 전
문성을 활용하여 비즈니스 가치를 만드는 데 집중이 되어 있기 때문
이다. 또한 여기에 수반되는 비즈니스 성과는 훨씬 더 유형적이고,
직관적이며 짧은 시간에 효과를 볼 수 있다. 또한 기업사회혁신은 좀
더 의미 있고 지속적인 사회 변화를 만들어 낸다. 왜냐하면 사회나
환경문제에 실질적인 해결책을 염두에 두고 실행되기 때문이다. 이
렇게 하지 않으면 경제적으로 의미가 있는 가치를 창조하기 어렵다.

기업사회혁신은 전략적 자선이 아니다. 앞 장에서 나는 어떻게
일부 기업들이 '전략적 자선' 혹은 그 밖의 방법을 통하여 사회계약
전략을 비즈니스 전략으로 끼워 맞추는지 설명했다. 이러한 전략들
은 어떤 일련의 목표나 주제를 가지고 하는 자선의 형태를 가지고는
있으나 기업의 전략과는 잘 연계가 되지 못한다. 대부분의 전략적
자선 활동은 비즈니스와 별로 관계가 없는 사회 혹은 환경 문제를
다룬다. 학교 환경이나 아동들의 건강한 식습관을 개선하거나 자연
환경을 보존하거나 성인들에게 기술 역량 강화 교육을 해주거나 하
는 것이다.

이러한 노력들은 궁극적으로는 기업의 사업 환경(아니면 경쟁하는
환경)을 개선시켜 줄 수는 있겠지만, 그 성과와 효과가 나타나는 기
간은 단기적으로 움직이는 기업에게는 너무 요원하다. 또한 자선을
'늘여 당겨서' 유형적이고 직접적인 비즈니스 가치를 만들기에는

한계가 많다. (특히 기업재단을 통해서 기부하는 것들은 IRS 민간 기부 권한 원칙에 제한을 받는다.)

일반적으로, 전략적 자선이 비즈니스와의 교차점을 전략적으로 만들어 일정한 효과를 내려는 자선 중심적인 전술이라면, 기업사회혁신은 사회와의 긍정적인 교차점을 만드는 비즈니스 전략이라고 할 수 있다. 즉 기업사회혁신은 비즈니스에 직접 혜택을 얻고자 하는 의도가 명확하다고 할 수 있다.

기업사회혁신은 가치 기반적인 비즈니스가 아니다. 오늘날 많은 '좋은' 기업들은 윤리적이고 자선적이며, 투명하고 책임감을 다하고, 임직원을 존중하고, 재활용에 앞장서며, 퇴비로 쓸 수 있는 패키징과 식탁용 도구들을 쓰고, 좋은 일을 하면서 성과도 좋은 두 가지 손익계산서 아니 비즈니스, 지역사회, 환경을 모두 충족하는 세 가지 손익계산서triple bottom line : TBL를 만들기 위해 노력하고 있다.

이러한 기업들은 타 기업에게 모범이 되며, 더 높은 목표와 가치에 기반을 둔 지속 가능한 경영에 있어서 선구자적인 역할을 한다. 이러한 기업들에게는 가치가 수익보다 더 우선이다. 그러한 특성들 때문에 이 기업들은 임직원 만족도가 높고 근속률이 높으며 혁신에 개방적이고 고객들은 충성도가 높고 정부나 비영리기관들과도 긴밀한 관계를 가진다. 하버드 비즈니스스쿨의 제임스 오스틴 교수는 이러한 기업들을 '사회적 기업으로서의 기업'corporate social entrepreneurship이라고 불렀다. 즉 기업의 목표가 '주주들에게 최대의 이익을 주는 것이 아니라 기업의 활동에 영향을 받고 또 해당 기업에 영향을 줄 수 있는 이해관계자들에게 최대의 이익을 주는 것으로 변화한' 기업들인 것이다. [3]

팀버랜드는 바로 이런 사회적 기업으로서의 기업이라고 불린다. CEO 제프 스와츠는 "우리는 좋은 일을 하면서도 성공할 수 있다는 신념과 핵심 가치에 의해 기업을 운영한다. … 좋은 일과 성공은 불가분하게 연결되어 있다. 우리가 하는 모든 일, 우리가 하는 모든 비즈니스 결정, 우리가 발표하는 모든 전략, 우리가 하는 모든 말, 우리가 실어 보내는 우리 부츠 제품들은 비즈니스와 정의, 이 두 가지를 모두 충족시켜야만 한다. 이것은 정말 다른 모델이다"라고 했다.[4]

실제로 이러한 모델은 일상적인 비즈니스만 하는 기업과는 매우 다른 모델이다. 하지만 기업사회혁신은 아니다. 기업사회혁신은 수익을 둘째로 두는 것이 아니며, 좋은 일을 하면서 그 좋은 일이 비즈니스에 도움이 될 수 있다고 바라는 것이 아니다. 기업사회혁신은 직관적인 연계성을 만드는 것이며, 긍정적으로 사회를 변화시키려는 의도를 비즈니스 방식에 접목하는 것이다. 대부분의 사회 변혁가들은 그들이 가치 중심적일지라도, 사회나 환경적 효과를 그저 단순한 윤리적 기준보다는 비즈니스 전략의 요소로 여긴다.

빌 게이츠와 같은 사람들은 '가치 중심적' 비즈니스라는 아이디어를 기업사회혁신에 가깝게 접근시키는 데 성공하긴 했다. 빌 게이츠가 말하는 '창조적 자본주의'가 그것이다. 즉 새로운 기술에 접근하는 방법을 상대적으로 덜 가진 사람들의 요구를 충족하기 위해서 수익을 추구하는 방식으로 말이다. 예를 들면 마이크로소프트는 자선 활동 이외에, 최소한의 교육만 받으면 문맹의 혹은 반쯤은 문맹인 사람들이 컴퓨터를 바로 사용할 수 있도록 하는 비주얼한 인터페이스를 만드는 것과 같은 프로젝트를 하고 있다.

다른 프로젝트로는 하나의 컴퓨터로 한 교실의 모든 학생들이 동시에 사용할 수 있는 새로운 소프트웨어를 개발하고 있다.[5] 이러한 전략들은 다른 기업들보다는 좀 더 핵심 비즈니스 역량을 사용하는 전략이지만, 그래도 근간에는 자선적 성격이 많다. 즉 핵심 비즈니스의 수익을 좀 더 가난한 소외계층 시장에 기술 지원을 하거나 기부를 하는 것이다.

그와 달리 기업사회혁신은 사회문제에 혁신적이고 창조적인 시장 기반의 해결책을 제공하는 것이다. 그러한 기업사회혁신의 결과로 기업은 높은 비즈니스 성장과 함께 수익성 높은 비즈니스 기회를 창출할 수 있다.

그렇다면 무엇이 기업사회혁신인가?

몇 가지의 예를 들어보자.

코카콜라 재활용 회사Coca-Cola Recycling LLC.

2006년 코카콜라는 미국의 폐기물 캔을 수거해 100% 재활용하는 영리 자회사를 만들었고 6,000만 달러를 투자하여 세계에서 가장 큰 재활용 공장을 지었다.

이 전략은 기업에게 많은 시사점을 준다. 재활용 캔을 새로운 알루미늄 캔으로 만드는 데는 에너지가 95% 덜 들며, 알루미늄 원석을 가공하여 1개의 캔을 만드는 에너지로 20개의 재활용 캔을 만들 수 있다.[6]

기업사회혁신 : 코카콜라는 재활용 노력을 통해서 에너지 비용을 획기적으로 절감하였고(비즈니스 가치) 에너지나 알루미늄과 같이 비

재생성 에너지 사용도 절감하였다.(사회적 가치)

아프리카의 쿠민스Cummins

쿠민스는 인디애나 콜롬부스에 위치하고 있는 엔진 기술 및 제조 회사이다. 쿠민스의 고성장 비즈니스는 전기가 부족한 전 세계 지역에 에너지를 생산하는 것이다. 주로 아프리카 지역에 많이 판매가 되는데 2009년만 해도 수 천 대의 디젤 발전기를 팔아 아프리카 지역에서만 34%의 매출을 올렸다.[7]

그러나 쿠민스의 아프리카에서의 비즈니스 성장은 발전기를 유지 보수할 수 있는 기술 인력이 부족하여 어려움을 겪게 되었다. 따라서 쿠민스는 비즈니스 전략으로 남아공의 이테바 기술 연구소와 같은 기술 연구소와 파트너십을 맺어, 아프리카 청소년들이 쿠민스의 디젤 엔진을 수리할 수 있도록 훈련시켰다. 학생들은 일자리를 얻고 쿠민스는 아프리카에서 비즈니스 성장을 지원할 수 있는 인재들을 연결하는 인재채용 파이프라인을 만들 수 있게 되었다.[8]

기업사회혁신: 쿠민스는 교육 훈련 파트너십을 통해서 아프리카의 소외된 청소년들에게 교육과 일자리를 제공하고(사회적 가치) 기업이 필요한 인재도 얻을 수 있었다.(비즈니스 가치)

테스코Tesco

세계 3위의 영국 유통기업인 테스코는 미국에서 '음식의 사막'이라고 일컬어질 정도로 식료품 상점들이 없는 지역에 건강에 좋은, 바로 먹을 수 있도록 준비된 음식들을 파는 소규모 매장을 오픈하였다.[9] 이 전략의 초기에, 테스코는 캘리포니아, 네바다, 애리조나 등의 지역에 100개 이상의 새로운 매장을 오픈하는 계획을 세웠다. 이 도시들은 기존 소규모 편의점들에서 볼 수 없었던 다양한 식품들을 선택할 수 있게 되어 기쁨을 감추지 못했다. 테스코는 이러한 전략으로 잠재적으로 아주 수익성 높은 새로운 시장에 진입(사실 이것이 테스코가 미국 시장에 진입한 첫 번째 전략이었다)할 수 있게 되었으며 소규모 매장으로 미국 지역의 환심을 사게 되자 대규모 매장을 오픈하는 데 있어서 엄청난 혜택을 얻을 수 있었다.

월마트의 조사에 따르면 테스코의 새로운 방식의 소규모 매장 도입으로 인해서 사람들의 식습관이 많이 개선되었다고 한다.[10]

기업사회혁신 : 테스코의 새로운 소규모 매장 오픈 방식은 지역 주민들이 간절하게 원했던 건강에 좋은 음식을 제공함으로써(사회적 가치) 미국이라는 중요한 시장에 진입을 가능하게 해 주었다.(비즈니스 가치)

앞서 설명한 예들은 기업사회혁신의 특성을 잘 설명해 주고 있다. 코카콜라, 쿠민스, 테스코의 경우 모두 사회 변화를 견인하는 비즈니스 전략을 통해 비즈니스 성장과 수익을 높일 수 있었다. 각 기업 모두 미처 인식되지 못한 잠재성으로부터 실질적인 가치를 창조하는 혁신을 이루었다. 버려지는 폐기물, 실업 청소년, 새로운 시장 오픈들로 말이다. 기업사회혁신은 기업이 사회 변화를 보는 시각을 완전히 변화시키고 있다. 이제는 자선적인 가치 제시가 아니라 비즈니스 창출을 위한 기회로서 말이다. 기업사회혁신을 현실화 하려면 아래와 같은 4가지 중요한 요소를 가져야 한다.

의도화된 비즈니스 전략

기업사회혁신은 사회 변화를 만들어 내면서, 주요 비즈니스 목적을 달성하거나 표면화 되지 않았지만 심각한 비즈니스 문제들을 해결하는 것이다. 기업사회혁신은 매출을 증가시키거나, 신규시장에 진입하게 해주거나, 새로운 고객층을 확보하게 해주거나, 고객층을 유지할 수 있게 해주거나, 인재를 개발하거나, 비용을 절감하는 등의 아주 직접적인 비즈니스 이익을 가져다준다. 요점은 이것이다. 기업사회혁신이 가능하려면 다른 기업 전략과 마찬가지로 철저한 검토와 투자수익률에 대한 기대가 필요하다.

핵심 비즈니스 연계 : 기업사회혁신은 사회 변화를 통해 경제적 가치를 만들기 위해서 수익 창출의 핵심 원천인 비즈니스 그 자체를 '엔진'으로 활용한다. 기업사회혁신은 마케팅, 영업, 운영, 연구개발, 인사 등과 같은 비즈니스 부서들을 통해서 직접 실행된다.

새로운 가치 창조 : 기업사회혁신은 아직 개척되지 않은 시장, 세분화된 고객층, 인재, 비즈니스 관계 등의 잠재력을 분출시키는 혁신을 활용한다. 사회적 가치와 비즈니스 가치를 동시에 만들기 위해서 제품, 교육, 마케팅, 연구 개발 등의 비즈니스의 다양한 부문들을 활용한다.

기업사회혁신은 자선이나 기준준수보다 훨씬 더 많은 것을 성취한다. 핵심 비즈니스를 활용하여 제품이나 서비스의 접근성을 높이거나, 비용을 절감하거나, 소외 계층에게 경제적 기회를 만들어 주거나, 정부 정책 목표를 달성하게 해주거나 하는 방식으로 사회문제를 해결한다. 이렇게 만들어지는 사회 변화는 지속적이며, 수적으로 많다. 왜냐하면 비즈니스가 움직이는 동기를 자극하고 그 동기와 일치되어 있기 때문이다.

기업사회혁신에 있어서 "아하!" 하고 느끼는 핵심은 앞서 언급하였던 사회적 차익거래이다. 즉 사회 변화에 있어서 그 동안 경시되어 왔던, 혹은 숨겨져 왔던 비즈니스 잠재성을 발견하는 것이다. 그것은 새로운 형태의 가치를 만들어 내는 것이며, 사회가 바라는 결과를 이끌어 내는 것이다. 기업사회혁신은 교육, 헬스케어, 국제개발, 기아, 심지어 손 씻기 습관 등과 같이 다루기 힘들다고 여겨져 왔던 사회문제로부터 수익성 높은 비즈니스 기회를 만드는 방법을 찾는 것이다. 사회적 자본시장에서는 투자자, 소비자, 임직원, 정부 등이 사회적, 환경적 효과에 연관된 새로운 형태의 가치를 찾는다. 이 사회적 자본시장 구성원들은 그들이 찾는 가치에 대한 대가를 지불할 의향이 있다. 또한 기업은 이 사회적 자본시장에게 새로운 비즈니스와 경제적 측면에 가치를 두는 여러 가지 방법들을 알려 줄 수 있다. 예를 들면 피라미드 하부의 빈민층 대상과 같이 소외된 그룹, 신흥개발국을 타깃으로 한 소형화된 개인 관리 용품, 직접 손으로 유통시키는 휴먼 유통 네트워크와 같은 색다른 모델 등이다.

기업사회혁신은 기업이 세계를 구해야 한다고 주장하지는 않는다. 또 모든 기업이 좋은 일을 해야 하고, 민간 분야가 사회계약 어젠더를 제일 우선순위에 두라고 얘기하지 않는다. 우리가 기업들에게 더 많은 요구를 하려면 우리도 눈높이를 높여야 한다.

어떻게 기업사회혁신이 가치를 창조하는가

기업이 사회적 자본시장에 가치를 만드는 방법은 여러 가지가 있다. 가장 중요한 것은 가치를 창조하는 일반 원칙을 따르는 것이다. 어떤 기업사회혁신 방식은 행동을 변화시키는 방법으로 가치를 창조한다. 얼마 전까지만 해도 우리는 '그린' 혹은 지속가능한 방식으로 생산된 제품에 돈을 더 주고 구매를 할 것이라고 생각하지 않았다. 하지만 지금 우리를 보라. 유기농으로 재배된 인스턴트 음식, 공정무역으로 생산된 커피, 지속가능한 방식으로 만들어진 애완견 푸드에 아낌없이 지갑을 열고 있다. 이유는 무엇일까?

왜냐하면 마케팅을 하는 사람들이 시장에게 가르쳤기 때문이다. 그러한 가치 기반의 행동이 우리에게도, 환경에게도 좋다는 것을 은연중에 얘기하고 우리는 그러한 가르침에 호응하여 돈을 더 지불하고 소비를 하고 있다. 단기적으로 이러한 가치 창조는 수익성이 있을 수 있다. 그리고 또 그래왔다.

하지만 좀 더 장기적인 시장의 변화, 그리고 더 많은 수익을 이끌어 내려면, 전통 재배 양식보다 유기농 재배 양식을 더 저렴하게, 혹은 적어도 비슷하게는 할 수 있는 방법은 찾아야 한다. 마치 하이브리드 자동차를 그냥 보통 차량보다 더 빠르게 아니, 적어도 동급으로는 빠르게 만들어 낸 것처럼 말이다. 이렇게 되면 행동의 변화는 시장에서 굳어져 변동이 없을 것이다.

인간은 행동 경제학의 원칙에 지배를 받는다. 이 말은 소비자로서의 우리는 종종 이성이나 논리와 상관없이 행동한다는 것이다.

이러한 배경 하에서, 좋은 사회적 가치(건강에 좋은 음식이 희귀한 지역의 개개인에게 건강식을 제공하는 것과 같이)를 만들어내기 위해서 시장의 행동을 변화시키는 것은 노력은 많이 들지만 창조성은 별로 들지 않는다. 어떤 기업사회혁신은 행동을 변화시키기보다는 비용을 절감함으로써 가치를 만들어 낸다.

비용 절감의 혁신 예를 들어보자.

아주 대표적인 사례는 GE의 에코메지네이션ecomagination 라인의 제품들이다. 이 라인의 제품들은 환경적 효과를 획기적으로 높이는 산업 제품들이다. 고객들이 이 제품들을 구입하는 것은 단기적으로는 비용이 들지만(물론 구매하지 않는 것보다 모든 제품 구입은 다 돈이 든다), 장기적으로는 비용을 절감할 수 있다. 그렇다면 그 고객들이 구입을 할 때 프리미엄을 지불할 의사가 있느냐는 것이다. 예를 들면 GE는 '폐기물을 가치 있는 제품으로 바꾸어 주는' 기술력으로 맥주 공장과 같은 고객들이 폐수를 99% 재활용할 수 있게 해 줌으로써 매년 수백 만 갤런의 물을 아낄 수 있게 해준다.(사회적 가치) 이를 통해 고객은 폐수로부터 전기나 다른 에너지를 생산함으로써 에너지 비용 절감 효과(비즈니스 가치)도 얻을 수 있다.[11] 따라서 GE, GE의 고객, 환경, 모두 혜택을 가질 수 있게 되는 것이다.

기업사회혁신이 절감이라는 가치를 만들어 내는 또 다른 분야는 규모를 통해서이다. 개발도상국의 중소기업가들이 지속가능성 비즈니스를 시작할 때 소액 대출을 할 수 있게 해 주는 마이크로 파이낸스는 긍정적인 사회 변화와 함께 높은 수익성을 가져다주었다. 이러한 '소규모화' 는 거의 일반적인 기준 관행이 되었다. 점점 더 많은 기업들이 기존의 인프라, 지식, 기술 등을 활용하여 마이크로 프랜차이징, 마이크로 보험, 마이크로 대출 등의 규모를 줄인 제공 형태의 전략을 사용함으로써 기존에는 수익성이 없고, 관심도 없었던 시장이나 소비자층에 차익 거래를 통해서 수익을 얻고 있다.

마지막으로 기업사회혁신은 시너지를 통해서 가치를 만든다. 대표적인 사례는 민관협력public-private partnerships : PPPs이다. 기업과 정부가 일종의 개발 목표를 위해서, 그리고 비즈니스 성장을 위해서 직접 협력하는 것이다. 아주 간단한 예는 유료 통행도로나 다리와 같은 인프라를 개발하는 파트너십으로 기업, 정부, 대중 모두 혜택을 얻는다. 그러나 오늘날의, 그리고 잠재적인 민과협력의 방향은 이러한 기존 분야를 훨씬 뛰어 넘는다. 건강보험이나 직업 훈련과 같은 분야가 정부와 기업 사이에 강력한 시너지 효과를 발휘할 수 있는 분야이다. 정부가 동일한 목표를 위해서 책임을 분담하기 때문에 기업은 기술과 전문성을 사회문제 해결에 적용하고, 자체의 자원 투자 없이도 수익성을 높일 수 있다. 다시 말해서 1+1이 3이 되는 것과 마찬가지다.

기업사회혁신은 기업과 글로벌 지역사회 모두에게 도움을 준다. 왜냐하면 사회문제에 실질적인(일시적이거나 그저 지원적인 방식이 아니라) 해결책을 주기 때문이다. 또한 지속 가능한 방식을 취한다. 그리고 수익과 연결이 될 수 있고 측정 가능하다. 기업들이 왜 기업사회혁신을 우선적으로 적용해야 하는가에 대한 이유는 다음과 같다.

1. 기업사회혁신은 장기적 가치를 추구한다. 다른 자선이나 사회적 책임 노력과 달리 기업사회혁신은 수익을 견인하기 위해서 시장, 세분화, 목표를 달성하기 위한 방법 측면에 비즈니스 시스템을 활용한다. 바로 이 점이 기업사회혁신이 실질적이고 지속 가능한 수익을 만드는 토대가 될 수 있다는 점이다.

2. 기업사회혁신은 부수적인 자원이나 동기가 아닌 핵심 비즈니스에 기반한다. 기업사회혁신 전략은 사회계약 목적이 아니라 비즈니스 목표에 우선을 두고 움직인다. 이러한 방식은 기업으로 하여금 사회 변화를 위해서 더 많은 실질적인 자원을 할애하도록 유도한다.

   아담 스미스가 이야기했듯이 "우리가 식탁에서 기대하는 것은 정육점 주인, 제빵업자, 맥주 양조업자들의 자선이 아니라 그들 자신의 이익을 얻기 위한 관심이다."[12]

3. 기업사회혁신은 혁신적인 기술, 핵심적인 역량에 따라 만들어

진다. 사회 변화를 수익의 원천으로 활용할 수 있다고 (그것도 핵심 비즈니스를 활용해서) 경영진이나 매니저들을 설득할 수 있게 되면, 기업의 유기적 성장을 좀 더 발전시키는 방향으로 활용되어 왔던 핵심 역량을 사용할 수 있다.

4. 기업사회혁신은 측정하기 쉽다. 사회적 책임 노력과 달리 기업사회혁신 효과는 측정하기 쉽다. 왜냐하면 기업사회혁신 전략은 직접적으로 비즈니스 가치와 연결되어 있기 때문이다. 기업사회혁신은 기업의 매출, 수익, 고객 확보나 유지 등에 관계되기 때문에, 다른 비즈니스 프로젝트와 마찬가지 방법으로 측정할 수 있다. 이를 통해 기업은 어떤 혁신이 어떤 결과를 가져왔는지 명확히 알 수 있고, 또 얼마나 많이 만들었는지도 알 수 있다.

5. 기업사회혁신은 기업에게 더 많은 사회 변화를 만들 수 있는 기회를 준다. 기업사회혁신은 비즈니스의 핵심 자원, 즉 연기가 아닌 엔진 그 자체, 지속적이고 심오한 사회적 변화를 만들어 낼 수 있다. 무엇보다도 중요한 것은 기업사회혁신은 기업으로 하여금 더 하고 싶은 마음이 들도록 한다.

6. 기업사회혁신은 의도적이긴 하지만 동시에 투명하다. 기업사회혁신은 그저 좋은 일을 하기 위해서 '좋은 일을 하는 것' 처럼 보여 주는 것이 아니다. 아주 의도적인 비즈니스 전략이다. 이렇게 의도가 명확하고 투명하기 때문에 기업은 이제 더 이상

기업이 만든 긍정적인 사회적 변화의 결과로부터 비즈니스 이득을 얻는다는 것을 미안해 할 필요가 없다. 긍정적인 사회적 효과와 비즈니스 목표가 확실히 연결된 기업사회혁신은 이면의 숨은 동기가 있지나 않은지 하는 의심으로부터 기업을 완전히 해방시켜 준다.

만약 기업사회혁신이 그렇게 멋진 것이라면 왜 모든 기업들이 그렇게 하지 않는가? 사실 몇몇의 기업들은 이미 그렇게 하고 있다. 하지만 아직도 많은 기업들은 사회적 책임과 비즈니스가 서로 배타적이라는 패러다임에 사로잡혀 있다. 즉 자선은 자선이고 비즈니스는 비즈니스라는 것이다. 기업이 이 두 가지를 합치는 시도를 하긴 했었다. ('전략적 자선' 이나 '사회적으로 책임감 있는 비즈니스' 라는 이름으로) 하지만 비즈니스와 자선, 이 두 가지를 진정으로 합치는 방법은 찾지를 못했다.

처음 내가 시카고에 왔을 때를 기억한다. 난 그 때 사회책임은행을 시작하려고 했다. 몇몇 투자자들을 만난 자리에서 한 투자자는 아주 흥미로워(다시 말하자면 혼란스러워) 했다. 그는 물었다, "그래서 당신이 하겠다는 것이 비영리기관입니까?" 나는 상업적 은행이며 비즈니스라고 대답했다. "아, 그러면 모든 수익을 자선기관에 기부하겠다는 얘기에요?" 나는 한 번 더, 내가 하려는 것이 상업적 은행이며 비즈니스라고 대답해야 했다. 아무리 열심히 나의 아이디어를 설명하려고 해도 그 투자자는 도저히 이해하지 못했다. 사실은 그게 사회적 책임을 다하는 미션을 가진 상업적 은행 개념이었기 때문이다. 말하자면 비영리기관, 여성, 소수 인종이 오너인 기업에게 대출을 해주는.

미팅을 끝내고 가려고 할 때(물론 투자유치 목적은 달성하지 못 하고), 그 투자자는 이렇게 말했다.

"사실 나도 사회적으로 책임을 다하고 있어요. 아내를 때리지도 않고 술도 안 마시고 운전도 안 하죠!"

바로 이것이 문제다. 그 투자자는 단절된 세계에 살고 있고, 많은 기업들도 그렇게 살고 있다.

전에도 기업사회혁신 전략을 다룬 기업들은 있었다. 화이자Pfizer는 특히 최근 회사 발표시간에 새로운 신흥시장 전략에 대해서 설명하면서, 기업사회혁신의 핵심적 내용을 잘 정리하였다.

"전 세계 신흥시장 환자들의 다양한 의료적 요구사항을 충족시키기 위해서는 혁신적이고, 사회적으로 책임감 있는, 상업적으로도 성공적인 방식의 전략이 필요하다."

같은 식으로 현재 지구상의 최대 자선가인 빌 게이츠는 2007년 하버드 졸업식 연설에서 "가장 극심한 불평등에 있는 사람들에 좀 더 나은 삶을 영위할 수 있도록, 그리고 그들이 더 많은 수익을 낼 수 있도록 시장의 힘이 닿는 범위를 좀 더 늘여 당겨야stretch 한다"면서 '좀 더 창조적인 자본주의creative capitalism'를 만드는 데 힘써 줄 것을 당부했다.13

2006년 12월 하버드 비즈니스 리뷰 논문에서, 클레이톤 크리스텐슨 하버드 교수와 공저자들은, 대부분의 사회투자는 '현상을 유지하는 데' 만 신경쓰고 있다고 언급하며 사회투자자들은 비영리기관이나 기업이 '촉매적인 혁신' 을 할 수 있는 자선 펀드에 투자해야 한다고 주장하였다. 즉 혜택을 충분히 받지 못하는 소비자층을 위한

저가의 제품과 서비스가 나올 수 있도록 말이다.[14]

기업사회혁신의 필요성을 외치는 합창의 소리를 들어 보면 그 시급성을 알 수 있다. 우리의 과제는 기업사회혁신이 '언제 필요한가'가 아니라 어떻게 하느냐' 이다. 과거에 좋은 예들이나 좋은 이론들이 있었지만, 기업이 자체의 기업사회혁신을 개발하여 로드맵을 만드는 절대적인 방법론은 없었다. 이 책은 그 방법론에 대한 책이다.

이제 가장 빠르게 성장하는 녹색 운동을 살펴보고 어떻게 이것이 기업사회혁신의 좀 더 나은 발전을 위한 무대를 만들었는지 알아보자.

그린 : 기업사회혁신의 무지개 색 중의 첫 번째 컬러

지속가능성 혁명은 기업사회혁신의 첫걸음으로 간주된다. 지속가능성이 비즈니스 용어가 되기 전에 사실 그 용어는 사회운동가들의 용어였다.[15] 그럼 어떻게 그 변화가 일어났을까?

환경운동가들은 환경운동을 주변 활동에서 주류 운동으로 만드는 다양한 전략을 사용해왔다. 이 프로세스의 핵심은 비즈니스 세계에 환경 기준을 좀 더 이해하기 쉽게 만드는 것이었다. 또한 동시에 환경경영에 대한 실질적인 경제적 성과를 정량화 하는 것이었다. 제일 첫 번째 단계는 용어를 바꾸는 일이었다. 환경운동가들은 '한계' '비판' '제한' 이라고 대표되는 환경정치학 용어들을 '가능성' '기회' '잠재성' 이라는 용어들로 바꾸었다.[16] 새로운 방향의 운동이 가속도를 내자 선택하는 용어나 주제들이 좀 더 비즈니스 측면에 가깝게 변했다. 친환경 원재료를 쓰지 않았을 때의 리스크 비용, 기업의 브랜드에서 좀 더 친환경적이 되었을 때의 장점, 친환경 제품으로 더 끌어 모을 수 있는 세분화된 고객층, 친환경 고효율 운영을 통해 거두어 들일 수 있는 경제적 절감 효과 등이다.

이러한 변화는 대기업들을 움직이게 하였다. 부분적으로는 점점 환경 친화적으로 되어가는 대중들에게 비난을 받고 싶지 않아서였지만, 더 중요한 것은 비즈니스 가치를 발견했기 때문이다. 이것이 월마트에 어떻게 먹혔는지 보자.

막대한 매출 규모에도 불구하고, 21세기 초부터 이 거대한 유통 기업은 노동 정책과 경쟁적 행위로 끊임없이 비난에 시달렸다. 〈포춘〉지 기사에서는, '월마트는 환경적으로도 형편없다' 라고도 했다.[17] 2005년 조사에 따르면, 실제로 8%의 소비자들은 그러한 이슈들 때문에 월마트에서 더 이상 쇼핑을 하지 않았다.[18] 따라서 만약 환경 문제에서도 실패하게 된다면 월마트의 운명은 끝장이었다.

월마트는 빠르게 움직였다. 2005년 말, 월마트 CEO 리 스코트 주니어는 월마트의 환경 발자국을 줄이는 3대 축이라는 지속가능성 전략을 발표했다. 폐기물 제로화, 재생에너지 사용, 자원과 환경을 보존하는 방식으로 만들어진 제품 판매이다.[19] 스코트는 그냥 오더를 내려 보내지 않았다. 160만 명의 임직원과 6만 개의 공급업체 앞에서 계획을 설명했다.

물론 월마트는 이것을 순수한 자선주의의 발로에서 시작하지 않았다. 사실 그렇게 하는 기업은 거의 없다. 월마트 기업 임원들은 환경에 집중하는 것이 월마트를 차별화하게 만들 수 있는 방향이라고 인식하게 되었고, 효율적인 공급망 관리를 통해 비용을 더욱더 절감할 수 있다는 것을 알게 되었다. 따라서 월마트의 파란색과 흰색 로고에 좀 더 녹색을 입히는 것이 비용 절감도 하고, 소비자들을 끌어들일 수 있는 친환경 제품 등을 통해서 대중들에게 더 친숙한 이미지로 다가감으로써 비즈니스 가치를 더 높일 수 있을 것이라고 생각한 것이다.

월마트는 외부의 이해관계자들을 모아서 지속가능성에 대한 서약을 더 잘 실행하고, 그들의 변신을 좀 더 친환경적으로 만들 수 있도록 조언을 받았다. 예를 들면, 해산물 인증방식, 비영리기관과 정부기관과 협력하는 유기농 면화재배 비즈니스, 좀 더 효율이 높은 친환경 전자제품 등이다. 또한 환경문제를 다루면서도 수익성 높은 경로를 찾을 수 있도록 도와주는 공급업체와 전문가와 같은 이해관계자 네트워크를 만들었다.[20]

월마트가 지속가능성에 집중한 사례는, 어떻게 하면 대기업들이 친환경 문제에 대한 기존의 장벽을 부수고 불만 요소를 정면으로 돌파하여, 그 문제를 오히려 수익성의 원천으로 만들 수 있는지 잘 알려 주는 예이다. 실제로 마이클 쉘렌버거나 테드 노르드하우스 같은 진보적인 환경전문가들은 그들의 저서 《돌파구Break Through》와 브레이크뜨루 연구소 활동을 통해서 환경주의는 "무언가 새로운 것을 태어나게 하기 위해서" 죽었다고 말했다.[21] 그들이 언급하듯이, '무언가 새로운 것'은 '광범위하고, 실용적인, 전체적인 해결책'을 기반으로 하는 접근법을 통해서 인간의 능력을 제한하는 것이 아니라 무한하게 펼칠 수 있도록 풀어 놓는 것이다. 예를 들면, 저자들은 그들이 4년 전 상원의원 시절의 오바마 대통령을 도와서 만들었던 하이브리드 자동차를 위한 건강보험이라는 법안의 일부를 설명한다.

그 법안은 자동차 제조기업들이 고효율 자동차 개발을 위한 연구에 투자하면, 해당 기업 임직원들의 건강보험 비용을 위해 연방 재무보조금을 받을 수 있는 자발적인 프로그램을 만드는 것이다. 이 프로그램을 통하여 자동차 제조기업들은 미국의 석유 의존도를 줄이고, 건강보험 비용도 줄일 수 있는 것이다.

산업계에서도, 녹색혁명은 쉽게 찾아 볼 수 있다. 다우 케미칼Dow Chemical은 태양광 지붕이나 담수 부족 지역을 위한 수자원 처리기술 제품을 개발하기 위해서 연구개발 분야에 박차를 가하고 있다. 다우 케미칼의 CEO 앤드류 리버리스에 따르면 '사회적, 환경적 관심사와 우리의 비즈니스 관심사는 이제 100% 겹친다.'[22]

가구회사 허먼 밀러Herman Miller는 지속가능성에 중심을 둔 접근법을 통해서 쓰레기 매립비용을 80% 낮추고 탄소 배출을 87% 낮춤으로써 지속가능성 투자에 대한 연간 수익률을 32% 상승시켰다고 보고한 바 있다.[23]

뱅크 오브 아메리카Bank of America의 맨해튼 빌딩은 자체 에너지의 70%를 생산할 수 있도록 설계되었다. 이를 통해 기존의 다른 빌딩들보다 단기 비용은 상승했지만, '그린 빌딩'을 통해서 운영비용, 임대비 상승, 결근율 감소 등을 통해 장기적으로 수익을 만들 수 있을 것이라고 기대하고 있다.[24]

이러한 예들은 지속가능성 운동이 기업사회혁신의 발전 토대를 만들어온 훌륭한 사례들이다. 이러한 운동의 촉진자들은 환경문제와 같은 외부성과 그저 본전치기만 하는 것이라는 책무성을 확실한 비즈니스 가치와 기회로 만들어 냈다.

오늘날 비용 절감이나 새로운 시장의 기회와 같은 요소들은 녹색 운동의 핵심이다. 유니레버[Unilever] CEO 패트릭 세스코는 지속가능성에 집중하는 것에 대하여 이렇게 말하였다.

"지속가능성은 미래에 비즈니스를 하는 유일한 방법이 될 것이다."[25]

그가 이렇게 말한 것은 2년 전이었다. 그가 말한 미래는 바로 현재가 되고 있다. 녹색 운동은 기업사회혁신의 훌륭한 출발점이다. 이제 기업은 기업 문화와 기업 전략을 바꾸면, 다른 문제도 기업사회혁신의 무지갯빛으로 얼마든지 바꿀 수 있다는 것을 알아야만 한다.

5가지 기업사회혁신 전략

여기 언급하는 5가지 전략은 이 책의 제2부에서 자세히 설명되어 있다. 물론 이 5가지가 기업사회혁신에 이르는 유일한 방법들은 아니다. 하지만 이 5가지는 내가 몇 년 동안 기업의 사회적 가치와 비즈니스 가치를 측정하는 일을 하면서 얻은 종합적인 결론이다. 기업들은 의도적으로 혹은 우연히, 내가 이제부터 언급할 기업사회혁신에 관련되는 활동을 해왔다.

서브마켓 제품과 서비스를 통해서 매출 올리기

기업은 새로운 시장과 소비자에게 도달하는 방법을 서브마켓 제품과 서비스 전략으로 개발해왔다. 그 새로운 시장과 소비자는 과거에는 수익성을 올리기 힘든 그룹으로 간주되어 왔다. 예를 들면 미국에서 건강보험의 혜택을 받지 못하고 있는 많은 시민들 건강에 좋은 음식을 찾아 볼 수 없는 음식사막 지대, 수십 억 명의 피라미드 하부의 빈민층BOP이다. 기업은 혁신을 반영한 전략에 기반을 둔 제품과 서비스의 소형화를 통해서 아직 개척되지 않은 분야의 시장을 발견해 온 것이다.

백도어 채널을 통해 신규시장 진입하기

오늘날 신규시장에 진입하는 장벽은 정치적, 문화적 요소보다는 주로 사회적 요소이다. 예를 들면 인재의 부족이라거나 빈곤, 소외된 여성 계층 등이다. 따라서 기업은 마을 여성들을 영업 에이전트로 탈바꿈시키기 위해서 지역 인재들을 양성하거나 정부나 NGO들과 파트너십을 맺어 왔다. 그렇게 함으로써 수익과 함께 사회적 가치를 만들어 내왔던 것이다. 백도어 시장 진입전략은 이러한 접근법의 일환이다. 즉 이제껏 간과되어 왔던 수익성 높은 새로운 잠재력 시장을 혁신적인 채널을 통해서 찾아내는 것이다.

고객들과 정서적 유대감 만들기

이 전략은 미래의 브랜드 마케팅에서 있어서 핵심이다. 사회문제 개입을 통해 기업 브랜드, 고객 경험, 그리고 기업 그 자체에 좀 더 높은 목표와 깊은 유대감을 쌓는 것이다.

선생님들이 직접 개인 돈을 내서 운영되는 학습 교실을 지원하고, 기업의 소비자에게 직접적인 사회적 혜택을 주는 것과 같은 사회문제를 가시화 시킴으로써 기업은 고객을 사회문제 해결책의 주도자로 만들어 줄 수 있다. 이렇게 함으로써 기존 고객의 충성도를 높이고, 새로운 고객층을 만들며, 소비자들을 기업의 홍보대사로 만들 수 있는 것이다. 이 모든 것이 기업의 수익 증가로 이어짐은 더 말할 필요도 없을 것이다.

인재채용을 위한 파이프라인 만들기

공공교육이나 다른 교육 시스템들은 현재 기업의 요구사항을 충족시키지 못하고 있다. 따라서 기업은 인재채용의 파이프라인을 직접 만들어 지역사회 일원들에게 새로운 일자리 기회를 열어 줄 수 있는 것이다. 이러한 파이프라인은 특정 목표를 가지고 설계된 기업이 지원하는 교육 아카데미, 직업 훈련 양성소와 같은 형태로 나타난다.

역 로비를 통해 정책에 영향 미치기

기업은 이제 규제를 완화하거나 산업계의 혜택을 높이는 데만 집중되는 정부 대상 로비 활동보다, 사회문제를 풀면서 사회적 리스크를 줄이고 비즈니스 가치를 올리기 위해 공공부문과 협력하고 있다.

이것은 기업과 사회 양측에 도움이 되는 법안 제정을 위한 로비 활동을 하는 것으로 나타나는데, 공공부문과의 협력을 통해서 관련 제품이나 서비스를 개발하는 형태로 현실화 되고 있다.

이제부터는 이 5가지 전략들을 하나하나 자세히 살펴보겠다. 각 전략들을 실행하기 위한 요령, 사례, 실행에 있어서의 교훈 등에 대해 설명한다.

제2부

기업사회혁신의 5가지 전략

이제 사회 변화가 비즈니스 성장에 중요한 견인차 역할을 한다는 것을 알았다면, 기업은 이제 어떻게 기존의 '그저 좋은 일을 하는' 자선적 전략을 사회 효과를 내는 비즈니스 전략으로 바꿀 수 있는지 알아야 한다.

제3장에서 얘기한 것처럼 환경에 대한 지속가능성 전략은 그나마 우리를 기업사회 전략에 가깝게 하고 있다. 사실, 많은 기업의 '그린' 전략은 세계를 더 낫게 만들고 있지 않다. 그저 약간 '덜 나쁘게' 만들고 있을 뿐이다.

하지만 우리는 더 잘 할 수 있다. 이제부터 소개할 총 5개의 장을 통해, 기업들이 사회문제를 해결하면서 자신들의 비즈니스 성장을 발전시킬 수 있는 5가지의 선도적인 기업사회혁신 전략을 하나하나 설명할 예정이다.

사실 나는 이 5가지 전략들을 만들어내지 않았다. 말하자면 이것들이 나를 찾은 것이다. 내가 16년 동안 해왔던 일은 사회 효과를 측정하는 일이었다. 기업, 비영리기관, 정부 등의 CSR 전략, 프로그램, 정책의 성과에 대한 사회적 가치를 측정하는 일 말이다. 내가 기업들과 일하면서 놀란 점은 그들이 실행하고 있는 거의 모든 사회적 전략이 비즈니스 가치로 평가할 수 없었다는 것이다. 왜? 애초에 비즈니스 가치를 창조하도록 설계되지 않았기 때문이다.

기존의 비즈니스 리더들이 자선과 사회적 책임이 '그저 옳은 일이다' 라고 말할 때는, 그들은 사회계약을 기반으로 하는 마인드로 말하고 있는 것이다. 하지만 사회적 자본시장은 이러한 기업의 일률적이고 자선적인 마인드에서 해방시킨다. 오늘날 기업사회혁신에 대한 올바른 전략을 가진다면 기업은 더 이상 사회 변화를 위해 투자하면서 경제적 효과를 거두는 것에 부끄러워 할 필요가 없다. 왜냐하면 사실은 그렇게 하는 것이 더 장려되고 있으니까.

소비자들은 기업들이 기업이 가진 가치를 고객들과 나누면서 비즈니스를 하기를 바란다. 임직원들은 사회 변화를 위해 무엇인가 하는 기업에 다니기를 바란다. 따라서 사회 변화는 비즈니스 전략의 중요한 부분이 되었다. 기업들에게 거는 기대가 바뀌었으면 이제는 기업 또한 전략을 바꿀 차례이다.

전략 1: 서브마켓 제품과 서비스를 통해 매출 올리기

서던캘리포니아 대학교 스티븐스 혁신 연구소의 크리스티나 홀리 소장은, '혁신은 새로운 아이디어를 유형적 사회적 효과에 통합하는 것'이라면서 혁신에 성공하기 위해서는 기업 제품과 프로세스 혁신이 결합되어야 한다고 말했다.[1] 그녀는 기업사회혁신보다는 혁신 그 자체에 대해서 말한 것이다.

하지만 그녀가 말하는 혁신이라는 개념의 중심에는 사회와 함께 살아가는 우리의 생활을 바꿀 수 있는 힘을 가진 제품이 있다. 페이스북이나 아이패드와 같은 혁신적인 서비스나 제품을 보라. 만약 전 세계가 그런 혁신을 사회문제 해결에 적용하여 비즈니스의 천재성과 창조성을 활용하여 현실화 하는 데서 수익까지도 얻을 수 있다면 우리가 사는 세상은 획기적으로 바뀔 수 있을 것이다. 바로 그것이 서브마켓 제품과 서비스를 통한 기업사회혁신이다.

이 장에서는 이 전략에 대한 최신 흐름과 함께, 전략을 현실화 하기 위한 방법론을 얘기한다. 즉 어떻게 기업이 서브마켓 제품과 서비스를 통해서 시장 점유율을 확대하고 새로운 시장에 진입하고 더 훌륭한 규모의 경제학을 실천할 수 있는가이다.

토닉 : 천하무적 젊은이 부대를 위한 건강보험

전혀 관계가 없을 것 같은 인구 계층에 혁신을 접목하여 성공하고 있는 분야 중의 하나가 바로 미국의 건강보험 분야의 혁신이다. '천하무적의 젊은이 부대'. 19~29세의 Y세대들은 이미 미국에서 보험 혜택을 받지 못하는 가장 큰 비율의 계층이 되었다. 이는 미국 인구의 거의 3분의 1에 육박한다!

이 인구 계층의 이름이 암시하는 바와 같이, 이 계층은 그들이 필요하다고 생각하지 않으면 절대로 건강보험과 같은 서비스를 구매할 계층이 아니다. 하지만 늘어가는 증거들은 그렇지 않다는 것을 보여주고 있다. 이 세대들이 보험에 가입하지 않는 것은 그들이 천하무적이기 때문이 아니다. 그저 보험에 가입할 재정적 여력이 되지 않는 것이다. 어떻게 보면 이중고 때문이다. 첫 번째 어려움은 이들이 19세가 되면 부모님이 가입한 보험에서 제외된다는 점이다. 하지만 이들은 메디케이드(미국 연방정부 원조로 일정 소득액 이하의 노인, 신체 장애인, 모자 가정 등에 지원되는 의료보장으로 주로 노인 장기보호에 대한 내용이 대부분이다. 역주) 가입 대상자가 아직 되지 않는다. 따라서 이 젊은이들은 보험시장의 불모지에 속한다.[2] 두 번째 어려움은 커먼웰스 펀드 조사에 따르면 이 대상의 3분의 2가 비싼 보험 비용 때문에 가입하지 못한다.[3] 사실 많은 젊은이들은 보험시스템에 들어가기를 원하지만, 나이 때문에 혹은 지불할 능력이 없어서 가입을 못하고 있는 것이다.

이것은 큰 문제다. 최근 미국의 인구조사 데이터에 따르면 2007년에는 보험에 들지 못한 젊은이들이 1,320만 명이나 되었다. 즉 3명의 젊은이 중 1명은 건강보험이 없다. 35세 이하의 젊은이들은 45세 이상의 어른보다 더 보험에 가입이 되지 않는 경우가 많은 것이다. 보험에 가입되지 않은 이 젊은 층은 갈수록 늘어나는 추세에 있다. 어떤 면에서 보면 이 계층은 보험 시장에서 서비스 혜택을 받지 못하고 있는 계층이다. 시장의 실패, 방치, 오해 등이 납세자인 이 젊은 층들을 괴롭히고 있는 것이다.

미국의 가장 큰 보험 회사인 웰포인트WellPoint는 이 문제를 잘 알고 있었다. 웰포인트는 기업재단을 통한 지원과 같은 접근법으로 이 사회문제를 해결하는 대신, 이 사회문제를 혁신을 통한 비즈니스 기회 창출 접근법으로 해결하기로 했다.

그렇게 하기 위해서는 몇 가지 요소를 고려해야만 했다.

첫째, 산업계가 나서지 않으면 멀지 않아 정부가 이들의 문제에 접근할 것이라는 게 명확했다.

둘째, 보험에 가입되어 있지 않은 젊은 층은 어떻게 보면 캘리포니아에만 무려 160만 명이나 되는 아직 개척되지 않은 시장이었다.

셋째, 기존 고객층을 경쟁회사들과 뺏고 뺏기는 것보다는 보험시장 전체 파이를 키우는 편이 훨씬 나았다.[4]

하지만 웰포인트는 실질적인 해결책이 필요했다. 그 해결책은 이 계층을 위한 저가의, 하지만 그래도 수익성이 있는 '토닉Tonik'이라는 이름의 건강보험 상품을 개발한 것이다.

웰포인트는 이 상품을 위해서 면밀하게 조사했고 신중하게 계획을 세웠으며, 신상품 소개를 위한 멋진 마케팅 계획에 착수했다. 보험상품으로서는 아주 드문 접근법이었다.

웰포인트는 '역발상 시각'을 통해 이 젊은 계층의 선호도와 라이프스타일 분석을 실시했다.[5] 예를 들면, 다른 경쟁사들이 이 계층이 건강보험에 관심이 없을 것이라는 선입견을 가지고 있는 것과 달리, 웰포인트는 이 천하무적 젊은이 부대들이 결국 건강문제에 있어서 약점이 많다는 것을 면밀한 조사를 통해 알아냈다. 그리고 가장 중요한 것은 그들이 실제로 건강보험에 관심이 아주 많다는 것이다. 단, 적정가격에 그들이 원하는 조건을 충족한다면 말이다. "우리는 그 젊은이들이 그들의 요구사항을 충족하는 건강보험이 출시된다면, 그들이 직접 그 보험을 구매할 것이라는 점을 확신하게 되었다"라고 매리 플로이드 웰포인트 협력업체인 앤텀 블루 크로스(피고용자 및 그 가족을 대상으로 한 건강보험 조합: 역주)의 개인영업부문 부사장은 말했다.[6]

웰포인트의 정밀한 조사는 회사로 하여금 이 새로운 고객층의 요구사항을 만족시켜 주는 보험상품을 개발하는 데 많은 도움을 주었다.

2004년 캘리포니아에서 처음으로 소개된 건강보험상품 토닉은 25세 남성의 경우, 매달 79달러에서 211달러 정도의 가격으로 출시되었다. 보험 혜택이 커버하는 범위는 일상의 혹은 특별한 의료 진료, 처방, 치과와 안과 진료, 심지어 응급실과 예방 진료 등의 혜택도 포함하고 있다. 토닉은 젊은 층의 라이프스타일에 따라서 세 가지 종류의 상품 라인을 가지고 있다. 일상적으로 스릴을 즐기는 층을 위한 상품, 때때로 저돌적인 활동을 즐기는 층을 위한 상품, 신중하게 리스크 예방을 하는 층을 위한 상품이다.

각 상품은 가입자의 라이프스타일에 따라 의사의 진료가 필요한 횟수 등의 별도 선택 사항을 줄일 수도 있고 늘릴 수도 있다.

토닉은 또한 첨단 유행 캠페인도 실시하였다. 예를 들면 "토닉에게 원하는 걸 말해봐Say What's Up to Tonik"와 같이 토닉이 스마트한 상품이라는 것을 젊은 층에 어필하는 것이다. 특히 이 전략은 웰포인트가 새로운 젊은 층에 보다 더 가깝게 다가갈 수 있게 해주었고, 더 많은 층에 접근하여 높은 수익성을 올릴 수 있도록 해주었다. 젊은 소비자들은 웰포인트 회사의 참신한 전략에 매료되었다.

보험상품은 Tonikhealth.com과 Soundhealth.com 같은 온라인 웹사이트를 통해서도 판매되었고, 19~29세 젊은 층들 사이에서 유행이 되었다. 웰포인트의 CEO 안젤라 브랠리에 따르면 웰포인트는 2년 만에 78만 명의 신규 가입자를 확보했다.[7] 4,600만 명의 보험 미가입자나 웰포인트의 3,410만 명의 기존 가입자 수에 비하면 적은 숫자일 수 있으나 웰포인트의 새로운 전략은 "엄청나게 성공한 것이다"라고 CEO 안젤라 브랠리는 언급했다.[8]

토닉은 이미 획기적인 사회적 효과를 만들어 냈다. 토닉의 출시를 통해서 웰포인트는 천하무적 젊은이 부대들이 건강보험에 관심이 많고 실제로 가입할 수 있다는 사실을 증명해낸 것이다. 캘리포니아의 초기 토닉 가입자 중 70%는 기존에 보험 가입을 하지 않았던 젊은이들인 것이다.[9]

다른 경쟁기업들이 기업재단을 통해서 '자선적인 보험상품 지원'을 해오거나 마틴 루터 킹 기념일에 비만 방지 캠페인을 하는 것과는 차원이 다르게 웰포인트 기업인들은 핵심 비즈니스를 활용해서 보다 더 많은 그리고 지속적으로 사회적 성과를 만들어 낼 수 있었던 것이다. 웰포인트의 웹사이트는 이렇게 묻고 있다.

"생각을 크게 가지면 결국 성공할 수 있다는 것을 알고 있었나요?"

토닉을 통한 웰포인트의 성공은 이 질문에 대한 확실한 해답을 제공하고 있다.

혁신 : 전략이 성공한 이유는 무엇인가

저가상품은 전혀 새로운 전략이 아니다. 패밀리 달러 숍Family Dollar Store은 1959년부터 있었다. 웬디스Wendy's는 1989년에 1달러짜리 메뉴를 내놓았고, 타타 모터스Tata Motors는 2008년에 세계에서 가장 저렴한 자동차인 나노를 출시했다. 하지만 이 전략이 성공한 이유는 기업이 사회문제를 해결하면서 자선적인 접근법 대신 비즈니스 가치를 제시해 상업적인 제품과 서비스를 출시했다는 데 있다.

토닉은 서브마켓 제품과 서비스를 설명해 주는 가장 훌륭한 사례다. 즉 사회문제를 해결하면서 수익을 올리는 혁신적인 비즈니스 전략인 것이다. 서브마켓Submarket이란 '기존 시장의 하부에 있는 시장'이라는 의미이다. 즉 기존에 기업들이 잘 신경 쓰지 않던 인구 계층이나 구성원들을 의미한다.

서브마켓 전략은 기존에 전혀 수익성이 없다고 간주되는 시장을 위해 특별히 제품과 서비스를 개발하는 것을 말한다. 서브마켓은 도시 빈민층이나 개발도상국 빈곤층을 대상으로 하는 것처럼 인구 분석적인 측면에 관계되기도 하고, 기아, 헬스케어, 환경, 교육 등과 같이 사회 이슈적인 측면에 관계되기도 한다.

서브마켓이 특별한 것은 이러한 계층들의 요구사항이 완전히 무시되었다는 게 아니라, 그 동안 그러한 층을 위한 기업의 접근법이 자선이나 정부 지원 프로그램의 범위로 아예 고정되었다는 것이다. 서브마켓 계층을 위해서 쏟아지는 수많은 정부의 지원금 정책이 그것을 증명해주고 있다.

중요한 것은 자선으로는 사회문제를 완전히 해결할 수는 없다는 것이다. 그저 그러한 사회문제를 잠시 미뤄놓을 뿐이다. C. K. 프라할라드와 스튜어트 하트에 따르면 "개발 원조금이나 자선기부금은 세계의 빈곤층 문제를 해결하지 못했다. 20세기 정부는 이 대규모 인구 계층이 부를 축적할 수 없는 원인을 해결하지 못했다."[10] 자선에 집중해 왔던 기업들도 같은 결론에 이르고 있다. 사회문제는 더욱 더 심각하게 비즈니스 이슈가 되고 있으며 사회적 문제를 해결하기 위해서는 비즈니스 솔루션이 더욱 필요하다.

때로는 비즈니스 그 자체가 사회문제에 대한 해결책이 되기도 한다. 최근 나는 한 유통기업 재단에 대한 연구를 하면서 그 기업의 노동자들과 인터뷰를 할 기회가 있었다. 나는 그들이 '해당 기업의 자선활동 주제로 어떤 것들을 다루어 주었으면 좋은가' 라고 물었다. 예를 들면 기아, 노숙인, 교육, 헬스케어 등의 주제 말이다. 하지만 그들의 천편일률적인 대답은 일자리였다! 결국 어찌 되었건 간에, 사회문제는 빈곤의 현상으로 간주되고 있지만, 결국 그러한 사회문제의 해결책은 일자리였던 것이다. 기업은 사회적 효과를 만들어낼 수 있는 가장 확실하고 중요한 실행자인 것이다.

기업은 또한 연구개발, 시장 지배력, 제품 등의 자원을 활용하여 복잡한 사회문제를 수익성이 높은 방식으로 해결할 수 있다.

배경 : 왜 필요한가

그렇다면 어떻게 서브마켓 제품과 서비스를 성공적인 비즈니스 전략으로 만들 수 있는가? 여기서 나는 세 가지 요인을 들겠다. 숏 테일 경제학short-tail economics, 피라미드 하부의 시장bottom-of-the-pyramid-ization, 그리고 파괴적 혁신disruptive innovation이다.

사회적 자본시장에서는 이러한 세 가지 요인들이 기업사회혁신을 위한 엄청난 기회를 창출한다. 이제 하나하나 살펴보기로 하자.

1. 숏 테일 경제학

오늘날 우리는 1달러면 버거킹Burger King에서 더블 치즈버거를, 타코 벨Taco Bell에서는 비프 버리토를, 맥도널드에서는 소시지 에그 맥 머핀을 살 수 있다. 더 놀라운 사실은 이렇게 저가에 영업을 하면서도 기업은 수익을 올릴 수 있다는 것이다. 세계화나 자동화는 일반 제품이나 서비스 비용을 획기적으로 절감시켜 이러한 혁신을 가능하게 해주었다. 나는 이러한 현상을 '숏 테일 경제학'으로 부르겠다.

'롱 테일 경제학Long-tail economics' 은 《와이어드Wired》 매거진의

크리스 앤더슨이 창시한 개념으로, 어떻게 인터넷이 기업으로 하여금 다량의 상품 품목을 소량판매(예를 들면, 소비자 주문 맞춤형 M&M 초콜릿)하면서도 수익을 높일 수 있게 해주었는지에 관련한 내용이다(경제학에서는 잘 팔리는 상위 20%가 전체 매출의 80%를 차지한다고 하는 파레토 법칙이 있다. 롱 테일이란 파레토 법칙을 그래프로 나타냈을 때 판매가 기하급수적으로 줄어들며 판매량이 X축으로 길게 뻗어 나가는 그래프의 선을 말 한다-역주). 이 개념은 물리적인 매장 판매대 공간과 물류 이동의 어려움 없이 소량판매 목표를 가진 제품이나 서비스도 경제적으로 매력적일 수 있다는 것을 보여주고 있다.[11] 롱 테일 이론은 소비자들이 다양한 선택에 가치를 둔다는 가정에 기반 한다. 또한 수익성이 높다는 것도 포함해서 말이다. 실제로 우리 경제는 매스마켓 시대에서 수백 만 개의 틈새시장으로 전환되고 있다.

이것은 사실이다. 또한 롱 테일 경제학은 커브의 다른 쪽에 숏 테일도 존재한다는 것도 말해 준다. 다량의 제품을 찾는 소비자는 줄어들고 있고, 의류나 개인관리 품목과 같은 일반상품 종류들은 점점 늘어나고 있다. 극단적인 상품화가 일어나고 있는 것이다.[12] 이것은 서브마켓 전략에 기반을 둔 기업사회혁신의 성공을 위한 토대를 마련해준다.

숏 테일 경제학은 자본주의를 민주화하는 것이다. 기존에 정부나 비영리기관이 지원해왔던 의식주와 같은 기본적 제품과 서비스의 접근성을 높이는 것이다. 서브마켓 제품과 서비스를 보여주는 좋은 사례는 월마트의 4달러짜리 일반처방 약품 프로그램이다. 월마트의 공격적인 저가정책과 저가시장을 만드는 능력은 많은 비난을 받아 왔지만, 월마트는 그러한 비난을 긍정적인 사회적 효과의 증가와 함께 수익도 높이는 방법으로 개발했다.

하지만 숏 테일 상품화가 기본적인 요구사항을 모두 민주화시키는 것은 아니다. 헬스케어, 교육, 금융 서비스에서 소외되었던 계층에게 접근성은 높여 주는 식으로 민주화를 하는 것이다. 점점 풍요로워지면서 사회복지에 대한 대중의 기대도 높아져 어제의 사치품은 이제 오늘의 일상품이 되었다. 정부가 루이비통 상품권을 나누어 주지는 않겠지만, 현대 사회에서 일상생활을 유지하는 데 있어서는 기존의 것보다 더 많은 것이 필요하다는 것을 모두가 인식하고 있다. 미국을 제외한 모든 선진국들이 보편적 건강보험을 국가 운영의 토대로 하고 있는 것이 이것을 증명해 주고 있다. 결과적으로 미국의 사회 변화 정책은 점점 '일하는 노동자 빈곤층' 으로 주된 목표 계층이 맞추어 지고 있다. 따라서 기업사회혁신 전략은 두 가지 측면에서 활용될 수 있다. 즉 기본적 욕구를 만족시켜주는 상품화와 삶의 질을 높여주는 제품이나 서비스의 접근성 향상이다.

2. 피라미드 하부의 시장

2000년, 우리는 소위 피라미드 하부의 빈민층[BOP]을 다루는 많은 기사들을 접했다. 이 물결은 사회적 자본시장에 대한 기업의 관심사를 여는 새로운 시작이었다.[13]

BOP는 세계에서 가장 빈곤한 계층이지만, 가장 큰 사회 경제적 그룹이다. 하루 2달러 이하의 돈으로 살아가는 이 계층의 규모는 40억 명이나 된다. 이는 전 세계 인구의 3분의 2에 해당한다. 주로 인도, 동아프리카나 다른 개발도상국의 시골이나 도시 빈민가에 살며,

상업의 주류에서 벗어나 있다.

2050년이면 85%의 소비자는 개발도상국에서 나온다.[14] BOP에 대한, 다소 과장된, 하지만 유명한 성공 스토리들은 기업들로 하여금 이 계층에 관심을 기울이게 하였고 커피 생산자 문제에 있어서처럼 공정무역 활동을 불러왔다. 기존에 우리가 흔히 추측하는 대기업만 이 새로운 게임에 참여하는 게 아니다. 암웨이Amway : Alticor도 아프리카 가나에서 마이크로 프랜차이징 사업 가능성을 모색하고 있다.

C. K. 프라할라드와 스튜어트 하트와 같은 비즈니스스쿨 교수들의 선구자적인 연구에 따르면, 기업이 BOP를 목표로 하여 올바른 전략을 활용하면, 엄청난 수익을 올릴 수 있다고 한다. 표본적 사례는 그라민 은행Grameen Bank이다. 1983년에 설립된 그라민 은행은 빈민층들이 창업을 하거나 삶의 질을 높이는 일들을 위한 소액 대출(평균 15달러 정도)을 해주는 상업적 은행이다. 그라민 은행은 설립 이후, 매년 수익을 내왔고, 97%의 상환율을 자랑한다. 이 비율은 세계에서 존재하는 금융 시스템 중에서 가장 높은 비율이다.

BOP가 기업사회혁신을 견인하는 역할을 하고 있지만, BOP 전략은 기업사회혁신 전략과 다르다. 많은 BOP 운동가들은 1센트 샴푸, 농촌 대상의 핸드폰 서비스, 4센트의 캐드버리 초콜릿과 같이 제품과 서비스를 빈민층에게 접근 가능하게 해주어야 한다고 주장한다. 하지만 기업사회혁신은 사회문제에 대한 해결책을 개발하는 데 비즈니스 전문성을 활용하는 것으로 확실한 수익적 목표를 가지고 있다. 따라서 서브마켓 기업사회혁신은 그저 제품을 빈민층에 팔아서 돈을 버는 것과는 다르게, 사회문제를 해결하는 데 기업의 핵심 자원을 활용하는 것이다. 하지만, BOP와 같이 사회문제와 비즈니스 기회를 접목하는 시도들은 확실히 기업사회혁신을 위한 강력한 개념적 토대를 마련해 주고 있다.

3. 파괴적 혁신

1995년 하버드 비즈니스스쿨 교수인 클래이 크리스텐슨은 대중 소비자의 기본적인 욕구를 충족시키기 위해, 다소 낮은 기술을 가지고 '사용하기에는 충분한' 저렴한 제품이나 서비스를 만드는 새로운 영역을 일컬어 '파괴적 혁신disruptive innovation' 이라고 하였다.[15] 그러한 제품과 서비스 제공은 통상적으로, 보다 단순하고, 보다 편리하고, 보다 저렴하게, 새로운, 혹은, 요구가 그렇게 까다롭지 않은 소비자층을 공략할 수 있다.[16]

사우스웨스트 항공Southwest Airlines은 저가의 단거리 비행 상품으로 기존의 항공 산업계를 뒤흔들어 놓았다. 개인용 PC 컴퓨터는 저가의, 개인이 쓰기에는 충분한 컴퓨팅 파워로 메인 컴퓨터 시장을 파괴하였다. 아이포드는 게임을 변화시키는 디자인과 저장 용량, 그리고 다른 혜택 기능을 통해 음악 산업을 바꾸어 놓았다.

최근에 크리스텐슨은 파괴적 혁신 아이디어를 확장하여 '촉진적 혁신catalytic innovations' 이라는 개념을 만들었다. 즉 예전에는 적절하게 다루어지지 않았던 사회문제를, 쓰기에는 충분한 해결책을 가지고 해결하는 것이다.[17] 크리스텐슨은 혁신은 그 동안 사회 분야에서는 중요성이 간과되어 왔다고 주장한다. 왜냐하면 사회문제에 가용할 수 있었던 자본의 대부분은 현재의 솔루션, 전달 모델, 수혜자 만을 위한 기관들에 주어졌기 때문이다.[18] 크리스텐슨은 촉진적 혁신가들은 다음과 같은 특성을 가진다고 하였다.

첫째, 시스템적인 사회 변화를 규모와 복제를 통해서 이끈다. 즉 해결책을 만들 때 초기시장에서 성공한 이후, 빠르게 확장 가능하도록 설계한다.

둘째, 과잉 집중되어 서비스를 받았거나(왜냐하면 기존의 해결책은 많은 사람들이 요구하는 것보다 더 복잡하기 때문이다) 아예 서비스를 받지 못했던 계층의 요구사항을 공략한다.

셋째, 기존의 대안보다 더 단순하고 저렴한, 그리고 성능이 다소 떨어지지만, 소비자들이 쓰기에 충분하다고 느끼는 제품이나 서비스를 제공한다.

넷째, 기존에 경쟁자들이 매력적으로 보지 않았던 방식으로 기부, 지원금, 임직원 자원봉사, 지적 자본과 같은 자원을 만들어 낸다.

다섯째, 그들의 비즈니스 모델은 그 동안 주목을 받지 못했고, 폄하되었고, 기존의 실행자들에 의해 수익성이 없거나 매력적이지 않다고 생각한 비즈니스 모델이거나 시장 세분화에서 제외해 놓았던 계층이다.[19]

크리스텐슨은 미닛 클리닉Minute Clinics과 같은 사례를 예로 든다. 미닛 클리닉은 보험 미가입자들이 필요할 때 그냥 방문해서 제공받는 의료 서비스이다. 아펙스 러닝Apex Learning은 미국의 고등학교 학생들에게 보다 저렴한 온라인 언어교육 코스를 제공한다. 오늘날 크리스텐슨이 제시한 개념의 파괴적, 혹은 촉매적 혁신에 해당하는 제품이나 서비스는 넓은 범위에서 기업사회혁신의 범위에 들어간다. 파괴적 혁신은 제품이나 서비스의 소형화를 통해 서브마켓의 요구 사항을 충족시켜 주는 하나의 방법이다. 즉 사용하기에 기능상 '별 문제 없는' 제품을 만드는 것은 더 많은 대중들에게 저가로 어필할 수 있는 방법이다.

숏 테일 경제학, 피라미드 하부의 시장, 파괴적 혁신은 모두 같은 메커니즘을 사용한다. 비효율적으로 여겨왔던 시장에서 효율적 수익을 얻는 것이다. 숏 테일 경제학은 기업으로 하여금, 보험에 가입하지 않은 계층과 같이 제품이나 서비스에서 제외되어 있던 비효율적 시장에 효율적으로 생산된 저가의 상품을 공급한다. BOP 전략은 개발도상국의 빈민층과 같이 비효율적이라고 간주되었던 계층에게 대출과 같은 금융 서비스를 제공하여 시장의 효율성을 높인다. 파괴적 혁신은 비영리기관이나 사회복지 서비스기관들과 같이 비효율적이라고 여겨졌던 시장에 규모와 복제의 시장적 효율성을 활용하여 접근성을 높인다. 실제로 효율적인 시장 체계 내에서 포화된 계층에서 실질적인 비즈니스 기회를 창출하는 방법은 혁신뿐이다. 따라서 기업사회혁신을 위한 시장의 기회를 마련하려면 기업은 연구개발, 제품 및 서비스, 생산 등에 대한 기존의 투자 방식을 활용하여야만 한다. 서브마켓 제품과 서비스를 통한 기업사회혁신의 수혜자는 기업도 되는 것이다!

서브마켓의 가치를 극대화 시키려면, 내가 언급한 '사회적 차익거래'가 필수적으로 필요하다. 또한 특정 사회문제를 보는 기업의 방식과 진정한 경제적 잠재력 사이의 격차를 찾아내야만 한다. 그것이 토닉이나 월마트가 건강보험 미가입자들에게 한 방식이다. 또한

'녹색' 기업가들이 기후 변화에 대응하기 위해 취하고 있는 방식인 것이다. 이는 또한 국제개발에 있어서 BOP에 관심이 있는 기업이 취하고 있는 방법인 것이다. 당신 기업이 서브마켓에 관심이 있다면 그 격차를 찾아내야만 한다.

방식 : 어떻게 실행해야 하는가

서브마켓 제품과 서비스 전략에 성공하는 것은 생각보다 쉽지 않다. 한 연구자가 언급했듯이, '단순하게 제품 기능을 줄이고 저소득층 시장에 어필하기 위해서 해당 제품의 광고 예산을 늘리는 것으로는 부족하다.' [20] 따라서 기업사회혁신 전략은 통찰력, 참신성, 결정, 이 모두의 복합적인 구성이 필요하다. 아래 실행 방법 5단계를 설명해 보겠다.

1. 당신 기업이 다루면 좋을 만한 사회문제를 파악하라

사회문제는 '관리해야 할' 부정적인 이미지에 따른 리스크 차원보다 더 기업의 일상적 비즈니스에 직접적인 영향을 미치고 있다. 비즈니스에 가장 잠재적으로 영향이 많은 사회문제를 파악하는 것이 중요하며, 그러려면 올바른 질문을 해보아야 한다. 올바른 질문을 하면 해답이 명확해지지만, 그렇지 않는 질문을 하면 도대체 어느 방향으로 가야 할지 모호해진다.

최근에 나는 어떤 기업과 소비자 대상 설문조사를 같이 진행한 적이 있다. 설문조사 내용은 '어느 사회문제가 가장 중요하다고 생각하십니까?' 였다. 소비자들이 대답한 내용은 아동 복지, 환경, 교육, 노숙자, 퇴역병, 실버 세대, 유방암, 청소년 비만…. 모든 게 문제였다! 요점은 이것이다. 질문을 좀 더 구체적으로 해라.

당신이 대답을 구하고 찾아야 하는 정확한 질문은 이것이다. 어느 '서브마켓' 이 우리 비즈니스에 가장 잠재력이 큰 가치를 제공할 수 있는가? 여기 몇 가지 고려해야 할 기준들이 있다.

경제적 잠재성

해당 마켓의 구매력은 어느 정도인가?

예를 들면 기업들은 장애우들의 구매력을 과소평가하는 경향이 있다. 장애우들은 2,220억 달러 정도의 자유재량의 구매력을 가지고 있다.[21] 72%의 장애우들은 "그들이 사용하는 제품을 최신 모델로 바꾸고 싶어 한다."[22] 장애우 여행객들은 매년 항공비와 숙박비로 33억 달러를 쓴다.[23]

요구사항의 정도

해당 서브마켓의 요구사항이나 필요성은 어느 정도인가?

예를 들면 2009년에 한 직접 판매 회사가 자사 제품을 아프리카 가나에 팔았다. 애초에는 저가의 수동 워터 펌프를 판매하려고 했는데 휴대용 생수가 부족한 것을 발견하였다. 그런데 정작 가나 사람들을 인터뷰해 본 결과, 깨끗한 식수보다는 다른 생활용품을 더 필요로 했다.

접근성

해당 서브마켓에 진입하기 위한 물리적, 기술적, 경제적 장벽은 무엇인가?

비즈니스 기회와 마찬가지로 비즈니스 진입 장벽도 신중하게 검토되어야 한다. 당신 기업은 기업사회혁신을 위한 그 가상적 제품을 만들 수 있는 기술과 접근성이 있는가? 또한 목표 서브마켓에 쉽게 유통할 수 있는가?

정치적 배경

혹시 해당 서브마켓이 정치적으로 이득을 주거나 위험한가?

GE는 헬씨메지네이션 healthymagination 을 런칭하기 위해서 2009년 5월 7일 백악관이 건강보험 비용절감 계획을 발표하기 전까지 기다렸다. 그 때는 미국에서 건강보험 문제가 가장 중요한 사회문제로 부각되던 시기였다. 기업사회혁신의 노력이 물거품이 되거나 정치적으로 민감하게 될 수 있는 이슈 혹은 서브마켓, 또는 기업의 조직문화가 있다면 주의해야 한다.

경쟁적 환경

다른 경쟁기업들이 이미 그 서브마켓을 틈새시장화 하였는가?

선점자 우위 효과는 중요할 수도 있지만, 어떤 면에서는 경쟁기업이 그 서브마켓에서 철수한 직후, 혹은 큰 실패를 한 이후가 오히려 더 행동하기 좋은 때도 있다. 예를 들면 볼리비아에서는 중소기업가를 위한 마이크로보험상품이 쥬리히 Zurich 에 의해 단기적으로 시도되었는데 별 반응이 없었다. 에온 Aon 은 같은 타깃 계층을 위해 전혀 다른 비즈니스 모델 기반의 기업가용 마이크로연금 상품을 내놓았는데, 완전히 다른 결과를 냈다. 단기적으로 큰 성공을 거둔 그 연금 상품은 19개월 만에 9만 명의 신규 고객을 끌어 모았고, 수익률은 45%였다.

서브마켓은 태생적으로 지역특성이 강하거나 사회적이라는 것을 명심해야 한다. 지역적인 서브마켓의 예로, 도시 내 빈민가, 개발도상국, 뉴올리언즈나 아이티와 같이 자연재해를 입은 지역사회 등이 있다. 사회적인 서브마켓의 예는 경제적 혹은 사회적으로 소외 계층(장애우, 소수 인종, 성인 문맹층, 보험 미가입자, 학대받는 여성 등)이거나 사회적인 '산업'(헬스케어, 교육, 환경, 휴먼 서비스 등)이 있다. 웰포인트 사례의 경우, 경제적, 전략적, 정치적 중요성을 가진 보험에 가입하지 않은 젊은 층이라는 서브마켓을 대상으로 접근성을 높였는데, 그 전까지 그 대상을 건드린 경쟁기업은 없었고, 시기도 맞아 떨어진 것이 성공요인이었다.

2. 독특한 시장의 요구사항을 이해하고 다루어라

모든 시장은 그 수수께끼를 풀기 위해 필요한 특별한 코드가 있다. 중요한 것은 서브마켓에 새로운 제품이나 서비스를 출시하기 전에, 마치 사립탐정과도 같이 면밀하게 조사를 해야 한다는 것이다. 그것이 바로 토닉이 성공했던 원인이었다. 웰포인트는 숙제를 충분히 했다.

웰포인트는 목표 계층인 젊은이들을 대상으로 심도 깊은 개별적인 역발상 시각에서 인터뷰를 하였고, 건강보험에 대한 그들의 생각과 경험을 조사하였다. 그들이 찾은 수수께끼 풀기 코드는 바로 이런 것이었다.

첫째, 웰포인트는 젊은 층들이 건강보험이라는 개념을 반대하지 않는다는 것을 알아냈다 그저 기존의 건강보험들이 그들의 요구사항을 만족시켜 주지 못하였고 너무 비쌌기 때문이다.

둘째, 모든 젊은 층들은 그룹 대상 보험가입 경험이 없었기 때문에 건강보험은 모든 혜택을 다 가지고 있어야 한다고 생각했었던 것이다. "제 눈도 포함되는 거 맞죠?"라고 한 젊은이는 말했다.[24] 한 가지 특이할 만한 사실은, 이 젊은 층들은 건강보험 비용에 대해서 과대한 우려를 하고 있었고, 의료 진료비용에 대해서는 과소평가를 하고 있었다는 것이다. 따라서 웰포인트의 제품과 서비스는 이 젊은 층 서브마켓의 요구사항을 완벽하게 충족시켜 주도록 설계되었다.

마지막으로 젊은 층들은 법적 용어에 질리곤 했다. 세금 공제, 공동보험, 비 네트워크 적용 범위 등이 그런 것이다. 또한 보험업계에서 투명성이 부족한 것도 가입을 망설이게 하는 원인이었다.

이러한 코드 분해용 열쇠를 가지고 웰포인트는 수수께끼를 풀어냈다. 즉 젊은 층의 독특한 요구사항을 해결해 줄 수 있는 제품과 서비스와 관련 마케팅 캠페인을 만들어 낸 것이다. 요약하면 다음과 같다.

제품을 재설계하였다.

토닉은 치과, 안과, 처방 혜택 등 모든 것을 커버하도록 설계되었다. 가치도 완벽하게 지니고 있으면서도, 가입은 단순한 상품을 만든 것이다. 단 젊은 층이기 때문에 임산부가 가지는 보험 혜택은 없

었고, 보험 비용을 절감하기 위해서 유명 브랜드 처방약은 포함하지
않았다.

신규 고객층을 확보/유지하는 전략을 활용하였다.

토닉은 매우 세련된 온라인 마케팅 캠페인 전략을 썼다. 기존의
보험상품과는 달리, 젊은 층에게 어필할 수 있는 대화체를 쓰고 온
라인 접근성을 높인 것이다. 또한 토닉만 담당하는 온라인 문의 담
당 고객 서비스 부서를 신설했다.

토닉의 등장을 면밀하게 준비했다.

토닉은 캘리포니아 지역에서 시작하여 차츰 다른 주로 판매 지역
을 넓혀 나갔다. 그렇게 함으로써 2006년 53,000건이나 되는 신규 가
입자를 만들어 확산할 수 있는 전기를 마련할 수 있었다.[25]

서브마켓의 요구사항을 조사하다 보면, 제품을 좀 더 어필하게
만들 필요성이 있는 특정 분야를 발견하게 될 것이다. 예를 들면 월
마트는 4달러짜리 처방약 프로그램을 만들 때 메디케어 가입자들에
게도 해당될 수 있도록 설계했다. 메디케어 가입자들은 대부분 정부
로부터 보장을 받긴 하지만, 메디케어 파트 D 혜택에는 '도넛 구멍'
이라고 불리는 틈새가 있었다. 개인의 처방약 비용이 일정 기간 동
안 2,250달러가 넘어가면, 가입자들은 자기 돈으로 부담을 해야 하
는데, 어떤 때는 3,600달러까지 육박했다. 정부가 이 문제를 나중에
해결하긴 했지만 말이다.[26]

월마트도 매장 마다 약사 전문가를 배치시켜 메디케어 파트 D 가

입자는 매장 내 정보 데스크를 찾아가도록 조치했고, 고객들이 그들이 가입한 보험 프로그램과 그들이 받을 수 있는 혜택에 대해서 충분히 이해할 수 있도록 하였다.[27] 이러한 시스템을 통해서 월마트는 2006년 10월 26일 시점으로, 거의 100만 명이나 되는 메디케어 파트 D 가입자에게 4달러짜리 처방약 프로그램 혜택을 제공할 수 있었다.[28]

3. 혁신하라

이 부분이 가장 어려운 부분이다. "아하!" 하는 이해를 통해서, 아니면, 통찰력을 통해서 서브마켓 가치제시 법을 만들고 난 이후, 기업은 혁신적인 서브마켓 제품과 서비스를 개발하는 데 있어서 다양한 방법을 취할 수 있다. 아래는 가장 일반적으로 사용되는 방법들이다.

소형화하라

기업사회혁신의 중요 요소는 바로 '20:80' 법칙이다. 80%의 요구사항을 충족시키기 위해서 20%의 적용 가능성을 찾아내는 것이다. 이것이 GE가 소형 심전도 기계 MAC800을 출시한 방식이다.[29]

이 기계는 최근 미국 시장에 런칭되었는데, 최신 기술을 적용한 겨우 6파운드 반의 무게를 가진 가장 작은 심전도 기계이다. 더 중요한 것은 판매가격이 겨우 2,500달러라는 것이다. 이 가격은 동일 기능을 가진 다른 제품보다 80%나 저렴한 가격이다. 이러한 방식은 우리가 얘기하는 서브마켓 프로필에 정확하게 들어맞는다. 즉 1차 진료 병원, 시골 병원, 방문 간호사 등, 운반하기 쉬운 기계가 필요하지만 비싼 심전도 기계를 살 돈은 없는 고객층이다.

20:80 법칙은 토닉의 경우에도 들어맞았다. 웰포인트는 보험상품에서 가장 비용이 많이 드는 임산부용 보험 혜택을 제외하고 나니, 제품 가치의 손상 없이 저가에 토닉을 만들어 낼 수 있었다. 월마트의 4달러짜리 처방 프로그램도 똑같다. 일반 브랜드 약품은 다른 브랜드 제품 약보다 비용이 아주 저렴하다.[30] 아이러니한 것은 FDA의 추정으로, 50%의 일반 브랜드 약품은 모두 브랜드 기업에서 제조된 약들이다![31]

어떻게 MAC800이 나올 수 있었는지에 대해 GE의 기술 인프라 그룹 CEO인 존 라이스는 이렇게 말했다. "우리는 혁신이란 차세대의 아이포드나 블랙베리폰을 만드는 것만을 생각한다. 하지만 혁신은 생각보다 더 단순하게 저렴한 비용으로도 만들 수 있다. 지금 우리 비즈니스의 혁신은 어떻게 비용을 절감하느냐이다."[32] 바로 이것이 소형화가 의미하는 모든 것이다. 필수 요소인 가격을 절감하면서도 제품이나 서비스의 핵심 가치나 기능은 그대로 두는 것, 그리고, 또 그것을 신규시장에 어필 할 수 있도록 만드는 것이다.

핵심 역량을 써라

이것은 기업의 핵심 역량, 기존의 노하우, 비즈니스 능력을 서브마켓에 투입하는 것이다. 2009년 GE가 헬씨메지네이션을 런칭하였을 때의 모토는 '기술을 혁신과 스마트한 프로세스와 결합하여 양질의 헬스케어를 좀 더 저렴한 가격으로 사람들에게 제공함으로써 지속가능한 헬스케어를 제공하는 것'이었다.[33] GE는 100개 이상의 새로운 헬스케어 혁신 제품들을 개발하기 위해서 향후 6년 동안 연구개발에 30억 달러를 투자할 예정이다.

이에 더해서 GE는 시골이나 소외된 지역의 보건을 개선하기 위한 헬스케어 기술 개발에 향후 6년 간 20억 달러를 지원할 예정이다. 또한 헬스케어 파트너십, 내용, 서비스 등을 위해서 15억 달러를 추가 지원할 계획을 가지고 있다. 내가 틀리지 않는다면 이것은 자선이 아니다. GE는 이 점을 명확히 했다. "우리의 기술 개발 방식과 비즈니스 투자 방식에 있어서의 근본적인 재조정이다."[34] GE는 이러한 전략을 통해서 기존 시장에 접근할 때와 똑같이, 수익 창출도 예상하고 있다.

헬씨메지네이션 담당 임원들에게 어떻게 헬씨메지네이션을 탄생하게 할 수 있었는지 물어 보았다. 그들은 핵심 역량을 사용하는 기업사회혁신에 대해서 이야기 했다.

"우리에게 '아하!' 모멘트는 없었습니다. 또한 하나의 혁신이 기업사회혁신 전략을 만들어 내지는 않는다고 생각합니다. GE는 어떤 산업이든지 발화점을 잘 파악합니다. 마치 우리가 그린 전략, 에코메지네이션을 만들어 낸 것과 동일한 것이지요."[35]

GE는 또 이렇게 설명한다.

"사회적 요구와 고객 요구, 소비자 선호도, 헬스케어 분야의 기술과 정책이 융합되는 시점에, 우리는 기술, 노하우, 변화를 견인하고자 하는 신념이 있었습니다."[36]

GE만이 아니다. 다른 기업들도 사회적 효과와 상업적 기술의 긍정적 연결고리에 대해서 인식을 하고 있다. Salesforce.com은 웹 기반 고객관계관리customer-relationship management : CRM 소프트웨어 개발 기술기업이다. 초기에는 중소기업 고객층을 목표로 했지만, 점차 수 백 개의 비영리기관과 사회복지 기관들이 펀드레이징과 기부자들의 관리에 고심을 하고 있다는 것을 발견했다. Salesforce.com은 기업재단을 통해 소규모 비영리기관들에게 맞춤형 기부자 관리 소프트웨어를 무료로 제공했다. 이러한 활동은 대규모 비영리기관, 공공부문, 교육 기관들에게 유료로 소프트웨어를 판매할 수 있는 길을 열어 주었다. 물론 비용은 다른 대규모 고기술 소프트웨어 기업들보다 훨씬 낮은 비용으로 말이다.

한 비영리기관의 말을 들어보자.

"미국의 150만 비영리기관들은 이제 지구상에서 가장 크고 제일 성공한 기업들이 사용하고 있는 것과 동일한 혁신적 기술 소프트웨어를 가지게 되었어요. 또 더 좋은 것은 그 소프트웨어가 아주 실용적으로 작동한다는 것이죠."37

Salesforce.com에게는 정말 획기적인 사회적 영향력을 가지게 되는 것이며 커다란 사회적 효과를 내는 일이었다. 그리고 새로운 비즈니스 시장도 말이다.

'트리클 업' 혁신을 활용하라

일부 기업은 서브마켓에서 배운 비즈니스 교훈을 적용하여 기존 비즈니스에서 혁신을 하고 있지만, 다른 기업들은 그 반대를 하고 있는 경우도 많다. 이것을 '트리클 업(trickle-up. 돈이 빈민층이나 빈국에서 부유층이나 부유한 나라로 옮겨가는 현상 – 역주)' 혁신이라고 부른다. 점점 더 많은 기업들은 새로운 제품과 서비스를 대안적 시장에서 테스팅 한 후, 기존의 시장에 성공적인 아이디어로 발전시킨다.

GE의 MAC800 심전도 기계 경우를 다시 예로 들어 보자. GE는 처음부터 기능이 저가인 기계를 개발하지 않았다(그렇게 하려면 적어도 5년은 걸리고 투자비용도 200만 달러나 든다). 2008년에 인도와 중국의 의사들을 위해서 개발되었던 실험모델을 발전시켜 개발하였다.[38] 12개의 키보드 버튼을 1개의 키보드로 하고(비용 절감을 위해서) 환자기록을 업로드하기 위한 USB, 이더넷, 전화 포트(이러한 기능에 익숙한 미국 시장의 요구사항을 만족하기 위해서)를 만들었다. 이러한 트리클 업 혁신이 GE로 하여금, 미국용 제품 개발 비용을 220만 5,000달러로 낮추고 제품을 적시에 출시할 수 있었던 비결이었다.

트리클 업 혁신이 항상 개발도상국에서 시작하는 것은 아니다. 웰포인트는 토닉을 통해 미국에서 주요 인구 계층들이 특별히 좋아하는 제품을 만드는 법을 익혔다. 웰포인트 임원의 말에 따르면, "토닉은 우리에게 시장 세분화에 대한 중요한 교훈을 주었다. 예를 들면, 어떻게 하면 우리가 퇴직 예정자를 타깃으로 상품을 개발할 수 있을지, 그들이 원하는 보험상품을 개발하려면 어떤 변화를 해야 하는지를 알려 주었다."

수익이 나도록 해라

GE의 CEO 제프 이멜트는 즐겨 말한다.

"기업의 사회적 책임에서 가장 중요한 부분은 '기업' 이다. 좋은 일을 하면서 돈을 벌어야 하고 또 경쟁에서 이겨야 한다."[39]

실제로 GE는 이기고 있다. 2008년, GE의 고효율 '그린' 기관차와 같은 친환경 기술이 기반이 된 에코메지네이션 전략은 전년 대비 21% 성장한 170억 달러 매출을 안겨 주었다.

일반적으로 수익성이 없는 것은 지속가능하지 않다. 지속가능하지 않는 것은 사회적 효과를 만들기 어렵다. 따라서 당신의 기업사회혁신 모델이 잘 설계되었다면, 즉 당신이 서브마켓 제품 혹은 서비스를 통해서 효과적으로 사회문제를 풀기를 원한다면 수익도 그만큼 나야 한다.

서브마켓 전략을 수익성이 높게 만들 수 있는 방법은 여러 가지가 있다. 규모의 경제를 활용하거나, 불필요한 기능들을 삭제하거나, 대안적 유통 메커니즘을 만들거나, 중간 유통을 생략하거나, 연방정부 펀딩을 활용하거나 하는 등이다. 월마트는 이러한 점들에 있어서 아주 능숙했다. 일반 처방약의 가격을 내리는 것은 순전히 월마트의 전략이었다. 일반 처방 시스템 안의 비효율성을 타깃으로 해서 말이다. 월마트는 제3자 유통구조를 없애고, 수익 마진을 줄였으며, 유통 시스템을 자동화 시켰고, 재고 사이클을 줄였다.

"대단한 게 필요한 것은 아닙니다." 월마트의 부사장 빌 사이몬은 이렇게 말한다. "그저 한 번에 1센트씩 모으면 됩니다."[40]

하지만 그 동전들을 모으면 큰 힘이 된다.

크게 생각하라? 서브마켓 제공 혜택의 규모를 키워라.

기업사회혁신 전략은 비즈니스 전략이다. 따라서 서브마켓 제공은 규모가 있어야 한다. 좋은 아이디어를 가지는 것은 중요하다. 하지만 목표는 수익과 사회적 효과를 극대화하는 것이다. 이때 규모가 중요하다. 혁신을 규모화 하는 방법은 두 가지가 있다. 범위를 넓히 거나 세분화 계층을 확대하는 것이다. 토닉의 경우에 웰포인트는 두 가지 방법을 다 썼다. 토닉은 6개 주에 출시가 되었고, 웰포인트는 토닉을 다른 세분화 시장 계층에도 출시하려고 고려중이다. 월마트 도 혁신을 규모화 시키고 있다. 4달러짜리 처방 프로그램을 다음 단 계로 끌어 올리고자 한다. 7,500만 명 이상의 임직원을 고용하면서 고용주가 이들을 위한 건강보험을 직접 들어주고 있는 카터필러 Caterpillar나 다른 기업들과 직접 거래하여 건강보험 비용을 절감할 수 있도록 말이다.

궁극적으로 월마트가 저가의 의료보험 혜택을 소비자들에게 직 접 제공해 줄 수 있을까? 물론 말도 안 되는 이야기는 아닐 것이다.

함정 : 무엇을 주의해야 하는가

아래는 서브마켓 제품과 서비스 전략을 설계하고 실행하는 데 주 의할 점이다.

1. 그저 소형화 한다고 다 되는 것은 아니다

서브 마켓 제품은 그저 제품을 소형화해서 다시 포장해서 낮은 가 격으로 도외시되어 왔던 소비자들에게 파는 게 아니다. 새로운 가치 를 만들어내야 한다. 그렇게 하기 위해서는 특정한 요구사항을 가진 서브마켓이 어떤 제품이나 서비스에 가치를 두는지, 혹은 두지 않는지 철저하게 마스터해야 한다. 사회적 차익거래를 위해 가치를 만드는 것은 그저 가격을 낮추는 것이 아니다. 혁신하는 것이다. GE의 MAC800 ECG 기계가 주요 사용자들이 원하는 주요기능을 가지지 못했다면, 가격이 높든지 낮든지 팔리지 않았을 것이다.

2. 서브마켓이 나쁜 품질을 의미해서는 안 된다

토닉은 저렴했지만 싸지는 않았다. 토닉 고객들이 가지는 의료 진료 혜택은 몇몇의 HMO 의사들에만 한정되지는 않았다. 오히려 토닉 고객들은 그들이 거주하는 주 전체 블루 클로스 PPO 네트워크에 접근할 수 있는 혜택 때문에 토닉을 구매한 것이다. GE의 MAC800은 다른 비싼 심전도 기계보다 성능이 떨어지지 않았다. 일반 브랜드 처방약들도 브랜드 기업 약처럼 효과가 좋았다. 왜냐하면 FDA은 일반 브랜드 처방약들도 브랜드 이름을 가진 약들과 똑 같은 품질, 약효, 순정도, 안정성을 요구하기 때문이다.[41]

3. 핵심 제품 판매를 잠식하지 말라

때로는 핵심 비즈니스를 보호해야 할 때도 있다. 필립스전자는 아프리카 가나를 위해 설계된 저가의 태양광 기반의 전구를 선진국 시장에 출시하려고 했다.

그러나 CEO인 제럴드 J. 크라이스레리는 필립스의 기존 다른 제품 판매가 잠식될 우려 때문에 결정을 유보했다. 그는 이렇게 설명하였다.

"너무 지나치게 내려가면 마진이 다치게 될 '위험성이 있다.'"[42]

기업사회혁신 경쟁에서 승리하려면, 차별화된 시장에 차별화된 가치 제시를 통해 차별화된 제공을 해야 한다. Salesforce.com은 무료 소프트웨어 제공을 10인 유저 이하의 비영리기관으로 한정함으로써 더 큰 고객들로부터 수익을 올릴 능력과 기회를 보호했다.

서브마켓 제품과 서비스를 개발하는 것은 단순한 기업사회혁신이 아니다. 소비재부터 기술 업종까지 전 업종을 망라해서 성장을 염원하는 기업들을 위한 중요한 비즈니스 전략이다. 기업사회혁신에 뛰어들고자 하는 기업은 사회적으로도 혜택을 주고 경제적으로도 수익성이 높은 세분화된 미개척 시장의 요구사항을 충분히 만족시켜야 한다. 트리클 업 혁신을 통해서 제품 및 서비스를 소형화하고 핵심 비즈니스 역량을 활용해야 한다. 기업사회혁신은 기업이 수익을 높이고 비즈니스 가치 제시를 확장할 수 있는 사회적 전략인 것이다.

제5장

전략 2 : 백도어 채널을 통해 신규시장 진입하기

당신의 비즈니스를 성장시키는 한 가지 방법으로 새로운 제품과 서비스를 만들 때 기업사회혁신 전략을 활용하는 방법을 소개했다. 또 다른 방법은 신규시장에 진입할 때 기업사회혁신 전략을 활용하는 것이다. 대규모 시장, 혹은 수익성 높은 시장(지리적이든 인구계층별이든)은 대부분 성숙한(그리고 아주 경쟁이 심한) 시장이다. 하지만 미개척 시장도 있다. 도시 빈민가, 개발도상국, 소외된 계층과 같은 '서브마켓'이다. 미개척 시장은 종종 도달하기 쉽지 않거나 아직 발달이 덜 되었다거나 문맹률이 높다거나 하는 이유로 진입이 힘든 시장으로 간주되어 왔다.

이 미개척 시장에 진입하는 것은 색다른 전략을 필요로 한다. 왜냐하면, 경쟁이 심한 장벽이 있는 것이 아니라 사회적인 장벽이 있기 때문이다. 실제로 이러한 시장들은 거의 경쟁 기업들이 아직 개척하지 않은 시장이다. 이 장을 통해 테스코와 코카콜라 같은 기업들이 어떻게 비즈니스 전략으로 기업사회혁신 전략을 사용하여 사회적 장벽을 넘고 마치 고아처럼 버려져 있던 시장을 비즈니스 성장의 기회로 삼았는지 설명해 보겠다.

테스코 : 음식사막에 오아시스를 만들다

미국의 피닉스의 멕시코 요리용 정육점이나 소액대부업 가게 옆의 상점이 오아시스처럼 보이지는 않겠지만 오아시스가 맞다. 그건 바로 테스코의 신선하고 간편한 이웃집 상점Fresh&Easy Neighborhood Markets으로 신선한 과일이나 야채를 구하려면 몇 마일이나 나가야 하는 소외된 지역사회에 신선한 음식을 파는 판매점이다.

이러한 지역은 '음식사막food deserts' 이라고 불린다.[1] 전 세계 3위의 유통기업인 영국 테스코는 이러한 작은 판매점(평균 1만 평방피트)을 통해 백 년 만에 처음으로 미국 시장을 뚫었다. 사실 미국에서 영국 유통기업이 성공한 예는 거의 없다. 2006년 2월, 테스코가 미국에 진입하기 위해서 연간 4억 7,200만 달러를 투자한다고 하였을 때 그건 마치 도박으로 간주되었다.[2] 하지만 테스코는 계획이 있었다. 즉 일명 '백도어 시장 진입backdoor market entry' 전략이라고 불리는 백도어 채널을 통한 신규시장 진입전략이다.

테스코는 정면으로 시장에 진입하지 않고, 사회문제가 엉킨, 고아처럼 버려져 있던 시장을 찾아냄으로써 미국 시장진입에 성공했다. 또 지금까지 이 전략을 계획대로 실행하고 있다. 2009년 테스코는 피닉스, 라스베가스, 남가주 지역의 129개 매장을 오픈했으며,[3] 2009년 경영 보고서에 따르면, 2010년에 1주일에 추가로 1개씩 매장을 오픈할 예정이다. 경제위기 직후의 힘든 시기에 말이다! 2009년

말, 미국 내 매출은 115%가 상승했고 총 매출이 2억 6,000달러이다.[4] 초기 운영비용 때문에, 아직은 적자지만, 테스코는 투자자들의 기대를 만족시킬 것으로 예상한다.

테스코는 미국 시장을 거의 20년 동안 조사 검토했고, 올바른 시장진입 방법을 찾기 위한 숙제를 충분히 했다. '프레쉬&이지' 매장 런칭은 미국 유통 기업들이 도외시해 왔던 도시의 소외 지역을 타깃으로 하는 동시에, 월마트와 같은 거대 유통 기업과 경쟁을 피하는 전략이었다. 유통업계 애널리스트에 따르면, '대형 슈퍼마켓은 도시 바깥이나 도시의 언저리에 위치한다. 왜냐하면 80,000평방피트나 되는 크기의 매장을 피닉스나 로스엔젤레스 중심에 둘 수 없기 때문이다.'[5] 건강 중심적인 주제로 한정해 보자면, 테스코의 '프레쉬&이지' 매장은 영국에서의 매장과는 달리, 담배나 트렌스 지방 첨가물 음식은 팔지 않는다. 미국의 테스코 매장은 태양광 패널과 같은 친환경 기술을 활용하여 환경 친화적이기까지 하다.

또한 제품의 절반이 높은 마진을 얻을 수 있는 '프레쉬&이지' 매장 자체상표이다.[6]

미국이나 영국과 같은 선진국에서 '음식사막'은 아주 심각한 건강 문제로 여겨진다. 주택이 많이 밀집되어 있는 도시 내 저소득층 주택가에는 신선하고 건강에 좋은 음식을 파는 상점이 드물다. 650만 자녀들을 키우는 2,300만 이상의 미국인들이 슈퍼마켓을 찾기 위해 몇 마일을 가야 하는 도시 저소득층 빈민가에 살고 있다.[7] 이 지역 주민들은 패스트푸드 프랜차이즈 매장이나, 소규모 햄버거 집 등 신선한 과일이나 야채는 보기 힘든 소형 판매점만 보고 산다. 이러한 사회문제를 푸는 것은 지역 정부, 건강보건 전문가들의 큰 골칫거리이다. 이런 시장에 진입하는 것에 대해 월마트, 코스트코Costco, 슈퍼타겟SuperTarget과 같은 전통적인 유통기업들이 정치적 장벽으로 고생하고 있을 때가 바로 새로운 유통 기업들에게는 바로 절호의 시장진입 기회였던 것이다.

테스코는 이러한 사회문제를 테스코의 비즈니스로 해결하는 것을 목표로 삼았다. 미국 시장에 진입하는 것과 동시에, 커다란 사회문제를 해결해 줄 수 있는 새로운 위치에 있었던 것이다. 연구자들은 영국에서 '음식사막' 문제를 해결하고 공중 보건에 도움을 주었던 테스코의 경험이 도움이 되었다고 본다. 왜냐하면, 그러한 소외된 '음식사막' 지역들은 제한된 할인 혜택만 주는 다른 매장 대신 테스코를 선택했기 때문이다.[8] 영국에서의 성공에 힘입어, 테스코는 남부 로스엔젤레스와 같은 지역에 새로운 테스코 매장을 오픈하는 계획을 발표했다. 건강에 좋은 신선한 음식을 갈구하고 있었던 소외된 지역 사회로서는 갈증을 풀어 주는 오아시스와도 같은 뉴스였다. 또한 테스코로서도 좋은 PR 기회였다.

테스코의 미국 운영책임자 팀 메이슨은 이렇게 설명한다,

"우리가 미국인들에게 어필할 수 있었던 이유 중의 하나는 '음식사막' 지역에 테스코가 가서 이웃이 되어주겠다고 얘기했기 때문입니다."[9]

따라서 미국에서 큰 사회문제가 되었던 '음식사막'은 테스코에게는 새로운 시장에 진입할 수 있는 절호의 기회가 되었던 것이다. 이를 통해 테스코는 유통업을 미국에서 성장시킬 수 있었고 긍정적인 사회 변화도 만들어 낼 수 있었다.

테스코는 '백도어 채널을 통해 신규시장 진입하기'라는 기업사회혁신 전략을 나타내주는 완벽한 사례이다. 시장의 진입 그 자체를 사회문제의 해결책으로 이용하는 것이다. 단, 사회문제를 가진 미개척 시장은 진정성과 노련한 기술 모두를 필요로 한다.

날이 갈수록 새로운 시장진입에 있어서 가장 큰 장벽은 정치적이나 문화적 요인이 아니고 사회적 요인이다. 미숙련 노동자, 높은 문맹률, 권리가 박탈된 여성, 필수 사회서비스에 제한된 접근성, 열악한 인프라, 자원 부족 등이다. 기업은 이런 문제를 해결하는 기업의 능력을 새로운 시장진입과 같은 합당한 방법으로 활용할 수 있는 것이다.

예를 들면, 기업은 목표시장 도달을 위해 백도어 채널 진입전략을 쓰면서 정부와 협력 관계를 증진할 수도 있다. 왜냐하면 정부는 지역사회의 사회문제를 해결하여 지역 경제를 활성화하고 싶은 욕구가 있기 때문이다. 따라서 이 전략은 정부에 잘 보이기 위해서 감질나게 달러를 뿌리는 자선 같은 방법과는 차원이 다르다. 즉 핵심 비즈니스를 통해서 사회 변화를 창조하는 것이다. 이 전략은 어떤 시장에도 먹힌다.

코카콜라가 개발도상국에 백도어 채널 진입전략을 통해서 성공한 사례도 살펴볼 만하다. 그 전략의 비결이 종이 달린 두 발 자전거라면 믿겠는가. 그렇다. 진짜로 그 자전거가 이 거대 음료 기업의 해외시장 진입비결이었다. 해외 시장은 오늘날 기업의 수익의 80%를 차지한다. 글로벌 시장을 확대하는 것은 비즈니스 성공을 위해서 필수적이다. 하지만 해외 시장에 진입하는 것은 많은 도전이 있다. 때로는 인프라의 부족, 때로는 정치 문제, 때로는 인력 부족이다. 코카콜라의 경우, 이 모든 세 가지 도전을 다 가지고 있었다. 코카콜라의 대도시 거점 집중 방식의 유통은 해외 여러 시장에서는 그리 효과적이지 않았다. 특히, 많은 소비자들이 밀집된 지역이거나, 접근하기 힘든 원거리 지역은 더더욱 그랬다. 예를 들면, 동아프리카의 인구 고밀도 도시 지역으로 보다 더 많이 확장하기를 원하는 코카콜라의 임원은 수 천 개나 되는 소매점에 바틀링 파트너들이 그저 제한된 물량을 공급하는 것에만 의존할 수는 없었다.

코카콜라는 좀 더 새로운, 맞춤형 유통시스템이 필요했다. 그런데 유통 파트너 중에서 그걸 해 줄 수 있는 파트너를 발견했다. 바로 코카콜라 사브코SABCo: South African Bottling Company였다.

사브코는 동 아프리카에서 시장 점유율을 높이기 위해서 '매뉴얼 유통센터Manual Distribution Center': MDC라는 모델을 만들었다. MDC는 소상공인 기업가(주로 사업을 처음 해보는 사람들이거나 여성)들에게 코카콜라 제품을 손으로 배달해서 지역의 소매점에 유통시키도록 했다. 이 지역들은 트럭이 갈 수 없는 비좁은 곳으로 MDC는 자전거나 카트를 이용해서 제품을 날라야 했다. 상호 간에 얻을 수 있는 혜택은 확실했다. 사브코는 유통력을 확대할 수 있었고, 지역사회는 새로운 일자리 창출과 부를 축적할 수 있었다.[10]

사브코는 1999년에 10개의 매뉴얼 유통센터를 오픈함으로써 MDC 모델을 에티오피아의 아디스바바에서 시범 운영하였다. 그 후 10년 동안 MDC 모델은 코카콜라의 동아프리카 시장 확대에 지대한 공헌을 하면서 성장했다. 2008년 11월, 아디스바바에 165개의

MDC가, 에티오피아 전역에 651개가 생겼다. 각 센터는 150개의 유통매장을 커버하였는데, 이는 전국에서 사브코가 올린 매출의 83%에 해당하는 양이다. 다르살람에서는 152개의 MDC가, 탄자니아 전역에서는 412개가 생겼고, 이는 사브코가 탄자니아에서 올린 매출의 93%나 되는 양이었다. MDC 비즈니스 모델로만 사브코는 전체 매출의 95%를 올렸다.[11] 이런 성공에 힘입어 MDC 모델은 에티오피아, 케냐, 우간다, 모잠비크, 탄자니아 전역, 나미비아 일부를 포함하여 아프리카 많은 지역의 핵심적 유통 모델이 되었다.[12] 코카콜라로 인해 만들어진 MDC는 아프리카에 2,500개가 넘는다. 이를 통해 12,000명이 일자리를 얻었고, 연간 5억 달러 매출을 올렸다.[13] 추가로 앞으로 3년 동안 1,500개에서 2,000개의 MDC 모집을 하고 있고, 이는 추가의 8,400개의 일자리와 또 다른 5억 달러의 매출을 의미한다.

MDC 모델은 대성공을 거두었다. 물론 코카콜라에게는 골치 아픈 유통문제를 해결해 주었고, 사회적으로는 지역사회에 즉각적이고 실질적 효과를 주었기 때문이다.

코카콜라에 따르면, MDC 모델로 인해 '일자리도 창출되었고, 기업가 정신도 함양되었으며 지역경제도 활성화되었다'고 한다.[14] MDC의 사회적 효과에 대한 확실한 증거들을 살펴보자.[15]

기업가 정신

에티오피아에서는 MDC 오너들 중 75%가 '새로운 비즈니스 오너'이며 이 중 80%가 다른 사업은 하지 않고 MDC 사업만 한다.

일자리

에티오피아와 탄자니아에서만 MDC 모델로 6,000개의 일자리가
생겼다. 탄자니아에서는 각 매뉴얼 유통 센터는 평균 7명을 채용하
고 있다.

수입

에티오피아에서는, 95%의 MDC 오너와 80%의 직원들이 모두
"전보다 수입이 더 좋아졌다"라고 말한다.

역량 강화

탄자니아에서는, 35%의 MDC 오너가 여성이다. 또한 40%의
MDC가 여성 직원들을 채용하고 있다. 에티오피아에서는, 80%의
MDC 오너와 카트 운영업자가 정기적으로 교육을 받고 있다.

다음은 코카콜라의 MDC 모델 효과에 대해 다룬 〈비즈니스위크〉
기사이다.

'이것은 침체된 경제에 높은 긍정적 효과를 주는 기업 프로그램
으로 시간이 지날수록 제품과 서비스를 위한 새로운 시장을 만들어
내고 있다. 이 사례는 어떻게 하면 기업이 좋은 일로 자선만 하고 영
향이 별로 없는 CSR 전략에서 벗어나, 기업이 제일 잘 하는 일, 즉
비즈니스를 하면서도 제대로 할 수 있는지 보여주는 사례이다.' [16]

왜 백도어 시장 진입전략을 기업사회혁신 전략으로 써야 하는가? 이 전략이 핵심 비즈니스 측면 가치를 높게(적어도 높이는 것을 기대할 수 있도록) 만들어 준다는 것을 보여주는 트렌드가 몇 가지 있다.

1. 진입 장벽은 점점 더 사회적인 장벽이다

기존의 장애 요소와는 달리(자본 투자, 브랜드 인지도, 변화 비용, 포화된 경쟁) 사회적, 정치적 요소는 점점 신규시장 진입을 힘들게 만들고 있다. 제한된 구매력과 같은 빈곤, 미숙련 노동자나 인재 부족과 같은 문맹률, 식수나 손 씻기의 중요성을 모르는 제한된 사회적 인식, 여성이나 소수 인종의 시민권 박탈, 건강보험, 금융, 인터넷 연결과 같은 필수 서비스에 대한 제한된 접근성, 도로, 주택, 전기 부족과 같은 인프라의 부족, 에너지나 물과 같은 자원의 부족과 같은 사회적 장벽들은, 비단 인도나 아프리카 같은 신흥시장에만 국한된 것이 아니다. 미국과 같은 나라에도 있다. 디트로이트나 뉴욕, 시카고 남부와 같은 도시에도, 애팔래치안 오하이오와 같은 시골 지역에도 사회적 장벽은 존재한다. 이러한 장벽들을 넘으려면, 기업은 사회문제 해결을 신규시장 진입전략으로 활용하는 고단수의 시장 진입전략이 필요하다. 이러한 전략들은 지역경제와 삶의 질을 향상시킬 뿐만 아니라 인재를 개발하고, 기업가 정신을 북돋으며, 질병을 없애고, 사회적 마케팅 플랫폼을 만들고 정부와 깊은 관계를 구축하도록 도와준다.

학자들, 정치가들, 경영학계의 대가들은 많은 세월 동안 미개척 '사회적' 시장의 장점을 설파해왔다. 1995년 〈Inc. 매거진〉의 기사에 따르면, 하버드 비즈니스스쿨 교수이자 전략의 귀재인 마이클 포터는 도시 내의 시장이 기업에게 전략적인 장점을 가져다준다고 설명하였다. 위치(사용료가 비싼 비즈니스센터나 공공교통 허브 지점), 지역시장의 요구 (높은 구매력을 지닌 고밀도 인구 지역), 지역 클러스터와의 통합 (금융 서비스를 포함하여 다운타운 지역에 주택가를 인접하고 있는 주요 산업지역) 그리고 인적자원(충성도 높은 사회 초년생 직원이 될 잠재력을 지닌 많은 층의 사람)이다.[17]

빌 클린턴 전 미국 대통령은 임기 말 도심 내 지역사회를 돌아보면서 언급하기를, "일하는 인구와 구매력이 높은 인구가 함께 있다면 그 곳을 정말 투자하기 좋은 곳이다"[18] 라고 하였다. 또한 최근에 미셸 오바마 영부인도 7년 내 아동 비만을 없애고 '음식사막' 을 제거하자Let's Move!는 캠페인을 활성화 하자고 하였다.[19]

2. 기업 부문의 참여에 대한 관심이 점점 증가하고 있다

과거 기업들은 정부는 규제자이며 비영리는 자선기관일 뿐이라고 생각했었다. 하지만 이제 그들은 비즈니스 파트너이다. 사회문제 해결과 비즈니스 성장 사이의 연결고리는 그 어느 때보다 확실해졌다. 정부는 이 게임에 들어오는 기업들에게 이제는 심지어 인센티브까지 준다. 미국 백악관은 2011년 들어 새로운 '건강식품 지원 이니셔티브Healthy Food Financing Initiative' 를 런칭했다. 이것은 미국 재무부와 농림부, 보건사회복지부 간의 협력 파트너십으로 지역사회 '음식사막'에 건강에 좋은 음식을 판매하는 소매점이나 식료품상으로 지원하는 4억 달러짜리 투자 프로젝트이다.[20] 이제 민관협력은 국제개발, 인종문제, 건강보험, 핵 개발 저지 등과 같은 이슈들까지 확장되고 있다. 미국에서 또한 해외에서, 정부는 사회문제를 해결하는 기업들을 독려하기 위한 계약, 기업 친화적인 정책, 세금 인센티브 등을 제공한다.

기업의 막대한 영향력을 감안해 볼 때 이것은 전혀 놀란 만한 일이 아니다. 1960대와 1970대만 해도 3분의 2의 해외 지원금이 정부로부터 나왔다. 오늘날은 80% 이상이 기업으로부터 나온다.[21] 이러한 잠재적인 협력 기회를 잡기 위해서, 오바마 행정부는 미국 최초의 '민간협력 최고책임자'까지 만들었다. 2009년 여름, 엘리자베스 배글리는 미국 최초의 미 행정부 '글로벌 파트너십 이니셔티브Global Partnership Initiative'의 특별대표로 임명되었다.[22] 동시에 2005년에 빌 클린턴 전 대통령은 글로벌 사회적 문제 해결을 위한 정부, 기업, 시민사회 협력 체계인 '클린턴 글로벌 이니셔티브Clinton Global Initiative': CGI 프로그램을 만들었다.

CGI의 연례 컨퍼런스에는 100명이 넘는 전 국가원수들과 노벨상 수상자, 수 백 명의 CEO, 자선사업가, NGO 책임자들이 모인다. CGI 회원들은 지금껏 570억 달러의 지원을 약속했다 이 지원들을 통해서 이미 150개국의 2억 명이 넘는 사람들의 삶이 개선되었다.[23]

3. 자선은 한계가 있다

자선 하나로는 비즈니스 목표를 달성하기 어렵다. 최근 〈맥킨지〉

의 조사에 의하면, 80%가 넘는 응답자들이 이젠 자선 프로그램은 경쟁시장에서의 차별화, 리스크 관리, 인재채용 등의 목표를 달성하기에는 효과적이지 않다고 말했다.[24]

제3장 기업사회혁신에서 언급했듯이, 사회적 책임이나 전략적 자선은 비즈니스 가치를 만들어 내기에는 법적(자기 거래), 구조적(비영리에만 주는 지원금) 제한점이 있다. 자선적 투자가 교육, 보건, 환경 등의 분야에 궁극적으로 회사에게 '경쟁력 있는 환경'을 제공해 주기는 하지만 이런 전략의 잠재적인 효과는 기업의 시장진입을 위해서는 그 효과가 아직도 간접적이며 장기적이다.

아프리카에서의 엑손모빌Exxon Mobil Corp의 경우를 보면, 자선적 기부가 그 동안 고위험 시장 진입전략으로 활용되어 왔지만, 엑손, 셰브론Chevron, BP과 같은 기업들은 앙골라와 같은 새로운 아프리카의 석유시장에서조차 이미 자선적 기부 부분을 줄이고 있다.

기업은 학교 건립에서부터 CT 스캔 장비 제공, 말라리아 예방, 태양에너지 시스템 등 모든 지원을 해왔다. 하지만 지원금으로 나가는 돈은 끝이 없고 때로 홍보 활동에는 오히려 골칫거리가 되거나 지역 정치 환경에서 불가피하게 복잡하게 얽히게 되는 경우도 많이 겪었다. 예를 들면 엑손이 앙골라의 학교에 지원금 규모를 배로 늘리자, 학교 교장은 버스, 전기 발전기, 현미경이나 원심 분리기와 같은 실험실 기계 지원도 요청했다.

"엑손은 아버지와도 같습니다." 그 학교 교장은 이렇게 말했다. "나누어 주길 좋아하는 아버지에게 우리는 요구도 많이 합니다."[25] 〈월 스트리트 저널〉은 이렇게 비즈니스 전략으로는 쓰기 어려운 자선에 얽힌 복잡한 상황을 설명한 바 있다.[26] 적어도 자선에 있어서는, 더 주는 것만으로는 절대로 충분치 않은 것이다.

게다가 자선은 지속가능하지도 않다. 경제가 어려워지면, 기업 자선은 줄어든다. 2009년 실시된 조사에 따르면, 60%의 기업이 자선 지원금 규모를 줄였거나 고려 중이었고, 57%는 지원금 종류를 줄이거나 고려 중이라고 했다.[27] 자선은 절대로 기업의 핵심 역량이 될 수 없다. 엑손의 한 지역사회 참여 매니저는 이렇게 말했다. "우리는 석유 기업이지 적십자가 아닌 걸요."[28]

방식 : 어떻게 실행해야 하는가

아래 백도어 시장 진입전략을 실행하기 위한 몇 가지 단계를 소개한다.

1. 사회적 장벽과 기회를 파악하라

백도어 시장 진입전략은 지역의 사회적, 환경적 문제의 조사를 필요로 한다. 기업은 그 지역에서 어떤 일이 일어나고 있는지 정확히 파악해야 한다. 테스코의 시장조사팀은 거의 범죄과학수사를 하는듯한 수준으로 미국 시장을 2년에 걸쳐 조사했다. 로스엔젤레스 영화 촬영소에서 시범 매장도 운영해 보고 미국인의 라이프스타일을 알기 위해서 거의 60가구가 넘는 미국 가정에서 숙박도 하였다.[29] 테스코는 미국 소비자 습관을 알기 위해서 그 가족들에게 2주 동안 먹은 음식을 기록하도록 요청도 했다. 이 방법은 웰포인트가 토닉을 천하무적 젊은이 부대에게 런칭하기 위해서 준비한 과정과 흡사하다.(이 내용은 제4장 서브마켓 제품과 서비스를 통해서 매출 올리기에서 설명한 바 있다.)

세계 최대 규모의 한 직판 회사는 가나의 시장 진입전략을 기획하기 위해서 6개월 동안 가나의 지역사회 주민들과 지내면서 그들을 이해하고 신뢰를 쌓고 '유대감'을 쌓았다. 그들은 이런 중요한 질문들을 하였다.

당신 지역에서 보건, 영양, 가족 지원 등과 같은 문제에 가장 필요한 것은 무엇인가요?

여기 사람들은 사업을 어떻게 하죠?

제품이나 물품판매는 어떻게 이루어지나요?

이러한 정보를 얻는 것은 아주 중요하다. 그런 조사를 통해서 그 직판 회사는 가나에서 제일 가치가 높은 상품은 조명 제품이라는 것을 알아냈다. 더구나 지역 주민들이 실제 돈을 만지는 것보다 더 중요하게 생각하는 것은 지속적인 월급이라는 것도 알게 되었다. 즉 매달 월급을 받는 것은 진짜 직업을 가지고 있다는 사회적인 상징이었던 것이다.

현장으로 뛰어 나가 실질적인 이해관계자들을 만나서 어떠한 사회적 장벽이 있는지를 알아보는 것보다 중요한 것은 없다. 이것이 바로 그 사회적 장벽을 넘을 최고의 방법인 것이다. 어떤 회사에서는 이를 두고 '시장 통찰력'이라고 부른다. 따라서 직접 나가서 그 통찰력을 만들어야 한다.

2. 사회적 가치를 핵심 비즈니스에 연결시켜라

백도어 시장 진입전략의 백미는 그저 좋은 일을 하는 것만이 아니다. 핵심 비즈니스를 통해 창조적으로 긍정적 사회 변화를 만드는 것이다. 친환경 전략은 이 단단한 고리의 결합을 증명해 냄으로써 기업으로 하여금 친환경 전략에 더 집중할 인센티브를 제공했다.

테스코에게는 건강한 음식을 판매하여 도심의 음식사막을 없애는 것이 논리적인 움직임의 방향이었다. 왜냐하면 테스코는 이미 도심지역을 포함해서 전국의 유통매장에 많은 선택 범위를 가진 신선한 식품(영양에 좋은 음식까지 포함해서)을 빠르게 유통할 수 있었기 때문이다. 앞서 언급한 직판 회사가 가나에서 쓴 방법도 그들의 소셜 네트워크를 통해서 지역의 소상공인들이 제품 판매를 통해 생활을 영위하게끔 기여했다. 가나에서 성공하기 위해서 그 회사는 지역 사회 여성들의 역량을 경제적으로 강화해야 했으며 비즈니스 기본에 대한 교육도 시켜야 했다.

코카콜라는 이러한 매뉴얼 유통센터 모델을 확장하는 데 있어서 강력한 사회적 자극을 활용했다. 이를 통해 코카콜라는 새천년 개발 목표Millennium Development Goals : MDG. (2000년에 유엔의 세계 리더들이 빈곤 퇴치 목표를 달성하고자 세운 국제개발 목표)를 달성하고자 하는 목적을 실천에 옮길 수 있었다.

코카콜라는 국제금융공사International Finance Corporation와 하버드 케네디스쿨과의 협력을 통해 매뉴얼 유통센터 오너 모집과 임직원 채용 목표 그룹 구성을 좀 더 확실히 하고, 재무 관리의 극대화 및 유통 네트워크 교육을 확장하는 등의 프로그램 수정 과정을 통해 비즈니스 기회를 좀 더 정확하게 파악하여 매뉴얼 유통센터 모델의 사회적 가치와 비즈니스 가치를 높일 수 있었다.[30] 이러한 전략들은 사회적 효과를 높여 주었을 뿐만 아니라 해당 지역의 코카콜라 비즈니스 확장도 도와주었다.

백도어 시장 진입전략의 열쇠는 시장진입에 어려움을 주는 사회적 장벽을 허물어 버림으로써 비즈니스를 도저히 확장할 수 없을 것처럼 보이는 시장에 성공적으로 진입을 하는 전략을 개발하는 것이다. 시장진입을 통해서 많은 사회적 가치와 비즈니스 가치를 만들 수 있다. 흔히 쓰이는 세부 전략 3가지를 소개한다.

유통을 만들고 일자리를 창출하라

일자리 창출은 이미 흔한 주제다. 하지만 소외계층의 역량을 강화하여 일자리를 창출하는 것은 새로운 것이다. 1990년대 후반, 힌두스탄 유니레버Hindustan Unilever(소비재 거대 기업 유니레버의 인도 지사)는 유통채널도 없고, 광고도 도달하지 못하고, 물류를 실어 나를 도로나 교통도 없는 산골지역의 수백만 명의 잠재적 소비자 시장에 도달하는 좋은 방법을 생각해냈다.[31] 유니레버는 기업사회혁신에 집중하였다. 인도의 가난한 여성과 싱글맘들이 소상공인이 될 수 있도록 역량을 강화하여 사회적 효과를 높이고, 기업의 경제적 관심사와 신규시장 진입을 가능하게 하는 것이다.

유니레버는 규모를 빨리 늘리기 위해서 소액금융 대출제도를 지원하는 여성 자립 그룹네트워크를 연결했다. 유니레버는 이 그룹들 중에서 그들의 지역 영업 에이전트가 될 만한 삭티('힘'을 뜻하는 힌디어), 즉 자립도가 높은 여성을 파악하고 채용하여 교육시켰다.[32] 이 삭티들은 집집마다 다니면서 특히 저소득 시장을 위해 특별히 생산된 소규모 용량의 유니레버 샴푸 제품, 건강, 영양, 위생 용품들을 팔았다.

오늘날, 유니레버의 삭티 이니셔티브는 45,000명의 소상공인 기업가를 배출했으며 그들은 10만 가구에 유니레버 제품을 판매하고 있고, 이것은 1억 명 이상의 소비자를 의미한다. 이를 통해 올린 매출만 연간 1억 달러에 달한다. 게다가 마진은 유니레버의 주된 유통채널에서 올리는 것과 비슷하다. 유니레버의 CEO 패트릭 세스코는 이렇게 말한다.

"오해하지 마라. 삭티는 자선 활동이 아니다. 그건 아주 진지하고 수익성 높은 비즈니스 가치 제시 활동이다."

사회적인 제품이나 서비스에 접근성을 높여라

기업사회혁신의 또 다른 방법은 비즈니스 플랫폼을 활용해서 필수적인 제품이나 서비스에 접근성을 높이는 것이다. 한 국제 비영리 기관인 콜라라이프ColaLife는 설사 등으로 인한 탈수를 막아 주는 경구용 수액제나 비타민 A정과 같은 '사회적 제품' 들이 절실하게 필요한 개발도상국 사람들에게 그 제품들을 나누어 주는 유통채널 오픈을 코카콜라와 협의했다. 콜라라이프는 코카콜라 상자에 그 제품들을 '구호용품' 처럼 끼워 넣는 방식으로 사회적 제품들을 코카콜라의 매뉴얼 유통센터 채널을 통해서 보급할 수 있었다.[33]

새로운 공급망을 만들어라

새로운 시장에 진입하는 데 사회적 효과를 내는 또 다른 방법은

기업의 비즈니스가 혜택을 얻을 수 있는 지역의 공급망을 만드는 것
이다. 이 방법은 테스코가 미국 시장에 진입할 때 쓴 방법이다. 유통
네트워크를 처음부터 새로 다시 만들어야 했기 때문에 60% 이상의
제품을 지역에서 아웃소싱했다. 이를 통해 물류 및 저장 비용을 획
기적으로 줄일 수 있었고, 동시에 지역 농부들에게는 훌륭한 판매
기회였다.

쿠민스도 아프리카에서 똑같은 방법을 썼다. 디젤 엔진을 유통시
키는 데 '인간' 공급망을 만들어 낸 것이다. 훈련받은 지역주민들이
디젤 엔진 제품을 서비스하고 유지, 보수, 관리하지 못했다면 쿠민
스는 신규시장에서 성공하지 못했을 것이다.

3. 믿을 만한 파트너를 찾아라

바야흐로 이제는 민관협력의 시대이다. 14개의 미국 연방정부기
관들은 민관협력 파트너십 전략네트워크를 만들었는데, 여기에는
노동부, 상무부, 국방부, 미국 국제개발처U.S. Agency for International
Development 등이 있고, 심지어 미국 항공우주국까지 있다! 이러한
파트너십들은 즉각적인 신뢰성, 지역적 연결, 때로는 금전적 지원까
지 포함하여 많은 혜택을 준다. 한 기업 임원은 나에게 이렇게 얘기
했다.

"NGO들은 네크워크가 아주 좋습니다. 만약 윈-윈할 수 있다고
생각한다면 그들은 기업이 필요한 곳들을 소개를 해주는데, 그러한
소개는 기업으로 하여금 단시간 안에 신뢰성을 얻도록 만들어줍니
다."[34]

특히 오늘날 정책 입안자나 비영리기관들은 기업이 수익을 쫓는 동기를 갖고 있다는 것을 이제 완전히 이해하고 있다. 단지 기업이 파트너십에 있어서 사회변화를 고려하지 않을 때, 그들은 기업을 거부한다. 한 연방기관의 정부 관리는 미국 정부에 파트너십 제안을 했던 어떤 로펌 얘기를 해주었다. 신흥시장의 정부 관리들을 그 로펌에 소개시켜 주면, 그 로펌은 해당 지역의 비영리기관들을 위해서 100시간만큼의 프로보노 서비스를 해주겠다고 했다. 그 제안은 즉각 거절당했다. 사회적 효과가 쓸데없이 쓰이기 때문이다.

테스코가 캘리포니아 주의 콤프톤 시와 43개의 '프레쉬&이지' 매장 오픈을 위해 협력한 파트너십은 우리에게 더 많은 시사점을 준다. 콤프톤 시는 빈곤에 찌든 갱단의 도시라는 이미지를 벗기 위해 부단히 노력해 왔다. 콤프톤 시는 '크립스&블러드' 갱단의 발생지라고 잘 알려져 있다. 테스코는 이 지역의 '음식사막' 문제를 해결하기로 하였다. 테스코가 이 도시에 진출하기 전에 신선한 식품점이 진출한다는 것은 상상을 하기도 힘들었다. 에릭 페로딘 시장의 리더십 아래 테스코의 임원들과 긴밀하게 일한 콤프톤 시는 1년도 안 되어 새로운 매장을 오픈하게 되었다.[35] '프레쉬&이지' 매장은 곧바로 에릭 페로딘 시장의 도시 재개발 전략의 핵심이 되었다. '프레쉬&이지' 매장은 지역사회가 그렇게 기다려온 건강에 좋은 음식을 제공함과 동시에 새로운 일자리도 창출하고, 매년 20만 달러나 되는 토지세 수입을 통해 도시 재정에도 도움이 되었다.[36]

어떤 혁신적인 파트너십은 더 많은 사회적, 경제적 가치를 창출하기 위해서 규모화를 염두에 두고 설계된다. 유니레버의 라이프뷰요이Lifebuoy 브랜드 비누는 유니세프, 세계은행, P&G와 함께 글로벌 민관협력 파트너십을 만들고 '세계 손 씻기의 날'Global Handwashing Day을 만들었다. 이 파트너십의 유일한 메시지는 간단했다. 비누로 손을 잘 씻어라.[37]

사회적 효과는 엄청났다. 설사와 폐렴으로 인해 5세 이하 350만 명의 아동들이 죽어가고 있는데,[38] 손 씻기 하나만으로 설사로 사망하는 아이들의 숫자를 반으로, 폐렴과 같은 급성 호흡기 질환은 4분의 1로 줄일 수 있다고 한다.[39] '세계 손 씻기의 날'은 전 세계 85개국에서 실행되고 있으며, 이들을 모두 유니레버의 중요한 시장들이다(참고로 유니레버는 23개국의 '세계 손 씻기의 날' 행사를 실행 지원했다).[40]

스리랑카에서는 공중보건의, 유니세프, 라이프뷰요이의 도움을 받아 100만 명의 아동들이 올바른 방법으로 손을 씻는 것을 서약했다. 남아공에서 라이프뷰요이는 수자원 정부부처와 협력하였다. 싱가포르에서 라이프뷰요이는 건강증진위원회와 세계화장실협회와 협력하여 학교에서 위생교육을 광범위하게 실시했다. 인도네시아에서 보건복지부장관, 교육부장관이 참석한 라이프뷰요이 행사에는 수천만 명의 학교 아동들이 모여 손 씻기 서약을 하였다.[41] 방글라데시에서는 50,000명의 사람들이 동시에 손을 씻는 행사를 통해 기네스 기록을 세웠다.[42]

이 모든 사례는 기업사회혁신이 훌륭하게 작동할 수 있다는 좋은 증거들이다. 라이프뷰요이는 유니레버의 개인위생제품 카테고리에서 가장 빠르게 성장한 브랜드 중의 하나가 되었다. 또한 인도에서는 가장 신뢰받는 브랜드 중의 하나로 선택되었다.[43]

라이프뷰요이는 이 손 씻기 프로젝트를 통해서 궁극적으로 2015년까지 전 세계 10억 명이 넘는 사람들의 위생 습관을 변화시키는 것을 목표로 잡고 있다고 한다.[44]

정부, NGO 등 기업의 잠재적인 파트너들은 많다. 하지만 명심해야 할 것은 목표시장에 가장 적합한 파트너를 선택해야 한다는 것이다. 맥도널드의 경우에는(자세한 것은 제8장 역 로비를 통해 정책에 영향 미치기 참조) 사회적 전략을 실행하기 위해 중국에서 쑹칭링 재단이라는 파트너를 찾았다. 중국의 유명한 전 국가주석 이름을 딴 이 재단은 수십 년 동안 활동을 해왔고 중국 정부와 밀접하게 일하고 있다. 하지만 러시아에서는 정부와 연관된 파트너가 유용하지 않을 수도 있다. 왜냐하면 러시아 시민들이 그러한 협력을 정치선전이라고 오해할 수도 있기 때문이다. 따라서 러시아에는 파트너십 기관들을 선택하는 데 특별한 주의를 요한다. 오히려 정부나 비영리기관보다 연예인, 운동선수나 다른 국가적으로 유명한 인물들이 차라리 더 나은 경우가 있다.

함정 : 무엇을 주의해야 하는가

신규시장 진입은 결코 쉽지 않다. 게다가 때때로 사회문제가 그것을 더 어렵게 만든다. 아래는 기업들이 백도어 시장 진입전략을 사용할 때 흔히 빠지게 되는 함정들이다.

1. 자선의 함정에 빠지지 말라

백도어 시장 진입전략을 사용하다 보면, 혁신은 난데없이 어디로 가고 다시 자선 프로그램이 되는 경우가 많다. 특히 협력 파트너들이 지원금이나 재정적 기부를 요청할 때는 더욱 더 그렇게 된다. 그것도 백도어 시장 진입전략의 일부분이 될 수도 있겠지만, 다시 강조해서 말하건대 자선이 핵심이 아닌 것이다. 테스코나 라이프뷰요이, 코카콜라 등과 같은 사례들에서 보듯이, 자선이 큰 사회적 효과를 내기에는 한계가 있다. 따라서 이러한 기업들은 현금이 아닌 그들의 공급망 체인, 유통 네트워크, 마케팅 전문성, 비즈니스 활동 그 자체 등의 기업 자원을 활용해서 더 많은 사회적 효과를 만들어 냈다. 요점은 바로 높은 사회적 가치를 만들어 낼 수 있는 비즈니스 전략을 만드는 것이다. 이 전략을 제대로 하려면 독창성, 시장 통찰력, 그리고 방대한 양의 조사를 필요로 한다. 앞서 언급한 엑손의 예를 보듯이 자선도 항상 쉬운 것만은 아니다.

2. 피라미드 하부 시장 그 이상을 생각해라

최근 몇 년 동안 인도와 아프리카 시장에 대한 홍보가 많이 되었다. 어쩌면 피라미드 하부 시장은 이미 많은 거품이 생겼는지도 모른다. 그 시장은 확실히 가치가 높은 시장이다. 하지만 피라미드 하부 시장만이 미개척 시장은 아니다. 백도어 시장 진입전략은 어느 시장이나 쓸 수 있다. 심지어 미국에서도 가능하다. '음식사막'은 그저 한 가지 예일 뿐이다. 백도어 시장진입 기업사회혁신 전략을 통해 엄청난 사회적 효과와 비즈니스 성장을 만들 수 있는 (새로운 유통채널을 만드는 것과 같이, 필수적 제품과 서비스에 대한 접근성을 올리는 것과 같이, 새로운 공급망을 만드는 것과 같이) 시장은 많다. 잘 드러나지 않는 시장에서 기회를 찾기 위해서는 시간을 써야 한다. 그 시장이 어쩌면 가장 가치가 높은 시장일지도 모른다.

3. 지나치게 약속하거나 적게 하지 말라

사회문제는 언론에서 많이 다룬다. 이것은 장점이 될 수도 있고 단점이 될 수도 있다. 만약 어떤 사회문제를 다루려고 하고, 그 해결을 위해서 비즈니스 자원을 쓰려고 한다면 마무리도 잘해야 한다. 왜냐하면 모든 이들이 보고 있기 때문이다. 테스코는 극빈층 시장에는 상점 오픈을 하지 않았고, 노조와 대화도 꺼렸지만, 끝까지 약속을 지켰다. 테스코의 '프레쉬&이지' 매장은 시간 당 10달러를 임금으로 지불했다. 이는 유통업계 기업들 최저임금보다 1달러 50센트가 높은 금액이었다. 또한 경쟁기업들과는 달리 임직원들에게 건강보험도 가입해주었다.[45] 또한 지역 YMCA에서 일자리 박람회를 열어서 수 백만 명의 신청자들을 초대했다. 거기서 지역 매장에 필요한 인력을 채용하기도 했다.[46]

LA의 옥시덴탈 칼리지의 도시환경정책 연구소의 아만다 쉐퍼는 이렇게 말한다.

"기업이 성공적인 결과만을 부각시키는 광고를 할 수도 있다. 하지만 그게 그저 기업 비즈니스의 한 부분을 커버하려는 인상적인 마케팅 캠페인이라면 경쟁기업들과 차별화 하기는 힘들다. 대중들도 허와 실을 알게 될 것이다."[47]

하버드 케네디스쿨의 제인 넬슨은 코카콜라의 매뉴얼 유통센터 전략에 대해서 이렇게 말한다.

"기업이 국제개발 분야에 있어서 빈곤을 퇴치하는 가장 지속가능한 기여 방법은 기업의 핵심역량을 사용해서 그들의 비즈니스 활동을 책임감 있고 포용적이며 수익성 높은 방식으로 하는 것이다."[48]

이 전략을 적용하기 위해서는 기업의 사업목표와 연관되는 미개척 시장을 찾고, 당신의 핵심 비즈니스와 특정한 사회문제를 연결하여 진입할 수 있는 방법을 찾아야 한다. 기업이 잘 하는 분야에서 사회문제 해결책을 찾는 방법은 다양할 수 있다. 코카콜라처럼 새로운 유통 모델을 만들거나 유니레버의 삭티처럼 유통인력 개발을 하거나 테스코처럼 소규모 매장을 여는 방식이다. 백도어 시장 진입전략은 성과 높은 비즈니스 수익을 창출하면서도 지속가능한 사회적 가치 효과를 낼 수 있는 방법이다.

제6장

전략 3 : 고객들과 정서적인 유대감 만들기

지금까지 우리는 비즈니스 수익도 높이고 사회적 효과도 높이는 서브마켓과 백도어 시장 진입전략을 살펴보았다. 이미 소개된 두 가지 전략 모두 기업의 명성을 높이고 잠재적 소비자층을 확대할 수 있지만, 이 장에서 소개하는 전략은 고객 충성도를 높이는 강력한 전략이다. 나는 이 전략을 '고객들과 정서적인 유대감 만들기'라고 부르겠다. 기업사회혁신 고객의 경험을 의미 있는 사회문제 해결과 연결시켜서 기업의 브랜드와 고객 간에 가족과 같은 유대감을 구축하는 것이다. 오늘날 다양하고 차별성을 내기 힘든 상품과 서비스의 물결 속에서 브랜드에 영혼을 불어넣는 것은 값으로 따질 수 없을 정도로 가치 있는 일이다.

오피스맥스의 더 나은 날 만들기

'더 힐즈The Hills'라는 리얼리티 TV 스타 오드리아 패트리지는

2009년 가을 다시 고등학교로 돌아갔다. 수업을 들으러 간 것이 아니었다. 오드리아는 오피스맥스를 대신해서 천 달러 상당의 무료 학교용품을 그녀의 전 선생님인 코제트 페티트에게 전하러 간 것이다.

이것은 오피스맥스의 3년짜리 프로젝트인 '더 나은 날 만들기A Day Made Better initiative : ADMB' 의 일환이었다. ADMB의 목표는 간단했다. 선생님들이 수업에 필요한 문구를 직접 사지 않도록 하는 것이다.(오피스맥스는 이러한 수업을 '선생님이 펀딩하는 수업' 이라고 불렀다.)

ADMB를 시작하기 전에, 오피스맥스는 고객들에게 어떤 사회문제가 해결이 되어야 하느냐고 물었다. '교육' 이 압도적인 대답이었다. 오피스맥스는 학교 수업에 필요한 문구를 많은 선생님들이 직접 사서 쓴다는 사실을 발견하였다. 자그마치 연간 40억 달러나 되었다.[1] 오피스맥스는 이 문제를 널리 알리고 미국 학교의 선생님들에게 무료로 문구를 제공하기로 결정했다. 이 아이디어의 결과가 ADMB이다.

오피스맥스는 2009년, 미국의 1,200개 학교와 멕시코와 캐나다 지사를 통해 100개의 학교를 지원하기로 목표를 세웠다.[2] 2009년 10월 1일, 4,000명의 오피스맥스 임직원 자원봉사자들은 해당 교실을 방문해서 선생님들과 학생들에게 무료 학습용품을 전달했다.(교실 당 평균 120달러 상당의 물품) 예를 들면, 연필과 종이, 디지털 카메라, 이동 카트, 회전의자 등이다.

오피스맥스가 파트너로 삼은 비영리기관은 '교실 입양하기Adopt -a-Classroom' 였는데, 선생님들이 개인 비용으로 쓰는 물품 비용을 줄여 주기 위해서 기부자와 교실을 연결해 주는 활동을 하는 기관이었다. 이 비영리기관은 오피스맥스로 하여금, 천 개가 넘는 오피스맥스 매장이 위치한 학교를 파악할 수 있도록 지원해주고 기부를 받을 만한 모범적인 선생님들을 선택할 수 있도록 해 주었다. 오드리아 패트리지와 함께 영화배우 페니 마살도 그녀의 출신 학교를 방문해서 물품을 전달했다. 다코타 패닝, 더스틴 호프만, 제시카 심슨과 같은 다른 유명인들도 함께 했다. 방식은 그들이 가장 좋아하는 선생님들에게 특별한 선물을 주는 형식으로 진행되었다.[3]

오피스맥스는 ADMB를 통해 긍정적 사회변화를 만들면서 비즈니스에도 도움이 되도록 설계했다. ADMB를 '선생님들을 위한 지원을 전국적으로 확산하도록 고무시키는' 방식으로 시행한 것이다.[4] 자연스럽게 목표 대상의 학교들은 ADMB의 지원을 감사하게 생각했다.

플로리다주 마이애미에 있는 한 초등학교 교장은 "더 나은 날 만들기 프로그램은 아이들과 수업에 필요한 물품들을 제공해 줌으로써 선생님들의 사기를 올려 주고, 궁극적으로 우리 학교가 제공하는 교육의 질을 향상시켜주었다"고 말했다.[5] 관련 데이터도 동일한 결과를 말해 주고 있다. 교실 입양하기 기관의 기부자에 의해 입양된 교실이 832%나 증가하였으며 150번의 뉴스 방송과 125번의 인쇄와 온라인매체 기사가 나가면서 선생님들이 직접 돈을 써서 진행하는 수업에 대한 문제를 대중들이 인식하는 데 많은 도움을 주었다. 또한 4,460만 명의 사람들이 그 뉴스나 기사를 보았다(이 숫자는 관련 뉴스나 기사들이 커버한 시청자나 독자의 수이다).[6]

이 놀라운 숫자들은 그 자체로도 중요한 의미를 가진다. 오피스맥스의 대외협력책임 임원인 빌 보너는 "우리 캠페인을 통해서 수천만 명의 지역사회 영웅이 알려지고 도움을 받게 되었다"[7] 라고 말했는데, 이러한 높은 인기는 오피스맥스의 고객층에게도 알려져 감동을 주고 다양한 비즈니스 효과를 만들어 냈다. ADMB는 오피스맥스의 가장 큰 고객시장인 교육시장을 목표로 한 것이었다. 또한 ADMB는 오피스맥스의 가장 중요한 고객층인 '이브'를 타깃으로 한다. 이브는 사무용품을 구매하는 30~40대의 여성 고객들이다. 주로 학부모, 선생님, 아니면 둘 다인 사람들로, 이들은 '일상의 가치'를 중요시하는 고객들이다.[8] 이브들은 교육 문제에 대한 관심도가 높고 교육을 의미 있는 방법을 개선시키는 노력에 아낌없는 찬사를 보내는 고객층이다. 보너는 이렇게 말한다.

"사람들은 진정성 있는 노력을 보고 싶어 하고 그들이 그렇다고 믿는 프로그램을 인정한다."[9]

따라서 ADMB는 이러한 수 천 명의 이브들과의 감정적인 유대감을 쌓을 수 있도록 설계되었다. 왜냐하면 그러한 이브들은 사무용품 시장을 주도하며, 오피스맥스의 인지도, 시장점유율, 매출에 지대한 영향을 미치는 고객층이기 때문이다. 예를 들면 ADMB 행사 한 달 후, 오피스맥스의 ADMB 웹사이트에는 6천 번의 방문이 이루어졌는데, 이 중 79%가 이 고객층에서 나왔다.[10] 오피스맥스에 따르면, ADMB 성공을 증명하는 한 가지 지표는 ADMB 물품 패키지의 일부분으로 제공된 브로슈어에 있는 쿠폰 교환권이었는데, '6자리 수의 매출'을 높일 수 있는 비결이 되었다.[11] 아울러 오피스맥스는 ADMB의 직접적인 결과로 몇 군데의 학교 지역에서 공공 입찰을 따게 되었다. 왜냐하면 ADMB 프로그램을 하는 것 자체가 다른 입찰 경쟁기업들에 비해서 많은 차별성을 주었기 때문이다.

한 영업대표의 얘기에 따르면, 그녀의 팀이 ADMB 차원에서 방문했던 학교의 교장 선생님은 다른 학교 교장 선생님들 네트워크에 가서 오피스맥스와 일하도록 설득까지 했다고 한다. 또한 다른 영업팀 얘기로는, 한 교사는 그 동안 스태이플스Staples의 고객이었다며 이제 '충성도 높은 오피스맥스 고객'이 되겠다고 약속했고, 다른 교사들에게도 오피스맥스에서 구매를 하도록 권유하겠다고 했다고 한다.

ADMB는 고객(소비자나 학교를 포함해서)뿐만 아니라 다른 그룹에도 영향을 미치도록 설계되었다. 오피스맥스 임직원, 오피스맥스 협력업체인 종이, 연필, 클립 판매회사 등은 그들의 핵심 비즈니스가 강력한 사회적 효과를 낼 수 있도록 연결이 될 수 있다는 것에 고무되었다. 오피스맥스는 수 천 명의 임직원들과 직간접적으로 ADMB를 연결시켰다. 예를 들면 행사 날 선생님들에게 줄 물품을 상자에 싸도록 하는 것이다. 오피스맥스의 선임 매니저, 매장 매니저, 유통 매니저 등의 임직원들은 교실 입양하기 비영리기관을 통해 수 천 개의 온라인 물품 상품권을 선생님들에게 나누어 주었다. 또한 오피스맥스는 ADMB가 임직원들에게도 긍정적인 영향을 끼쳤다는 여러 증거들을 확인할 수 있었다. 즉 85%의 임직원들은 ADMB가 팀워크를 다지는 데 도움이 되었다고 말했으며, 94%의 임직원들은 ADMB가 회사와 지역사회의 관계를 돈독하게 만들었다고 대답했다. 99%는 ADMB가 오피스맥스 일원인 것을 자랑스럽게 만들었다고 답했다.[12] 한 직원은 이렇게 말했다.

"나는 지금까지 25년간 오피스맥스를 다녔다. 내가 보기에 ADMB는 그 동안 오피스맥스가 한 일 들 중에서 최고라고 생각한다."

오피스맥스는 이러한 만족도가 임직원을 더 행복하게 하고 생산성 높게 만들었다는 것에 대해 만족한다. 사실 ADMB를 시작하게 된 계기 중 하나는 오피스맥스가 보이시 – 캐스케이드^{Boise-Cascade}사와 합병한 이후 임직원들의 사기를 진작하게 하기 위해서였다. 오피스 맥스는 ADMB를 통해서 소기의 목적을 달성할 수 있게 된 것이다.

이렇게 긍정적인 사회적, 비즈니스적 효과를 동시에 거두게 된 ADMB는 그저 한 번 하고 마는 캠페인이 아니라 연간 행사가 되었고 오피스맥스 브랜드와 문화와 일심동체가 되었다. 사실 2008~2009년 경제 침체로 회사 예산이 삭감되고 구조조정이 되었을 때도 이 ADMB는 아무런 조정을 받지 않았다.

오피스맥스는 이 프로그램의 가치를 인식하고 있었고, ADMB가 목표 시장에 도달하는 데 많은 도움이 되었으며 주요 고객층들과 정서적인 유대감을 통해서 사회문제를 해결하였다는 것을 높이 평가했다.

혁신 : 전략이 성공한 이유는 무엇인가

고객들과 정서적인 유대감을 만드는 기업사회혁신 전략은 미래의 브랜드 마케팅이다. 브랜드를 위해 좀 더 깊이가 있는 목표를 만들고, 고객들과 경험을 연계하고, 회사 전반에 그 사회문제 해결을 위한 공감대를 만드는 것이다. 경제 위기는 많은 기업들로 하여금 고객들과의 관계를 재정립하도록 만들었다. 월마트와 같은 기업은 새로운 가치 기반의 정신을 추구하는 수 백 수 천 만 명의 소비자층을 얻게 되었다.[13] 어떤 기업들은 고객들을 잃고 그나마 있는 고객 충성도도 약해졌다. 양 쪽의 경우 모두, 고객을 얻는 게 중요한 것이 아니라 고객을 유지하는 게 중요한 것이라는 사실을 알려 준다. 즉 고객을 두고 기업 간의 경쟁이 그만큼 심화되었다는 것이다. 갤럽의 조사에 따르면, 토원이나 다른 전문가들은 이렇게 말한다.

"마케터들은 고객층을 유지하는 것보다 더 많은 것을 원한다. 하지만 그것은 그저 고객들의 '행동'일 뿐이다. 중요한 것은 고객의 '충성도', '기쁨', 심지어 '복음화'이다. 이 모든 것의 핵심은 고객을 기업과 연결시키는 지속적인 심리적 유대감이다."[14]

감정적인 유대감이 핵심인 것이다. 하지만 정서적인 유대감을 만드는 것(특히 세탁 세제, 은행, 사무용품과 같은 감정적인 면과는 별로 관련이 없는 제품이나 서비스)은 쉽지 않다. 기업들에게는 전통적인 마케팅을 넘은 새로운 전략과 제품 특성을 살리면서도 고객들과 심리적인 연결성을 구축하는 새로운 방법이 필요하다. 좋은 고객 서비스와 스마트한 제품 포장은 어느 기업이나 하는 것이다. 기업, 브랜드, 사회적 의미를 연결시키는 것은 고객들과의 연대감을 구축하기 위한 아주 강력한 접착제 기능을 한다. 사실 이것은 전혀 새로운 게 아니다. 2008년 기업은 15억 달러 이상을 공익 마케팅에 썼다.[15] 하지만 이제는 그저 좋은 공익적 주제와 '연계하는 것'만으로는 부족하다. 어느 기업이나 자기 기업 특성에 맞도록 그렇게 하고 있다.(예를 들면 크래프트 푸드가 기아 문제를 다루듯이)

감정은 몰입을 요하고, 몰입이 되려면 심오한 의미가 있는 관여가 수반되어야 한다. 이 점이 바로, 고객과의 정서적인 유대감을 만드는 기업 사회전략의 효과가 극대화 될 수 있는 부분이다.

정서적인 유대감을 만드는 전략을 가능하게 하는(그리고 지극히 평범한 공익 마케팅과 차별성을 만들어 주는) 요소들은 기업사회혁신을 만드는 보증 마크이다.

확실한 비즈니스 목표를 가져라

실질적인 투자수익률return on investment : ROI을 만들어 내고, 주요 비즈니스 우선순위를 연관시켜야 한다. 단기 판매를 위한 프로모션으로는 고객 충성도를 높일 수 없다.

핵심 비즈니스를 활용하라

고객 유대감을 자극하려면 기업의 핵심 비즈니스 엔진을 발동시켜 사회문제를 해결해야 한다. 영향을 줄 수 있는 핵심 부분을 공략하라.

새로운 가치를 창조해라

이 전략은 고객과의 유대감을 활용하여 사회적 자본시장의 잠재된 가치를 건드리는 것이다. 오피스맥스의 경우, 고객 충성도를 만들어 내고 임직원들의 자발적 노력을 이끌어 냈다.

의미 있는 사회적 변화를 만들어라

비영리기관 X를 위해 10센트를 기부하는 것만으로는 한참 부족하다. 의미 있는 유대감을 만들어 내기 위해서는 무언가 의미 있는 사회적 변화를 만들어 내야 한다.

이 전략은 제대로만 하면 정말 강력한 효과를 발휘한다. 예를 들어 맥도널드의 로널드 맥도널드 자선하우스_{Ronald McDonald House Charities: RMHC}의 경우를 보자. 이 자선하우스는 병원에서 심각한 병으로 치료를 받는 아동이 있는 가족들에게 '가정을 떠난 집'과 같은 혜택을 제공한다. 포틀랜드의 이 자선하우스에서 묵었던 한 가족이 RMHC에 대해서 얘기를 하는 것을 들어 본 적이 있다.

"그 자선하우스는 정말 우리 인생을 구했어요…. 어떻게 감사를 해야 할지 모르겠어요…. 이제 우리는 남은 인생 동안 다른 레스토랑에서는 먹지 않겠어요!"

나는 이들과 같은 충성도 높은 고객들을 '골든 고객'이라고 부르겠다.

로널드 맥도널드 자선하우스에서 묵었던 모든 가족들은 로널드 맥도널드 케어 이동서비스를 쓰게 되고 로널드 맥도널드 패밀리 룸을 쓰게 되어 결국 맥도널드는 매년 400만 명이 넘는 골든 고객들을 만들게 된다![16]

그럼 한번 따져 보자. 1인당 평균 페이스북 친구가 110명이 있다고 한다.[17] 만약 맥도널드 프로그램을 이용한 가족 중 10%만 친한 친구들에게 얘기를 한다면 맥도널드는 4,400만 명의 사람들과 감정적 유대감을 잠재적으로 쌓을 수 있다는 얘기다. 이 얼마나 많은 사랑과 고객 충성도가 넘치는 얘기인가!

오피스맥스도 ADMB 전략을 통해서 수 백 수천 만 명의 고객들과 강력한 정신적 유대감을 쌓았다. 한 선생님은 이렇게 외친다.

"크리스마스보다 더 좋은 걸요. 정말 신나는 일이에요!"

ADMB로 인해 감동받은 선생님들이 오피스맥스 말고 다른 데서 학습용품을 사겠는가? 같은 학교의 다른 선생님들은 어떨까? 그 지역사회의 다른 사람들은 DMB 얘기를 지역 뉴스에 알리고 싶지 않 겠는가?

잊지 말자. 감정적 유대감은 고객들 하고만 쌓을 수 있는 것은 아 니다. 오피스맥스는 임직원 만족도도 크게 증가한 것을 알 수 있었 다. 또한 ADMB로 인해 공급업체들의 선한 의지도 많이 얻을 수 있 었다. 소비자들과 함께 비즈니스 가치를 만드는 감정적 유대감의 힘 도 크지만, 임직원들이 얻는 가치도 엄청나다. 갤럽의 최근 한 조사 에 따르면, 임직원이 기업과 감정적인 연결을 느낄 때 그들의 자발 적인 노력은 빠르게 증가한다고 한다.[18] 기업사회혁신의 핵심은 가 치창조이다. 사회문제를 해결하는 과정에서 막대한 비즈니스 가치 가 창출되는 것이다.

맥도널드의 자선하우스나 오피스맥스의 ADMB는 어떻게 보면 기존의 기업 자선활동과 별로 다르지 않게도 보인다. 하지만 기업사 회혁신을 만드는 것은 프로그램 그 자체가 아니다. 사회적 효과를 만들어 내기 위해 구축되는 강력한 유대감이 기업사회혁신의 핵심 인 것이다. 기업들이 고객들과 감정적인 유대감을 만드는 프로그램 을 설계할 때 성공의 열쇠는 핵심 비즈니스를 활용하여 의미 있는 사회적 변화를 만들어 내는 것임을 꼭 기억해야 한다. ADMB는 이 것을 확실하게 실행했다.

맥도널드 자선하우스는 맥도널드의 핵심 비즈니스인 햄버거 매 장을 활용한 것은 아니지만, 이미 대부분이 맥도널드 고객들인 자선 하우스 이용 고객들은 직접적으로 만들어진 사회적 효과를 깊고 의 미 있는 유대감을 느낌으로서 그 감정이 맥도널드의 핵심 비즈니스 에 연결되었다.

아래는 고객들과 정서적인 유대감을 만드는 몇 가지 트렌드를 소개한 것이다.

1. 의미를 찾아라

오늘날 많은 사람들은 수표 그 이상의 의미를 찾는다. 8,500만 명의 베이비부머는 이제 은퇴세대가 되고 있고, 5,000만 명의 X세대 젊은이들은 일과 직장 사이의 균형을 찾고 있다. 또한 7,600만 명의 인터넷 세대에게 사회적인 의식은 이미 그들의 DNA에 깊이 박혀 있다. 그러나 그들은 그저 좋은 일만을 신봉하는 것은 아니다. 그들은 근본적으로 전 세계의 문제를 해결하고 싶어 한다. 한 평론가는 이렇게 말한다. "당신은 그저 혁신하는 것만을 하려고 하는가? 아니면 세계를 바꾸는 엄청난 것을 꿈꾸는가?"[19] 증거는 명백하다.

61%의 13~25세 젊은 세대들은 이제 세계에 진정으로 변화를 만들기를 원하고 있다. 작년만 해도 81%의 젊은이들이 자원봉사 활동을 하였고, 69%는 쇼핑을 할 때 제품을 만드는 기업의 사회적, 환경적 활동을 염두에 두고 구매를 한다고 한다. 83%는 어떤 기업이 사회적, 환경적으로 책임감 있는 활동을 한다면 기업을 좀 더 믿을 수 있다고 대답한다.[20] 이러한 추세는 비단 젊은 세대만이 아니다.

하버드 비즈니스스쿨의 사회적 기업 클럽Social Enterprise Club은 하버드 내에서 가장 큰 학생 클럽이다. 넷 임팩트Net Impact는 좀 더 사회적, 환경적으로 지속가능한 세계를 만들기 위해서 기업의 힘을 활용하여 사람들을 고무시키고, 교육시키고, 준비시키는 미션을 가진 비영리기관으로, 전 세계 15,000명의 회원을 가지고 있다.

제1장 사회적 자본시장의 성장에서 보았듯이 로하스^{LOHAS} 방식은 점점 더 인기를 얻고 있다. 건강과 지속가능한 생활습관을 위한 로하스 방식은 사람들이 점점 더 개인적 개발에 돈을 쓰고, 지속가능한 인생을 추구하고, 환경이나 사회 정의에 집중을 하도록 영향을 미치고 있다.

로하스는 미국의 6,300만 명의 소비자층을 구성하고 있으며 그들의 연간 구매력은 2,270만 달러에 달한다.[21] 점점 더 많은 숫자의 사람들이 의미 있는 삶을 추구하고 있으며 그들은 기업들이 그들의 가치와 연결해주기를 바라고 있으며 그런 기업들을 더 가까이 하려고 노력하고 있다.

2. 이제 공익의 상품화에는 차별화가 필요하다

제3장 기업사회혁신에서 얘기했듯이 요즘은 모든 기업들이 개인 차원이든, 회사 차원이든, 어떤 공익적인 주제와 연결해서 활동을 하고 있다. 이제는 그저 어떤 자선 기관에 재정 지원을 하는 것만으로는, 혹은 고객들에게 기업들을 대신해서 그렇게 하도록 요청하는 것만으로는 효과가 없다.

심지어 어떤 이는 '공익 세탁^{cause-washing}'이라고도 한다.[22] 따라서 이 분야는 이제 고도의 기술을 필요로 한다. 즉 기업 활동과 사회 문제를 그저 연결만 하는 것이 아니라, 그 연결이 해당 기업에 어떤 의미가 있는지를 잘 연구해야 한다.(즉 사회적 기능과 기업의 비즈니스 기능과의 명확한 연결성)[23] 하지만 오늘날 이런 사회문제와 기업 간의 논리적인 '일치'도 이제 더 이상 충분하지 않다. 이제 중요한 것은 그 감정적인 유대감이 가져오는 실질적 효과가 더 중요한 것이다. 기업이 이것을 달성하기 위해서는 단조로운 연결이나 피상적인 일치를 더 넘어서야 하며(예를 들면 해당 물품을 구매하거나 페이스북 광고를 클릭하면 어떤 비영리기관에 10센트를 기부한다거나) 실질적으로 사회문제를 해결하는 방법을 찾아야 한다.

하버드 비즈니스스쿨의 마케팅 교수인 캐스츄리 랑간에 따르면, "이제 진정성 있는 브랜드 기업들은… 기금 모금하는 방법이나 기금 지출 내용을 투명성 있게 공개할 뿐만 아니라 어떻게 사회적 효과를 내고 있는가를 보여주고 있다. … 정말 차별화를 하고자 하는 기업은 이 단계를 더 넘어서야 한다."

감정적 유대감은 사실 마약과도 같다. 싸구려 공익 캠페인에 너무 식상한 고객들은 이제 저항감도 쉽게 느끼고 있다.

3. 브랜딩에 있어서 단조로움을 넘어서라

공익 마케팅은 이제 우리가 흔히 보는 일이 되어 버렸다. 모든 기업이 공익 마케팅을 하고 있다. 유통 매장에는 61개의 다양한 브랜드의 썬 블락 제품이 있고, 40가지 종류의 치약이 있으며, 150개의 립스틱 브랜드가 있고, 230개 다른 종류의 비누가 진열대에 올려져 있고, 175개의 다른 상표의 샐러드 드레싱이 있으며(이탈리안 드레싱 종류만 16개), 275개의 선택을 할 수 있는 시리얼 제품이 있고, 22개 다른 유형의 냉동 와플과 85개 각기 다른 브랜드의 크래커와 285가지

의 쿠키 종류가 있다.[24]

경쟁은 끝도 없다. 인터넷으로 인해서 이제 정말 세상은 평평해졌고 장벽이 낮아졌다. 이로 인해서 가격, 품질, 편리성들의 제품 차별화 요소는 효과가 없어졌다. 이제 이것들은 정말 동일한 요소가 되어버렸다. 그 결과, 선택의 기회는 엄청 다양해졌으며 특히, 유통업계에서는 더 심하다. 이런 상황이 기업에게 주는 시사점은 무엇인가. 이제 기업은 새로운 차별화 요소가 필요해 졌다는 것이다. 어떻게 그들의 브랜드를 시장과 연결시킬 것인가, 어떻게 기존 소비자들의 충성도를 높일 것인가, 어떻게 신제품에 지속가능한 가치 제시를 할 것인가, 어떻게 소비자들이 그 가치를 믿고 구매하게 할 것인가가 문제이다. 《새로운 미래가 온다A Whole New Mind》의 저자인 다니엘 핑크는 이렇게 말했다.

"시장 진열대에서 넘쳐 나는 풍부함 때문에, 이제 기업들이 제품과 서비스를 차별화 시킬 수 있는 방법은 오직 외형상 아름답고 감정적으로 설득력 있게 만드는 것뿐이다."[25]

고객들과 감정적 유대감을 만드는 것은 이러한 트렌드를 전략과 연결하여 기업과 고객 간에 진정하고 지속가능한 유대감을 구축함으로써 고객의 충성도와 브랜드 가치를 높이는 길이다.

방식 : 어떻게 실행해야 하는가

오피스맥스의 ADMB는 단순 자선이나 공익 마케팅과는 다른 차별화된 전략적 요소를 가지고 있다. 고객과 정서적인 유대감을 만드는 데 있어서 필요한 몇 가지 요소를 소개한다.

1. 결과를 소유하라

사람들은 이제 가치보다 결과를 중요시한다. 결과란 사회적 개입이나 전략이 만드는 행동, 조건, 상태의 변화를 말한다. 오피스맥스의 경우, 교육이 주제였고, 선생님들이 자비로 가르치는 교실의 문구용품을 지원하는 것은 결과였다. 그것도 오피스맥스가 직접 소유할 수 있는 결과였던 것이다.

오피스맥스는 어떤 주제에 대해서 관심을 유발하고 공급업체들, 언론, 고객층의 지원을 만들어 냄으로써 교육이라는 주제 속의 어떤 하나의 문제를 실질적으로 해결한 것이다.

많은 기업들은 어떤 공익적 주제나 이슈를 소유하기를 원한다. 에이즈, 헬스케어, 교육, 유방암 등 무수히 많다. 하지만 주제나 이슈는 그저 커다란 문제일 뿐이다. 그런 주제나 이슈는 범위가 너무 커서 어떤 한 기업이 해결하거나 소유할 수 없다. 고객들이나 임직원들은 이제 기업이 하는 활동들이 현실에서 실질적인 변화를 만들어 내고 전 세계 사람들의 생활을 실제적으로 향상시키고 있다는 것을 보고 싶어 한다. 바로 이 점이 많은 기업들이 부족한 측면이다.

P&G는 이런 교훈을 빨리 터득했다. 유니세프와 함께 팸퍼스 캠페인을 시작했을 때 홍보회사를 통해서 주요 소비자층인 엄마 계층에 대한 포커스 그룹 조사를 실시하였다. P&G는 유니세프와의 파트너십을 설명했고, 산모나 아기가 고생하는 파상풍은 예방이 가능한 질병이며, 매년 30만 명의 산모들이 이 질병으로 사망하며, 매 3

분마다 1명의 아기가 죽어가고 있다고 설명했다. 따라서 팸퍼스 1개를 살 때마다 P&G는 7센트씩 유니세프에 기부하겠다고 발표했다. 그런데 반응이 별로였다. 그래서 P&G는 새로운 엄마들로 구성된 포커스 그룹을 모아서 이번에는 가치를 다르게 제시해 보았다. 당신이 팸퍼스 1개를 살 때 팸퍼스는 유니세프에게 파상풍 백신 1개를 위한 지원을 하는데, 이를 통해 17개 개발도상국의 산모들과 신생아들이 목숨을 구할 것이다. 팸퍼스를 사는 것은 이들의 생명을 구하는 일이다.

이번에는 해당 포커스 그룹의 반응이 그야말로 폭발적이었다. 즉 사람들은 이슈가 아니라 결과를 원하는 것이다(여기서 7센트는 1개의 파상풍 백신 비용이다). 또한 P&G는 결과를 소유할 수 있고 달성할 수 있도록 만들었다. 실제로 2010년 초, P&G 고객들은 5,000만 개의 백신을 27개국에 지원할 수 있었다.[26] 유니세프가 집계하기를, 48개국의 파상풍을 퇴치하기 위해서는 3억 8,600만 개의 백신이 필요하다고 한다.[27] 팸퍼스의 글로벌 목표는 향후 3년 동안 50%가 넘는 2억 만 개의 백신을 지원하는 것이다.[28]

이 전략은 월마트, 타겟, 테스코 등과 같은 유통 매장 안에서 팸퍼스에 대한 가시적인 관심도를 유발시킴으로써 P&G의 지원에 상응하는 막대한 효과를 안겨 주었다. 팸퍼스 매출 성장은 당연히 수반되는 결과였다.[29]

2. 핵심과 연결하라

어떤 회사도, 아무리 대기업일지라도, 마케팅을 통해서 사회문제를 다 해결할 수는 없다. 반드시 핵심 비즈니스 시스템을 활용해야 한다. 오피스맥스는 사무용품을 파는 회사다. 그게 바로 오피스맥스가 하는 일이다. 게다가 공급업체도 오피스맥스의 핵심 비즈니스의 일부분이다. 선생님들이 자비로 가르치는 교실 문제 해결을 지원하는 것은 오피스맥스로서는 자연스러운 일이었으며 어렵지 않는 일이었다. 그 주제에 기업의 혹은 고객의 돈을 기부하는 것보다는 비즈니스 시스템을 활용해서 문제 해결책을 찾았다. 오피스맥스는 오타와에서부터 일리노이까지 수천 명의 비판매직 임직원들을 동원해서 선생님들에게 줄 ADMB 물품 상자를 포장했다. 또한 공급업체로부터 많은 현물 제품 기부를 받았다. 심지어는 임직원의 가족들도 기부에 참여했다. 한 임직원의 형은 선생님들에게 줄 레벨 표시지를 모두 기부했다.

오피스맥스는 비즈니스 플랫폼을 활용해서 진정한 사회적 가치를 만들어냈다. 그것도 공급과 수요를 적절하게 연결해서. 더구나 오피스맥스의 비즈니스에 도움이 되는 방식으로 말이다. 만약 당신 기업이 이미 하고 있는 일과 잘 아는 일을 연결시킬 수 있다면 가장 큰 효과를 만들어 낼 수 있을 것이다.

3. 사람들을 의미 있는 방식으로 연계하라

한 CVS 편의점에서 내가 물건을 사는 데 점원이 나에게 성 쥬드 병원을 지원하기 위해서 내가 사는 물건에 1달러를 더 낼 의향이 있느냐고 물어 보았다. 나는 물었다. "이 해당 기업이 1달러를 더 내는 겁니까? 아니면 내가 1달러를 더 내는 겁니까?" 그랬더니 그 점원은

"당신이죠"라고 대답했다. 나는 그 기업 제품 브랜드에 존경심이 줄어들었고 이용당한 느낌마저 들었다.(내가 그 기업 제품을 사면 그만큼 그 기업은 수익을 보지 않는가?)

아쉽게도 이러한 방식이 요즘 공익 마케팅이 실행되는 방식이다. 그저 기업이 자선기관에 수익의 몇 센트를 기부한다고 해서 (내가 당한 경우와 같이 고객의 돈으로 기부를 한다고 해서) 고객들과 유대감이 쌓이거나 사회적 가치가 만들어 지는 것은 아니다. 그저 돈이 순환되는 것뿐이다.

정서적인 유대감은 치열하게 얻어 내는 것이다. 전략이 효과적으로 성공하려면 진정성을 가져야 한다. 이를 위해서는 그저 돈을 기부하는 게 아니라, 의미 있는 방식으로 행동을 해야 한다. 오피스맥스는 ADMB를 가지고 구매 요청을 하거나 수혜 학교들이 후속으로 오피스맥스 제품을 구매하도록 요구하지 않았다. 오피스맥스 임직원들은 직접 손으로 물품들을 교실에 전달했고, 감동적인 현장에서 경험을 함께 했다. 이러한 노력들은 오래 기억에 남는다. 기억할지 모르지만 오피스맥스 직원 99%가 ADMB를 통해 그들이 오피스맥스에 다닌다는 사실을 자랑스럽게 말했다고 했지 않은가.

4. 다른 사람들이 당신 기업 이야기를 하도록 만들어라

좋은 인상을 주는 가장 좋은 방법은 다른 사람이 당신 얘기를 하게 만드는 것이라고 한다. 보통, 엄마들은 다른 사람 얘기를 하기를 좋아한다. 따라서 팸퍼스는 번쩍이는 광고나 언론기사를 만들려고 노력하기보다는 엄마들이 대신 소문을 내도록 했다. P&G는 '팸퍼스 엄마 블로그 이벤트Pampers Mommy Blogger Event'를 개최하여 웹에 능숙한 엄마들 대상으로 캠페인을 하였다. 한 엄마 블로거는(이름이 알파맘인) 이렇게 적었다.

'남들을 돕는 것은 엄마들의 천성이다…. 아프리카 앙골라에서 찍은 브라이언 맥클리어리(P&G 아동케어 제품 대외협력 책임자) 영상을 보고 방에 있는 모든 사람들이 눈물을 흘렸고, 세상을 변화시키고자 느끼지 않는 블로거는 한 명도 없었다.'[30]

엄마들은 특히 소문을 내도록 할 수 있는 좋은 방법을 가지고 있다. 바로 블로그 사이트에 넣을 수 있는 온라인 기부 배너이다. 당연히 알파맘은 자기 블로그 사이트에 이 배너를 달았다. P&G의 파트너인 유니세프는 위버 맘(학교 활동에 활발하게 참여하는 엄마들을 일컬음– 역주) 프로그램에서 활약한 영화배우 살마 헤이약의 도움을 얻어서 기부활동을 독려하도록 만들었다. 오피스맥스도 ADMB 확산을 위해 여성들의 힘을 활용하였다. 2009년에 오피스맥스는 32명의 영향력 있는 소셜 미디어 여성 스타, 혹은 맥스 맘이라고 불리는 사람들을 초대하여 재정 지원이 부족한 교실의 어려움을 알렸다. 이 맥스 맘들은 이 주제에 대해 120개가 넘는 블로그 포스트를 남겼고, 7,000개의 트위터 트윗을 통해 전파되었다. 오피스맥스는 지역 학교 선생님들을 위한 학습용품 기부 모집 행사를 32개 도시에서 실시했고, 웹상에서는 이 내용에 대해 1,100만 번의 방문 건수가 일어났다![31]

사실 온라인은 하나의 방법일 뿐이다. ADMB가 변화시킨 것은 임직원, 교사들, 학생들, 그 부모들, 그리고, 유명 연예인 자원봉사자들이었으며 이들은 오피스맥스의 훌륭한 구전 홍보대사가 된 것이다.

5. 다양하게 연결해라

고객과 정서적 유대감을 만드는 것은 그저 하나의 행사나 프로모 션을 만드는 것과는 다르다. 그것은 고객, 임직원, 그리고 관심 있는 사람들을 다양한 사회적 변화를 만드는 360도 브랜드 경험에 몰입시 키는 것이다. HSBC도 이런 면에서 좋은 사례를 만들었다. 이 글로 벌 금융서비스 기업은 2005년 '탄소 제로' 주제를 다룬 최초의 대규 모 은행 기업이었고 그 노력에 대해 많은 상을 받은 바 있다.[32] 이 전 략을 확장하기 위해서 HSBC는 탄소 제로화에 관련된 새로운 소비 자금융 제품과 서비스를 만들어 냈다. 그것들을 지속가능한 비즈니 스에 관련된, 예를 들면 환경 책임 보험이라든지, 환경 리스크 컨설 팅, 몇몇 나라에서 벌어지는 밀림 보호나 공기 정화에 관련된 활동 과 연계하는 소비자 보험상품, 소액대출 상품, 중국의 시골지역 은 행 상품이었다.[33] HSBC는 자선활동과 비즈니스 전략을 연계하여 1 억 200만 달러 규모의 지역사회투자 금액 중 75%를 환경과 교육 주 제 관련 활동에 지원하였다.[34] HSBC는 또한 기후 변화를 HSBC의 대출 정책에 중요한 3가지 주제 중 하나로 선정하였다.[35] 이러한 총 체적인 활동은 HSBC 비즈니스와 고객들과의 정서적 유대감을 깊 이 심어주었고, 기후 변화에 대한 HSBC 신념과 그 진정성을 널리 알리는 데 지대한 역할을 하였다.

정서적인 유대감을 쌓는 것은 많은 돈이 들지는 않는다. 사실 오 피스맥스는 ADMB를 위해 아주 적은 예산을 썼고, 프로모션이나 마케팅에는 거의 돈을 들이지 않았다. 하지만 새롭고 혁신적인 전략 을 사용함으로써, 중대한 사회문제를 해결하는 비즈니스 플랫폼을 만들어 기업사회혁신을 현실화 시킬 수 있었다.

당신의 브랜드와 좋은 공익적 주제를 연결시키는 것은 누구나 생각할 수 있다. 하지만 고객들과 진정한 정서적 유대감을 만드는 것은 쉽지 않다. 공익 마케팅과 고객과 정서적 유대감을 쌓는 기업사회혁신 전략 사이에서 흔히 빠질 수 있는 몇 가지 함정에 대해서 소개한다.

1. 경영진의 지원이 없으면 시작하지 마라

정서적인 유대감을 만드는 전략에 대한 좋은 아이디어는 조직의 어느 부서에서나 나올 수 있다. 하지만 그러한 것은 비즈니스 자체와 깊은 연관이 있기 때문에 반드시 경영진의 전폭적이고 가시적인 지원이 있어야 한다.

오피스맥스는 다양한 시범 프로젝트를 실행했다. 예를 들면 하루에 5개 장소만 한다든지, 매장이 있는 장소들만 한다든지 하는 식으로 말이다. 이러한 활동은 경영진에게 해당 아이디어의 성공 가능성을 어필하는 데 도움이 된다. 또한 중요한 것은 경영진에게 이것은 자선 활동이 아니라 비즈니스 가치 제시라는 것을 확실히 인지시켜야 한다. 간단히 말해서 만약 당신이 주요부서(운영, 구매, 마케팅 등)의 지원을 얻을 수 없다면 이 전략을 성공시킬 수 없다.

2. 넘겨짚지 말라

이 전략을 위해서 기업은 숙제를 충분히 해야 한다. 당신이 잘 모르는 고객층과는 절대 감정적인 유대감을 쌓을 수 없다. 어떤 고객층에 도달하고 영향을 미치기를 원하는가? 그 고객층들은 어떤 사회문제를 가장 중요하다고 생각하고 있는가? 오피스맥스는 이브 고객층의 선호도, 요구사항, 관심사를 파악하는 데 많은 노력을 기울였다. 즉 그들이 어떤 가치를 제일 중요하게 여기는지, 어떤 타입의 제품을 좋아하는지, 오피스맥스 매장에서 어떤 경험을 했는지, 어떤 브랜딩을 좋아하는지 등이다. 하지만 이런 것들은 사실 마케팅 조사보다 더 많은 것을 요구한다. 즉 당신 기업이 어떤 사회문제를 다루는 게 제일 어울리는지, 어떤 방법으로 그 문제를 해결하는 게 가장 효과적인지 등과 밀접하게 관련이 있다.

오피스맥스는 사실 '교육' 그 이상을 건드렸다. 즉 선생님들이 자비로 학생들을 가르치는 내용은 고객층들의 심금을 울렸고 효과를 극대화 시킬 수 있었던 것이다. P&G도 '아동을 위한 자선'을 넘어서 차별화를 만들 수 있는 사회문제를 선택하여 집중할 수 있었던 것이다.

3. 공익 마케팅과 헷갈리지 말라

고객과 정서적인 유대감을 만드는 것은 단기 프로모션 활동으로는 만들 수 없다. 또한 비영리기관과 파트너십을 맺거나 공익적 주제에 그저 몇 센트 기부하는 것으로도 부족하다. 왜냐하면 고객들과 깊고, 의미 있는, 지속적인 연결을 만들어 냄으로써 사회문제를 해결하는 데는 반드시 핵심 비즈니스를 활용해야 하기 때문이다. 팸퍼스의 예를 보자. 대부분의 엄마들은 모두 생명을 구하고 싶어 한다.

한 엄마 블로거의 얘기를 빌어 보자.

"팸퍼스 캠페인은 손쉽고 단순한 방식으로 개발도상국의 엄마들을 돕고 싶어 하는 선진국의 엄마들을 서로 이해시키고, 연결시켜주었다."[36]

4. 기업과 기업 사이에도 유대감을 만들 수 있다

고객들과 정서적인 유대감을 만드는 것뿐만 아니라, 기업과 기업 사이에도 유대감을 쌓는 것은 가능하다. 기업은 사람들로 구성되었고 사람들은 연대감을 느끼기를 원한다.

맥도널드 경우를 예로 들어보자. 맥도널드는 로널드 맥도널드 자선하우스Ronald McDonald House Charities : RMHC를 통해 다른 기업들과 유대감을 쌓을 수 있었다. 주요 파트너들 중 사우스웨스트 항공 Southwest Airlines은 RMHC를 사우스웨스트 항공의 가장 우선순위 기업자선 대상으로 삼았다. 사우스웨스트 항공 임직원들은 정기적으로 RMHC에서 자원봉사 활동을 하며, 사우스웨스트 항공이 취항하는 모든 도시의 RMHC의 저녁 행사를 1년에 2번 후원한다. 또한 사우스웨스트 항공은 '희망의 정신The Spirit of Hope' 이라는 특별 디자인된 항공기를 최초의 RMHC 13주년 기념식에 헌정했다. 이를 통해 사우스웨스트 항공은 맥도널드 브랜드와 지속적인 유대감을 쌓았고, 사우스웨스트 항공 임직원과 고객들에게 RMHC 프로그램과 감정적인 유대감을 만들 수 있도록 하였다.

고객들과 정서적인 유대감을 쌓는 기업사회혁신 전략의 비결은 임직원, 고객, 비즈니스 파트너들과 인간적이고 진정성 있는 관계를 만드는 것이다. 오늘날 시장은 경쟁이 심하고 차별화를 하기 힘들다. 더구나 새로운 고객층을 만드는 것보다 기존 고객층을 유지하는 게 더 어렵다. 고객들과 정서적인 유대감을 쌓는 기업사회혁신 전략은 기업이 의미 있는 사회적 변화를 만들기 위해서 노력하여 관련된 비즈니스 효과도 얻을 수 있는 최적의 방법이다.

제7장

전략 4 : 인재채용을 위한 파이프라인 만들기

요즘은 인재를 찾기가 너무 어려워졌다. 노동력이 부족해서가 아니다.(사실 실업률은 16년 중 가장 높다.) 오히려 비즈니스의 변화 속도가 워낙 빠르기 때문에 교육이 그 속도를 맞출 수 없어서 인재가 부족한 것이다. 신입사원들은 기업이 원하는 특정한 기술을 가진 사람들이 많지 않다. 바로 이런 면이 기업사회혁신 전략이 필요한 부분이다. 인재 파이프라인을 만드는 것이다.

미국 교육 시스템은 기업이 원하는 인재를 양성해 주는 데 실패하고 있다. 물론 기업들은 이런 상황을 괴로워만 하고 있지는 않는다. 대안적 교육 프로그램들을 통해 적극적으로 나서서 자기 기업들이 필요한 산업 분야에 맞는 젊은(그러나 아주 어리지는 않은) 인재들을 교육시키고 있다. 이러한 새로운 인재 파이프라인은 지역사회에도 경력을 만들기 위한 소중한 기회가 되고, 기업에게는 좀 더 효과적으로 인력을 뽑을 수 있는 좋은 길이 되고 있는 것이다.

트래블러스 보험회사Travelers Insurance도 쉽게 포기하는 회사가 아니었다. 자산 1,000억 달러에 연간 매출이 250억 달러인 이 보험회사는 원하는 것은 무엇이든 꽤 해낼 수 있는 회사이다.

하지만 트래블러스도 회사가 설립된 하트포드 도시에서는, 적어도 하트포드 공립학교에서는 거의 포기해야만 했다. 설립 후 최근 몇 년 동안, 하트포드 공립학교를 발전시키기 위해서 12개 이상의 비영리기관에 몇 십만 달러 이상을 보충교육 프로그램 및 다른 활동에 지원을 해보았다. 하지만 하트포드 학생들의 수준은 계속 떨어지기만 했다. 사실 하트포드는 하트포드가 속한 코네티컷 주의 학교 중 하위수준의 학교 그룹 중에서도 평균 이하였다.[1] 하트포드가 미국의 전체 순위에서 꼴찌 중 두 번째가 된 것도 놀랄 만한 일이 아니었다. 아이러니한 것은 하트포드가 미국에서 두 번째로 잘 사는 코네티컷 주에 있는 도시라는 것이다. 또한 코네티컷은 부유층 학생과 빈곤층 학생의 학력 차이가 가장 큰 주이다.[2]

트래블러스 재단 CEO 말레네 입슨에 따르면, 학교와 관련된 프로젝트를 하는 직원들의 사기는 땅에 떨어졌고 하트포드 도시 전체에서는 어떤 프로젝트도 상황을 좋게 할 수는 없다는 회의주의가 지배적이었다.[3] 트래블러스는 점점 좌절했고 별 개선을 보이지 못하는 프로그램에 기부를 계속해야 할지 말아야 할지에 대해서 고민했다. 고민하던 끝에, 그들은 새로운 하트포드 교육감 스티븐 아다모스키를 만났다. 아다모스키는 2006년 말부터 하트포드 교육감을 맡았고 교육자이자 학교 시스템 개선자로 박사학위와 35년 이상 일한 경력을 가지고 있었다. 또한 그는 성공적인 신화를 가진 인물이었다.

1998년부터 2002년까지 그는 총체적 교육 개선 프로그램을 가지고(예산, 교사 평가 및 연봉제 연동이 포함된 책무성 시스템) 신시네티 공립학교를 발전시켜 미국 내에서 성공적인 사례로 만든 바 있었다.[4] 트래블러스 매니저들에게 특히 중요했던 것은 아다모스키가 그들이 이해할 수 있는 용어를 썼다는 점이다. "그의 접근법은 기업인들에게 상식이 통하는 방법이었어요"라고 CEO 말레네 입슨은 말했다. 아다모스키는 피상적인 해결책이 아니라 12년짜리 계획을 내놓았다.

그는 코네티컷의 학교 시스템은 전체적으로 연간 1%씩 향상되고 있으니 하트포드가 그 성장률을 따라가려면 4배는 빨리 변해야 한다고 했다. 또한 그는 하트포드 도시의 29%라는 저조한 학생 졸업률을 문제점으로 들었다.[5]

아다모스키의 계획은 트래블러스의 프로그램과 어떻게 연결이 되었을까? 아다모스키의 계획 중 중요한 요소는 '학교 선택 모델'이었다. 특정 주제에 집중하여 그 목적에 맞는 맞춤형 교육 환경을 만드는 것이다. 이 분야를 위해 아다모스키는 트래블러스가 하트포드 고등학교를 마치 기업의 캠퍼스 같이 운영하기를 원했다. 즉 학생들은 학교에서 배운 것을 트래블러스 사무실에서 적용하는 것이다.

트래블러스는 그 아이디어가 마음에 들었다. 왜냐하면 학생들에게 보험 산업의 개념과 기회에 대하여 교육시킬 수 있기 때문이다. 하지만 트래블러스는 학교 전체를 책임지는 것은 원하지 않았다. 대신에 몇 개의 기업이 함께 지원하는 보험과 금융 서비스 아카데미를 열 것을 제안했다. 이렇게 하면 책임을 트래블러스만 지지 않아도 되고 학교 지원 프로그램에 대한 트래블러스의 경험을 다른 기업들에게 나누어 줄 수 있기 때문이다. 또한 모든 아카데미 수료 학생들을 트래블러스가 채용하지 않아도 되었다.

트래블러스는 이 아이디어에 대해 아다모스키와 2007년에 논의하였고 다음 해에 이 새로운 보험과 금융 서비스 아카데미가 핵심 요소가 되는 하트포드 공립학교 개선 프로그램에 100만 달러 지원을 약속하였다. 이런 투자를 위해 다른 지원 프로그램 규모를 줄여야 했지만 트래블러스는 교육 분야 지원은 좀 더 집중된 접근법이 더 많은 효과를 내고 비용을 상쇄할 수 있을 것이라고 믿었다. 트래블러스의 조기의, 그리고 공격적인 교육 지원 투자는, 다른 기업들에게도 협력과 교육 시스템 개선 가능성에 대한 자신감을 주었다. 아카데미를 위한 지원에 투자를 약속한 기업은 와쵸바 웹스터 은행Webster Bank과 하트포드 은행이었다. 그들은 도심 지역 내 500개의 고등학교 경력 아카데미 네트워크를 가진 국립 아카데미재단National Academy Foundation: NAF과 파트너십을 맺었다. 그래서 생겨난 보험과 금융 서비스 아카데미가 바로 기업고등학교High School, Inc.이다.

2009년 가을에 생겨난 하트포드의 새로운 '모든 선택' 시스템은, 고등학교 예정 입학자와 1학년들이 원하는 아카데미를 선택할 수 있게 해주는 시스템이었다. 그들이 선택한 아카데미들은 예를 들면, 간호, 언론, 친환경 기술 등 총 12개 아카데미 기관들이었다. 기업고등학교는 독립적으로 운영되는 기관으로 보험이나 금융 서비스 분야에서 일하고 싶은 400명의 9~12학년 고등학생들을 수용할 수 있도록 설계되었다. 기업 색깔로 만든 커리큘럼은 국립 아카데미재단의 금융교육 모델을 기반으로 하였다. 이 모델은 학생들에게 기본적으로 영어, 수학, 과학, 사회학 등의 과정을 가르치면서도 보험과 금융 서비스에 대한 경력을 가지는 데 도움이 되는 과정이 중심이었다.

이 특별한 아카데미는 보험(건강보험 포함), 은행, 투자/증권, 국제 비즈니스, 금융 서비스 등의 내용을 가르쳤다. 또한 학생들은 특별하게 고안된 과정에 대한 계획된 결과를 습득할 수 있었으며, 인턴십(70개의 유급 인턴제 자리)을 통해 적용할 수 있는 실제적인 경험을 얻을 수 있었다. 또한 프로그램은 멘토들과의 교류, 대화형 점심, 직업 찾기 지원, 개인 교습, 현장 실습 프로그램도 포함되어 있었다.[6]

지원기업들이 관심을 가지는 큰 부분은 프로그램이 잠재적인 비즈니스 혜택을 얻을 수 있도록 설계되었다는 것이다. 특히 인재채용 부분에서 말이다. 2008년 경제 위기가 시작되기 2년 전인 2006년, 기업들은 인재들을 찾기가 정말 어려웠다. 몇 가지의 통계에 따르면, 80% 이상의 미래 인재들이 도심에서 나왔다. 트래블러스 재단 CEO는 이렇게 말했다.

"대부분의 고등학교 학생들은 '난 언젠가 보험회사에 다닐 거야'라고 생각하면서 성장하지는 않는다. 우리는 대학을 가기 전에 보험이나 금융업계에 대한 도심 고등학교 학생들의 인지도와 준비성 수준을 많이 올리고 싶었다."

동시에 보험 아카데미에 들어오는 학생들도 해당 분야에 기본 관심사가 있기 때문에, 다른 주제의 아카데미 중에서도 굳이 보험 아카데미를 선택하는 것이다. 사실 하트포드 도시는 '세계의 보험 수도'로 여겨졌기 때문에 보험과 금융 관련 아카데미를 설립하는 것

은 논리에도 맞는 일이었다.[7]

따라서 이 아카데미를 통해서 트래블러스는 잠재력이 높은 학생들을 파악하고 그들이 보험업계에서 일하는 기회를 원하도록 만들어 주고 싶었다. 장차 그 업계에서 리더의 위치에까지 갈 인재들 말이다.

아카데미는 미래에 필요한 기술을 가르쳐 주면서도 뛰어난 인재들을 파악하고 찾는 파이프라인이 되어야 한다. "우리는 이 아카데미를 기업의 미래 인재들에 투자하는 선불금이라고 생각한다"고 트래블러스 기업보험 분야 사장이자 아카데미의 자문위원회 공동 회장인 마이클 클라인은 말했다.[8]

물론 학생들도 이 아카데미를 통해서 많은 혜택을 얻었다. 소중한 경력을 만들어 갈 수 있는 좋은 기회이기 때문이다. 기업고등학교의 교장인 테렐 힐은 이렇게 말하였다. "기업에서는 때로는 무엇을 아느냐가 중요한 것이 아니라 누구를 아느냐가 중요하다. 많은 고등학생들은 그런 커넥션을 가지고 있지 않다."[9]

이러한 경력에 관계되는 혜택 이외에도 새로운 프로그램은 학생들에게 학업에서의 발전을 얻을 수 있도록 해주었다. 국립 아카데미 재단의 금융교육 모델을 기반으로 한 이 기업고등학교는 일반적으로 90%의 졸업률을 자랑하였으며 80%는 대학에 진학하였다.[10]

혁신 : 전략이 성공한 이유는 무엇인가

인재채용을 위한 파이프라인을 만드는 것은 미국에서(적어도 부분

적으로는) 교육 문제에 대해서 기업이 오너십을 가진다는 것을 의미
한다. 기업이 직접 나서서 교육 문제에 대한 대안적 해결책을 제시
하고 학생들에게 미래 경력 기회를 제공하는 것이다. 간단히 말해
서, 학교는 기업이 원하는 인재나 능력들을 제공하지 못하고 있고,
기업은 공교육을 기다려주거나 희망을 걸 수 없는 상태이기 때문이
다. 따라서 기업은 공교육 시스템을 넘어, 졸업 후 특정한 경력에 맞
는 기술과 역량을 기를 수 있는 교육을 제공하여 특성화라는 경제적
요구를 충족시키는 것이다.

이러한 차세대 교육 전략은 기업의 목적에 의해 설계되고, 관리
되고, 재정지원이 되기 때문에 학생들이 특정 기업이나 산업계로 이
동하는 파이프라인이 만들어지는 것이다.

IBM의 예를 보자. IBM은 다수의 대학교와 파트너십을 통해 빠르
게 변하는 글로벌 경제(IBM에게는 특히 중요한)에 필요한 기술을 학생
들이 습득할 수 있도록 해주고 있다. 따라서 IBM은 완전히 새로운
서비스과학 경영 엔지니어링Service Science, Management and Engineering
: SSME이라는 학교 교육 과정을 만들어 냈다. SSME는 컴퓨터 과학,
경영 과학, 비즈니스 전략으로 구성되어 있으며 이 분야는 기존의
고등교육 분야에서 다루고 있지 않는 부분이다.

캘리포니아 버클리 대학과 같은 유명대학 출신의 학생들은 이
SSME 자격증을 취득하고 있다. SSME 기반의 교육 과정은 이탈리아
베트남, 남아공, 호주 등 50개국의 250개 학교 기관들에서 운영 중이
다.[11] IBM으로서는 자선적 프로그램이 아니라 핵심 비즈니스 전략
프로그램이다. IBM은 SSME 프로그램에 연간 1억 달러를 투자하고
있다. 더구나 최근 3년 간 펀딩이 30% 증가했다.[12] IBM의 혁신은 학

생들과 기업 둘 모두를 돕는 것이다. IBM과 다른 IT 기업인 제록스 Xerox와 같은 기업들은 SSME가 가르치는 기술을 가진 인재들에 목 말라 있다.[13] 〈월 스트리트 저널〉의 2006년 헤드라인 중의 하나는 바 로 이 내용을 다룬 것이다.

'IBM 전공하기 : 학교 졸업생들의 수준에 만족하지 못한 기업들 이 대학에서 직접 커리큘럼을 설계하고 재정적으로 지원하고 있 다.'[14]

따라서 기업의 교육에 대한 지원은 이제 자선적 열정에서 비즈니 스 우선순위로 전환하고 있는 중이다. 동시에 기업은 교육 전략을 자선에서 기업사회혁신으로 진화시키고 있다. 2007년 한 해 동안 기 업들은 20억 달러가 넘는 금액을 교육 분야에 지원했는데, 효과를 별로 보지 못했다.[15] 인재채용을 위한 파이프라인을 만드는 것은 기 업이 필사적으로 구하고자 하는 인재를 성장시키고 완성시키는 비 즈니스 전략이며 이를 통해 인재들은 훈련되고, 개발되고, 기업으로 흡수되는 것이다.

기업은 다양하고 혁신적인 방식으로 인재를 양성하고 있다. 예를 들 면, 대학 커리큘럼을 특성화한 아카데미 개설이라든지, 도제 제도라 든지, 온라인을 통한 가상적 학습 교실을 만든다든지 하는 방식이다.

배경 : 왜 필요한가

〈워크포스Workforce〉 매거진은 이를 두고 '기업이 이젠 유치원에 도 간다' 라고 표현하였다. '패스트 포워드 : 비즈니스를 변화시키는 25가지 트렌드’라는 제목의 기사를 통해 〈워크포스〉는 이 현상에 관해 이렇게 설명하였다.

‘공교육을 지원하는 기업의 활동은 향후 10년간 계속 증가할 전망이다. 이미 기업은 유치원부터 고등교육까지 변화시키고 있다.’

공교육의 열악한 성과와 인력 시장의 요구를 충족시키지 못하는 학생 수준에 놀란 기업들은 이제 직접 나서고 있다.

워싱턴 DC에서 캘리포니아 스탁톤까지 기업은 새로운 차세대 대학생을 위한 고등학생 교육, 자동차 기계 설비, 인터넷 전문가, 호텔 전문 인력 등과 같은 특성화 전문인력 양성까지 책임지고 있다. 학교와 기업을 연결하는 현장실습 교육은 유치원에서부터 시작하고 다양한 인턴십, 사무실에서 기업 임원과의 미팅, 장년층 학생을 위한 학자금 지원 등 다양하다.[16]

왜 이런 일이 일어나고 있는가? 적어도 미국 공교육에 있어서 기업들이 얻는 직접적인 경제적 관심사는 무엇인가? 기업이 교육에 관련한 기업사회혁신을 개발하는 데는 3가지 요인이 있다. (1) 회사에 필요한 인재를 만들어 내는 데 실패한 공교육 (2) 세계화에 대한 좌절감 (3) 중간적 수준 기술이 필요한 일자리의 증가이다.

1. 회사에 필요한 인재를 만들어 내는 데 실패한 공교육

“오늘날 대부분의 기업들은 미국 교육시스템이 그들이 원하는 인재를 양성하고 있다고 생각하지 않는다.”[17]

이것은 한 공립학교 관리의 말이다. 불행하게도 이것은 아주 적절한 묘사이다.

우리는 공교육에 대한 암울한 지표들을 많이 접하고 있다. 전국적으로 고등학교 중퇴율은 10% 이상이며[18] 4학년 기준으로 아프리칸 아메리칸과 라틴 아메리칸 학생들은 동급의 백인 학생들보다 3년이나 뒤쳐진다.[19] 저소득층 대학생 중 24세까지 단 9%만 졸업하고 있다. [20] 그런데 공교육 비용은 계속 높아지고 있으며 이 글을 쓰는 시점에서 미국의 K-12 교육비용 규모는 5,430억 달러이다.[21] 그 뿐만이 아니다. 다른 OECD 국가들과 미국의 글로벌 학업성취도는 현저하게 차이가 난다. 미국은 수학에서 30개국 중 29위, 과학에서 24위로 포르투갈이나 슬로바키아와 비슷한 수준이다.[22]

그래도 이 문제들은 비즈니스 이슈가 아니라 궁극적으로는 공공 정책 이슈이다. 하지만 기업들이 걱정하고 있는 바는 간단하다. 그 학생들이 우리 기업에 필요한 인재가 될 수 있는가? 적어도 미국 공교육에 있어서만은 '아니오' 이다.

따라서 열악한 미국 공교육은 이제 그저 학업 성취도의 저하 문제만이 아니다. 미래 경력에 대한 준비도가 떨어진다는 것을 의미하는 것이다. 고등학교 수업에서 나무 문 손잡이를 깎는 것을 가르치는 '직업' 교육은 이제까지 좀 경멸적인 투로 얘기가 되고 있었다. 또한 학교에선 '대학' 과 '직업' 교육 사이에 이분화가 되어 있었다. 따라서 그 동안 미래의 인력들이 실용적인 기술 준비를 할 기회는 학업 커리큘럼에 포함되지 못했다. 그 결과, 두 가지 완전히 다른 과정이 진행되고 있었다. 대학에 가는 것은 준비되어 있지만 일자리 찾는 것에는 준비가 안 된 학생들, 대학도 일자리도 둘 다 준비가 안 된 학생들, 이렇게 두 그룹이 양성되고 있었다. 양 쪽 경우 모두, 고등학교부터 심지어 대학 이후에도, 학교는 학생들에게 일자리를 찾아 미래의 실용적인 인력이 되는 것은 가르치지 않았다.

우리는 '모두에게 대학 기회를' 이라는 목표를 가지고 있다. 하지만 우리는 방향을 잘못 짚고 있는 것 같다. 모두에게 대학을 갈 수 있는 꿈은 이루어 줄지 모르지만 그들이 성공적인 직업을 가질 수 있고, 대안적인 경력의 길을 갈 수 있도록 도와주지는 못하고 있는 것이다. 사실 모두가 예일대학을 가는 것은 아니다. 더구나 모두가 예일을 원하는 것도 아니다.(예일 동문들이여, 오해하지 말기를) 애석하게도 많은 학생들이 어떤 대학을 가긴 하지만 중도에 그만 둔다.

결과는 이렇다. 많은 인재들이 이러한 문제들 속에서 실패하고 있다. 하지만 만약 100% 학생 모두 고등학교를 졸업했다고 치자. 기업이 그들에게 원하는 기술의 유형은 고등학교에 가르치는 기술의 유형과 많이 다르다. 우리 경제에 필요한 기술의 유형은 많이 변해왔다. 제조업 집중 일자리에서 서비스 분야 일자리가 많이 늘었기 때문이다. 1995년과 2005년 사이, 300만 개의 제조업 분야 일자리가 없어진 반면에 1,700만 개의 서비스 분야 일자리가 생겼다.[23]

기업은 '21세기 기술유형' 의 시대에서 사업을 운영하고 있다. 비판적인 사고 기술과 복잡한 문제를 분석하는 기술, 데이터 처리 기술, 팀 단위로 해결책을 만드는 기술 등이다. 문제는 학교가 이 요구를 따라가고 있지 못하다는 것이다.

《글로벌 성취도 격차The Global Achievement Gap》의 저자인 토니 웨그너는 이렇게 적었다. '우리 공교육 시스템은 (커리큘럼, 교육 방식, 학생들이 치러야 할 테스트 등) 다른 세기의 다른 시대의 요구사항에 맞춰져 있다.'[24] 그는 기업이 원하는 7가지 기술에 대해서 다음과 같이 얘기한다.

▶ 비판적인 사고기술과 문제 해결 능력

▶ 네크워크를 통한 협력과 영향력을 통한 리더십

▶ 명민함과 적응성

▶ 시도를 하는 능력과 기업가 정신

▶ 효과적인 화술과 작문 커뮤니케이션 능력

▶ 정보 접근성과 분석 능력

▶ 호기심과 상상력 [25]

다니엘 핑크는 그의 저서《새로운 미래가 온다A Whole New Mind》에서 오늘날 경제에서 필요한 기술을 약간 다른 식으로 설명하고 있다. 그는 우리가 '논리적이고, 선형적 사고를 하며, 컴퓨터와 같은 능력을 가진' 지식 노동자를 중요시 하는 정보시대에서 '창조적이고, 감정이입적이며 큰 그림을 보는' 우뇌가 발달한 사고 능력자를 중요시 하는 개념의 시대로 옮겨간다고 주장한다.[26]

핑크의 주장에 따르면 21세기에 필요한 기술은 두 가지 카테고리로 나누어진다는 것이다. 한 가지는 '하이 콘셉트' 기술로, 예술적이거나 감정적인 아름다움을 만들어내는 능력이며, 패턴과 기회를 파악하고, 상대방이 만족할 만한 스토리를 만들어 내고, 언뜻 보면 어울릴 것 같지 않은 아이디어들을 이용해서 새로운 것을 창조하는 기술이다.

또 한 가지는 '하이 터치' 기술이다. 이것은 감정이입을 하는 능력이며, 인간 사이의 교류에서 섬세함을 이해하는 기술이다. 즉 자신의 즐거움을 발견하고 그것을 타인의 즐거움과 연결시키며, 일상적인 것에서 벗어나 인생의 목적과 의미를 찾는 것이다. 이러한 '하이 콘셉트’와 ‘하이 터치’는 전 세계, 글로벌 경제, 사회에서 증가 일로에 있다.

인재를 찾기 위한 기업의 고민이 깊어질수록, 더해서 공교육에서 그러한 인재를 양성하는 능력이 점점 줄어들수록, 기업은 사회 변화를 위해서 자신의 비즈니스 전략을 만들어 내야 할 필요성을 느끼고 있으며, 적합한 인재를 양성하는 교육 프로그램을 실행하고 있는 것이다.

2. 세계화가 만병통치약은 아니다

미국 학교가 다른 나라의 학교를 따라가지 못하고 있다면, 기업은 인재를 다른 나라에서 채용할 수도 있지 않은가라고 질문할 사람도 있을 것이다. 하지만 중국은 연간 95만 명의 기술자를 양성하며 (미국의 연간 6만 명에 비해서) 적어도 7년 경력을 가진 졸업생들이 850만 명이나 된다. 또한 9,500만 명의 훈련된 학생들이 대기 중이다.[27] 미국은 캐나다, 멕시코, 나이지리아에서 대부분의 석유를 수입하는데, 왜 중국이나 인도에서 기술자나 노동력을 수입하지 않는가?

하지만 모든 사람들이 생각하는 만큼 세계화가 인력 문제에 있어서 만병통치약은 아니다.

적어도 상품화된 기능 분야에서는 세계화가 작동을 하긴 한다. 제조, 프로그래밍, 기계, 반복되는 과정(인도에 위치한 콜 센터와 같이)의 고객서비스와 같은 분야, X - 레이 분석과 같은 분야 등이다. 하지만 서비스 지향의 경제는 팀워크, 협력, 효과적인 커뮤니케이션, ‘창조적이고 감정이입이 필요한, 큰 그림을 볼 수 있는 능력’과 같은 21세기 기술을 요구한다.

다니엘 핑크의 말을 인용하자면, 해외에서 인력을 찾는 것은 점점 덜 효과적이 되어간다는 것이다. 최근의 〈맥킨지〉 조사에 따르면, 미국 기반의 기업들은 점점 더 해외 인력을 찾고 있지만, 그들은 '영어 능력이 부족하고, 애매모호한 학업 능력을 가지고 있으며 문화 차이가 많다(예를 들면, 팀 단위로 일한 경험이 많지 않다거나 리더십을 가지고 어떤 일을 만들거나 시작하는 것이 부족하다)는 것이 미국 기업들이 자주 문제로 지적하는 내용이다.' [28] 더 나아가서, 고등교육을 받은 졸업생 인력은 많지만, 미국의 다국적 기업이 찾는 서비스 분야 일자리에 필요한 기술을 가지고 있는 인력은 드물다.

예를 들면 중국 엔지니어의 경우를 보자. 중국은 연간 100만 명 이상의 엔지니어들을 양성하고 있지만 이 학생들은 이론적 배경에는 강하지만 프로젝트나 팀워크로 일해 본 실전적 경험은 부족하다. 따라서 학교에서, 일하는 현장으로 전환이 쉽지 않다.

세계화가 기업의 필요를 충족시키지 못하는 또 하나의 이유가 있다. 신흥경제국에서는 자국의 인력들을 많이 필요로 한다. 이 때문에 미국 기업이나 다른 다국적 기업에는 그들이 뽑아간 인력 이외의 사람들만 남겨지는 것이다. 이를 두고 미국의 사람들은 '역 두뇌 유출' 현상이라고 한다. 미국 기업들이 해외 인재를 미국에서 일하게 하는 데 쉽지 않은 문제도 있지만, 교육이나 일자리를 위해 미국에 온 많은 해외 인재들은 점점 더 미국을 떠나고 있다. 하버드, 듀크, UC 버클리 대학의 공동연구 보고서, '세계 최고의 똑똑한 인재 상실'에 따르면, 미국 학교에서 과학과 엔지니어링을 전공하고 졸업한 많은 외국 학생들이 점점 더 자국에서 일자리를 찾고 있다. 예를 들면, 인도는 몇 년 전까지만 해도 '두뇌 유출' 현상을 심각하게 겪었으나 2007년에는 4,000명이 넘는 인도 IT 전문가들이 미국이나 영국을 떠나 인도의 방갈로로 돌아갔다. 이렇게 중국과 인도와 같은 나라들은 '두뇌 유지' 트렌드를 선도하고 있다. 2001년까지만 해도 35%의 인도의 명문 인도기술연구소Indian Institutes of Technology : IIT 졸업생들은 해외로 일하러 나갔다. 2002년 이 숫자는 16% 감소하였고, 오늘날에는 단 17%의 IIT 졸업생만 미국을 전망 좋은 일자리 제공국가로 본다. 다른 72%는 인도가 그렇다고 말하고 있는 반면에 말이다.[29]

3. '중간적 수준의 기술' 이 필요한 일자리의 중요성

2004년부터 2014년까지 일자리의 45% 정도는 '중간 수준의 기술'이 필요한 일자리라고 한다. 중간 수준의 기술을 요하는 일자리란 고등학교 졸업장 이상의 능력이 필요하지만 대학교 졸업장까지는 필요하지 않은 일자리이다.[30] 미국에서 고급 수준 기술을 요하는 인재 부족에 대해서는 많이 알려져 있지만 정비공, 기계공, 전기기술자, 헬스케어 관리자, 법무법인 보조인력, 경찰관 등 중간 수준의 기술을 요하는 일자리의 가능성에 대해서는 많이 알려지지 않았다.

이런 인력에 대한 수요는 경제 침체에도 불구하고 지속적으로 존재한다.[31] 예를 들면, 헬스케어 관리자 일자리는 대학교 졸업장이 꼭 필요하지는 않은데, 이 일자리 수요는 20~40% 가량 계속 성장 중이며 150만 개의 일자리가 계속 생겨나고 있다.[32] 이와 유사하게, 목수, 벽돌공, 배관공 등의 숙련된 건설업종 일자리는 10~15% 증가하

고 있으며 460만 개의 일자리를 만들어내고 있다.[33]

이 모든 일자리들은 고등학교 졸업장 이상의 학력이나 기술을 요구한다. 따라서 이 점은 기업에게 '대안교육 방식'의 수를 늘리고자 하는 강력한 인센티브를 제공해주고 있다. 따라서 경력 아카데미(하트포드의 보험과 금융 아카데미와 같은)와 같은 대안교육 방식들이 많아지고 있다. 심화된 직업 교육과정을 가르치는 기술학교 및 다른 직업훈련 학교다.(이를 '경력과 기술교육'이라고 한다) 즉 자동차 설비 기술, 컴퓨터 진단, 수소연료전지 등과 관련된 기술교육[34] 1,655개의 커뮤니티 칼리지(연간 등록금이 1,500달러 이하면서도 그만한 가치를 가진 교육을 제공하는), 웹 기반 학습 플랫폼(피닉스 대학교의 온라인 캠퍼스는 현재 165,373명의 학생이 있으며 현재 모든 대학 중에서 최고의 입학률을 자랑한다) 등이다.[35]

기업이 제공하는 도제 제도 방식도 다시 유행처럼 살아나고 있다. 이는 특히 고등학교 중퇴자에게 강력한 해결책으로 작용할 수 있다. 〈타임〉 매거진은 이렇게 보도했다.

'보통 미국인들은 기업이 숙련된 노동력의 부재에 대해서 한탄만 하는 대신 직접 나서서 수많은 대학 미취학생들을 훈련시키고, 아니, 돈을 주면서 가르치고 있는 상황을 잘 이해하기 힘들지도 모른다.'[36]

많은 사람들은 독일의 성공요인을 '벌면서 배우는' 시스템이라고 말한다. 이 시스템 하에서 독일 기업은 산업기술자, 제빵기술자, 헬스케어 강사 등과 같은 350개의 다양한 유형의 일자리를 위해 160만 명의 젊은이들을 훈련시켰다.[37] 이러한 훈련생들의 연간 평균연봉은 약 2만 달러 수준으로 왜 독일이 오직 9%의 낮은 고등학교 중

퇴율을 가질 수 있었는지 설명해 준다. 고등학교 졸업장이 없으면 이런 훈련을 받을 수 없다.[38]

사실 58%의 고등학교 졸업생들은 3년 동안의 훈련 계약을 하고 이 중 3분의 2 이상이 계약기간 동안 정규 일자리를 보장받을 수 있다. 세계화의 압력과 독일 내 노동시장의 감소에도 불구하고 23%의 독일 기업은 이러한 도제 훈련 제도를 지속적으로 제공하고 있다. 이러한 미래인력 훈련방식은 미국에서도 활발하게 시작되고 있다. 약 50만 명의 미국 근로자들이 정규 도제훈련 시스템에 등록을 하였고, 또 다른 50만 명은 다른 형태의 도제식 훈련시스템을 이용하고 있다.[39]

이러한 대안교육 방식들은 기업사회혁신을 위해 준비된 기회들이다. 왜냐하면 기업은 특별한 목적을 가진 훈련 코스를 만들 수 있는 편리한 플랫폼이고, 양성된 인력은 기업이 직접 채용하여 활용할 수 있기 때문이다.

방식 : 어떻게 실행해야 하는가

인재채용 파이프라인을 만들기 위한 올바른 방법은 일단 기업이 원하는 정확한 성과가 무엇인지 먼저 파악하고 그것을 달성하기 위해서 교육 분야 지원에 뛰어드는 것이다. 특히 어떤 비즈니스적, 사회적 결과를 달성하기를 원하는지 판단해야 한다. 일단 대답이 명확해지면 그 다음에 전략 수립과 실행은 더 성공적인 성과를 거둘 수 있을 것이다. 또 알아둘 것은 인재채용 파이프라인을 만드는 데는 어떤 한 가지 정석이 없다는 것이다.

기업은 서로 다른 조직문화, 서로 다른 핵심역량을 가지고 있으며 또한 각자의 요구사항이 모두 다르다. 하지만 한 가지 동일한 것은 인재 파이프라인을 만드는 데 비즈니스 가치와 교육적 가치 두가지가 반드시 연결되어야 한다는 것이다. 당신 기업의 핵심 역량을 활용해서 이 두 가지 모두의 성과를 극대화 할 수 있다면 당신은 기업사회혁신에 뛰어들어도 좋다.

1. 비즈니스 케이스를 만들어라

제일 처음 해야 할 일은 제일 먼저 해야 한다. 무엇을 하든지 비즈니스와 관련이 되는 것을 하라. 수년 간 기업들은 '대표적인' 교육 프로그램들을 만들어서 CEO들에게 기쁨을 주고 자부심을 가지게 만들었다. 이러한 프로그램들은 로봇공학에서 방과 후 학교까지 다양한 모든 것을 다루었다. 하지만 이제 기업은 저 개발된 인력이 미치는 비즈니스 영향에 주의를 기울이기 시작했다. 그저 단순히 하고나서 기분이 좋은 교육 프로그램의 비용에 대해서 깨닫기 시작한 것이다. 즉 이러한 자원들이 비즈니스에 직접적으로 영향을 미치는 교육 프로그램에 쓰일 수 있다면 효과는 더 높을 것이라는 것이다.

여기서 명심할 것은 기업사회혁신은 단순히 기업의 핵심 비즈니스 전략과 연계하는 게 전부가 아니라는 것이다. 오히려 비즈니스 핵심전략을 이끌어야 한다. 그러기 위해서는 비즈니스의 최우선 순위가 무엇인지 명확히 해야 한다. 트래블러스의 경우를 들어 보자.

보험회사의 최우선 비즈니스 순위는 고성장하는 소수인종 보험

시장이다. 인구조사기관에 따르면, 미국의 소수인종 그룹은 9,800만 명에 육박한다. 이것은 미국 인구의 3분의 1이다. 하지만 이 시장에서 사업하는 것은 까다롭다. 트래블러스의 신흥시장 책임자인 돈 데이비스에 따르면, "소수인종 시장에서 사업을 하려면 해당 문화와 용어, 구매습관을 잘 아는 보험 에이전트들이 필요하다"고 말한다.[40] 문제는 트래블러스에 소수인종 보험 에이전트가 별로 없다는 것이다. 보험 에이전시 대표 중 고작 0.8%가 아프리칸 아메리칸이며, 아시안 아메리칸은 1.3%, 라틴계는 1.8% 수준이다.[41]

기업고등학교(하트포드의 보험과 금융 아카데미)는 더욱더 폭넓은 트래블러스의 전략과 연결된다. 그 전략은 '트래블러스의 EDGE Empowering Dreams for Education and Employment ; 교육과 일자리를 위한 꿈을 강화하기' 이다. 이것은 전통적으로 미개발된 고객층과 비즈니스 사이에 고성장 잠재력을 지닌 인재채용 파이프라인을 만드는 기업사회혁신 프로그램이다. 트래블러스 내부의 다양성을 높이는 것은 기업의 최우선 비즈니스 목표와 직접적으로 연결된다. 즉 고성장하는 소수인종 보험고객 시장에 진입하기 위한 인재를 양성하는 것이다. 이러한 비즈니스 목표는 기업고등학교가 만들어내는 인재 파이프라인이 없으면 현실화되기 힘든 목표이다.

비즈니스 케이스를 만들기 위해서는 비즈니스 케이스에 집중하여야 한다. 기업사회혁신이 만드는 "아하!" 모멘트는 자선을 위한 동기가 아니라 기업의 비즈니스 엔진, 자원, 신념, 사회적 효과 등이 복합된 기업사회혁신을 통해서 만들어 진다.

하지만 인재채용 파이프라인이 항상 지역사회에서 비즈니스로만 연결되는 것은 아니다. 때로는 비즈니스에서 지역사회로도 진행된다. IBM은 혁신적인 '역 파이프라인'을 개발했다. 즉 임직원이나 퇴직자에게 제2의 인생 기회를 주는 것이다. '교사로 전환하기 Transition to Teaching'라는 프로그램은 K-12 교육에 관심 있는 임직원들에게 미국 전역 K-12 교육시스템 내에서 교실에서 직접 수학과 과학을 가르칠 수 있는 기회를 주는데, 이를 통해 실력을 가진 교사 부족 현상을 해소한다. 또한 공공서비스 기관과 각종 연방정부 기관들과의 파트너십을 통해서 '정부로 전환하기 Transitions to Government' 프로그램을 운영하고 있다. 이 프로그램은 관심 있는 임직원들이나 퇴직자들에게 그들에게 맞는 연방정부 기관들의 주요 보직을 파악해주고 채용기회를 제공하여 기업에서 정부로 일자리를 전환하게끔 해주고 있다.[42] 두 경우 모두, 기업은 해직, 돈이 많이 드는 조기 퇴직과 같은 전통적인 제도에 관련되는 비용을 줄이면서도 긍정적인 사회적 효과를 높일 수 있다.

2. 핵심 역량을 활용하라

그저 사회적 문제에만 집중하는 노력과 기업사회혁신이 다른 점은 사회문제를 해결하는 데 비즈니스에 도움이 되는 방식으로 기업의 핵심역량을 활용하는 것이다. 어떤 기업은 이 '비즈니스 활용하기'라는 개념을 좀 허술하게 해석한다. 임직원을 비영리기관에 임시 파견하여 해당 비영리기관의 브랜딩이나 웹사이트 등을 지원하는 것도 가치 있는 노력이다. 하지만 그것이 기업사회혁신은아니다.

트래블러스의 경우에 그들의 핵심 비즈니스는 보험을 파는 보험

에이전트를 채용하는 것이다. 미래의 인재를 채용하는 것은 소외 청소년들에게 일자리도 주는 사회적 효과가 있지만, 그 효과를 비즈니스 목적에 맞게 활용함으로써 소수인종 에이전트를 양성하여 채용하는 직접적인 비즈니스 목표를 달성하는 것이다.

시스코Cisco의 네트워킹 아카데미도 핵심역량을 활용한 또 하나의 예이다. 시스코의 핵심 제품은 라우터(네트워크에서 데이터의 전달을 촉진하는 중계 장치 – 역주)이다. 인터넷에 대한 수요는 IT 지원 전문가 공급을 추월했다. 이 문제는 시스코에는 중요한 문제였다. 왜냐하면 시스코의 성장을 제한하는 요소가 되기 때문이다.

따라서 시스코는 네트워킹 아카데미라는 것을 만들어서 소외계층 청소년과 여성들에게 네트워킹과 IT 기술을 가르쳐서 궁극적으로 시스코가 인증한 기술자가 되도록 했다. 이 프로그램은 엄청난 성공을 거두었다. 아프가니스탄에서 짐바브웨까지 165개국의 275만 명의 학생들이 네트워킹 아카데미에 다닌 것이다. 이들 중 91% 학생은 매일 아카데미에서 배운 기술을 사용하고 있으며, 79%는 좀 더 신화된 IT 교육 과정에 있고, 29%는 IT 분야 기업을 창업했다. 이것은 막대한 사회적 효과로 시스코의 핵심 비즈니스를 지원하고 시스코 제품을 팔 수 있는 가능성을 열어 주었다. 바로 이런 것이 기업사회혁신이다.

3. 올바른 파이프라인을 선택하라

인재채용 파이프라인의 진정한 혁신은 교육시스템을 '고치는' 게 전부가 아니다. 기회가 필요한 학생들을 회사의 인력으로 양성하는 대안적 기회를 만들어 주는 것이다. 조심해야 할 것은 한 프로그램으로 모든 것을 다 고칠 수 있다는 생각이다. 비즈니스의 목표에 기반하여 아카데미 방식이거나 혹은 도제 제도 방식이나 아니면 그 중간 방식이거나 가장 잘 효과적으로 작동할 수 있는 모델을 찾아야 한다.

핵심 비즈니스를 활용한 시스코 네크워킹 아카데미 경우에 선택한 모델은 온라인 코스와 온라인과 사용자 간에 상호작용하는 도구였다. 시스코는 학교, 대학, 기업, 비영리기관, 정부 기관들을 포함한 공공과 민간 기관들과의 파트너십을 통해 9,000개의 아카데미 네트워크를 만들었다. 이러한 파트너십은 코스 내용을 개발하고 전달하고 코스 프로그램에 대한 효과성과 접근성을 높이며, 교육과 일자리에 대한 접근성도 높이는 방식이었다. 이를 통해 학생들과 강사들이 목표 달성을 위한 자원을 잘 활용할 수 있도록 하였다. 시스코는 교육 기회, 사업 창업, 일자리 양성 노력을 통해 시스코 아카데미의 학생들과 동창들이 연계할 수 있는 네트워크를 지원하는 정부기관, 기업, 비영리, 국제 NGO들과의 파트너십 네트워크를 만들었다.

시스코와는 달리 트래블러스는, 올바른 방식을 찾기 전에 많은 모델을 시도했었다. 하트포드 공립학교 교육감이 트래블러스에 처음 제안한 방식은 고등학교를 기업 캠퍼스처럼 운영하여 수백 명의 학생들이 트래블러스 사무실에 오고 가는 방식이었다!

트래블러스는 교육에 더 깊숙이 관여하는 그 아이디어가 마음에 들었지만 그렇다고 학교 운영에 전반적인 책임을 질 수는 없었다. 결국 트래블러스는 몇 개의 다른 금융 서비스 기업들과 파트너십을 만드는 보험과 금융 아카데미 모델을 선택한 것이다. 트래블러스가 아카데미를 책임지는 유일한 기업이 아니라는 것을 확신한 후에는 아카데미 운영이나 비용을 분담하는 공동 파이프라인 모델을 개발한 것이다.

기업이 인재채용 파이프라인 모델을 선택할 때는 핵심 비즈니스 목표 이외에 고려해야 할 4가지 기준이 있다.

▶ 참여도 : 당신 기업이 단독으로 학교 프로그램을 설계하고, 커리큘럼을 개발하고 운영할 것인가? 아니면 다른 참여 기업과 파트너십을 맺어 협력할 것인가?

▶ 투자 : 당신 기업은 어떤 자원을 투자할 것인가? 트래블러스의 경우, 초기에는 100만 달러 투자로 시작했고, 1997년부터 시스코는 1억 5,000만 달러를 투자하였다. IBM은 연간 1억 달러를 쓰고 있다!

▶ 결과 : 학생들이 특정 분야에 직접 관심을 가질 수 있게 하는 것을 원하는가? 아니면 지식을 그저 전파하기를 원하는가? 아니면 미래의 고객들과 연계성을 높이기 위해 관련된 학생들을 채용하기를 원하는가? 아니면 이 모두의 조합을 원하는가?

▶ 지역사회 : 지역으로만 한정할 것인가? 글로벌 범위로 확장할 것을 원하는가? 당신 기업이 접근하고자 하는 지역사회나 인구층의 요구사항은 무엇인가? 당신 기업은 어느 측면에서 가장 가치를 더할 수 있는가?

4. ROI을 증명해라

비즈니스에 직접 기여하는 성과를 측정할 수 있도록 설계하는 것이 중요하다. 특히 교육과 같이 비즈니스에 직접적으로 영향을 미치지 않는 분야에 관계된 전략 실행에서는 더욱 신경을 써야 한다.

만약 당신 기업이 교육 분야를 비즈니스 전략으로 다루려고 한다면, 비즈니스 용어를 사용하는 것이 중요하다. 트래블러스는 EDGE의 비즈니스 성과를 추적하는 정교한 가치측정 시스템을 개발했다. 가치측정 내용들로는 새로운 소수인종 보험 에이전트 일자리에 들어간 비용의 투자수익률Return on Investment: ROI, 다양성에 대한 임직원의 호감도, 일자리 알선 업계에서 트래블러스 기업 브랜드 인지도, 보험 판매 파트너들과 같은 비즈니스 파트너들에 준 영향, 주요 이해관계자들에 의한 기업의 인식도 등이다. 트래블러스는 또한 얼마나 많은 후보자들이 관심을 가지는가, 채용 조건을 만족하는가, 그리고 궁극적으로 몇 명이 보험과 금융 서비스 산업에 종사하게 되는가와 같은 인재채용 파이프라인 자체에 대한 평가도 하였다.

대부분의 기업 임원들은 기업의 교육에 대한 투자를 '그저 좋은 일'을 하는 자선적 활동으로만 간주한다. 이것도 나쁜 일은 아니다. 하지만 이러한 교육 지원 프로그램들의 성공은 기업인들이 그 프로그램들을 명확하고 직접적인 ROI를 가진 비즈니스 전략으로 보느냐 안 보느냐에 달려 있다.

오늘날의 사회 변혁가들은 이러한 활동에 대한 기대를 충족시키기 위해 열심히 노력하고 의미 있는 데이터를 제공할 필요가 있다. 이러한 조건들이 충족이 되어야 비즈니스 목표도 달성되고 프로그램도 성공한다는 점을 잊어서는 안 된다. 자선적 전략은 수익의 남은 부분으로 지원이 된다. 하지만 비즈니스 전략은 운영 예산을 넘어서 수익을 창출할 수 있다.

5. 빨리 규모를 키워라

ROI를 보장하는 가장 확실한 방법은 전략을 규모화 시키는 것이다. 그것도 빨리 말이다. 규모화는 양적 효과를 증가시켜 줄 뿐만 아니라 많은 결과를 만들어 초기 투자를 빨리 상환하고 확산할 수 있게 해준다. 여기서 규모화란 그저 수를 늘리는 것은 아니다. 예를 들면 시스코는 네트워크 아카데미 플랫폼이 헬스케어 분야 문제까지 담당할 수 있도록 확장했다. 시스코는 잭슨빌의 플로리다 커뮤니티 칼리지와 파트너십을 맺어 바이오메디컬 엔지니어링 기술 학위 프로그램에 시스코 네트워킹 아카데미 내용을 통합시켰다. 오늘날 연간 1,800명의 학생들이 이 아카데미 프로그램에 참여하여 헬스케어 기능을 가진 다양한 유형의 장비 시스템을 어떻게 설치하고, 사용하고, 유지 보수하는지를 배우고 있다.

플로리다 커뮤니티 칼리지의 이사는 이렇게 말했다.

"바이오메디컬 프로그램이 시작했을 때 학생들은 전자장비와 바이오메디컬 장비 코스만 배웠다. 하지만 지금은 네트워크를 통해서 이 모든 장비들이 서로 연결되어 있다. … 만약 네트워킹이 핵심기술이라면 헬스케어 산업과 다른 산업은 시스코 네트워킹 아카데미 코스가 제공하는 핵심기술 역량을 통해서 점점 더 가까워지고 있는 것이다."[43]

따라서 규모화의 열쇠는 올바른 파트너를 찾아서 활용하는 것이

다. 트래블러스가 보험과 금융 아카데미를 만들 수 있었던 비결은
바로 국립 아카데미재단과의 파트너십이었다. IBM이 SSME 커리큘
럼을 만들 수 있었던 비결은 교육 전문가들과 파트너십을 구축했기
때문이다. 밖에서 잘 찾아보면 인재채용 파이프라인 전략을 통해 훌
륭한 파트너가 될 수 있는 학교 네트워크, 비영리, 커뮤니티 칼리지
들이 많다.

함정 : 무엇을 주의해야 하는가

인재채용을 위한 파이프라인 만들기는 보기에는 쉬워 보일지 몰
라도, 다시 자선활동으로 빠지게 돼 이 전략의 비즈니스 효과를 경
감할 수도 있는 함정이 많다.

아래는 흔히 빠지게 되는 함정들이다.

1. 자선과 파이프라인을 섞지 말라

미국의 공교육 시스템 해결과도 같은 거대한 사회문제를 다루는
것은 당연히 기업이 할 일은 아니다. 따라서 기업은 그러한 활동을
하는 동안 가장 큰 비즈니스 가치는 무엇인가 라는 것을 항상 생각
하고 집중해야 한다. 특히 교육 문제에 있어서, 바다 전체를 끓이려
고 해서는 안 된다는 것이다. 그저 당신 기업과 관련된 부분이나 문
제에만 집중해야 한다.

2. 15년짜리 계획은 무의미 하다

많은 교육 전문가들은 이렇게 말하길 좋아 한다. "현재의 교육문제는 복잡한 문제이기 때문에 기업들은 인내심으로 가지고 장기적인 시각을 가져야 한다"고.

어떤 기업인은 자기 기업 CEO가 '이해하지 못한다' 라고 불평한다. 아니다. CEO들은 이해하고 있다. 그저 기업은 15년이나 되는 장기적인 시간 사이클로 가지 않는다는 것이다. 그들이 신경 써야 할 기간은 분기별, 연간 사이클이다. 따라서 그 기간 내에 성과가 나도록 전략을 설계해야 한다. 장기적인 것은 비영리재단, 정부, 싱크탱크, "아, 맞다, 특히 교육자들에게 맡겨라." 그것이 그들이 해야 할 미션이기 때문이다. 트래블러스가 하트포드 학교를 지원할 때, 비록 장기적인 전략을 가졌지만, 트래블러스는 우수 학생들은 인턴으로 채용하고 '아주 잠재적인 가능성을 보이는' 인턴들을 임직원으로 연간 채용하는 프로그램에 기반을 둔 파이프라인 정책을 썼다.

단기적으로 당신의 비즈니스가 해결할 수 있는 사회문제에 집중해야 한다.

3. 파트너들과는 너무 정들지 말라

학교, 비영리기관, 정부기관 등 파트너들은 다 좋다. 하지만 파트너란 그저 좋은 것만 따져서는 안 된다 결과를 따져야 한다. 트래블러스는 하트포드, 볼티모어, 세인트폴과 같은 지역 대학과 파트너십을 맺었다. 트래블러스는 각 파트너 기관별 주요 성과 지표를 만들어서 재정적 수준과 실행 기간에 비해 합당한 결과를 내고 있는지

평가를 하였다. 성과를 내지 못하는 파트너들과는 오래 일할 수 없다. 따라서 파트너들과는 너무 정들지 말라. 오히려 결과와 사랑에 빠져야 한다. 명심하자. 당신은 결과에 투자해야 하는 것이지 그저 좋은 공익성 주제에 투자해서는 안 된다.

교육 분야는 기업사회혁신이 절실히 필요하다. 날이 갈수록 인재 가뭄에 시달리는 기업은 이제 결정을 해야 한다. 공교육이 빨리 발전하기를 기다리거나, 아니면 대안적 교육 프로그램을 만들어서 기업이 필요한 인재를 양성하고 채용하거나 둘 중 하나이다.

아웃소싱과 세계화의 물결이 현실화 되면서 특성화된 기술에 대한 요구사항은 점점 높아지고 있다. 기업은 이제 교육에 대한 지원은 비즈니스 전략이 우선이며, 그 다음이 사회적 문제라는 것을 빨리 인식해야 한다.

제8장

전략 5: 역 로비를 통해 정책에 영향 미치기

기업과 정부의 관계는 '규제를 받는 자와 규제하는 자', '요청을 하는 자와 요청을 들어주는 자'와의 관계이다. 하지만 이런 관계에 변화가 일어나고 있다. 사회문제를 해결하는 데 있어서 기업은 정부와 함께 일하는 경우가 많아지고 있으며, 그렇게 함으로써 귀중한 비즈니스 혜택을 얻을 수 있다. 기업이 진입하기 힘든 시장에 원활하게 진출할 수 있도록 하는 '백도어 채널을 통해 신규시장 진입하기' 전략은 민관협력을 수반한다.

이 장에서는 어떻게 기업이 정부의 특정한 우선 순위정책을 실행하는 데 도움을 줌으로써 공익과 비즈니스 이익을 얻을 수 있는지 살펴보겠다.

왜 세이프웨이가 보편적 건강보험을 위해 로비를 하는가

많은 이들이 미국의 헬스케어에 대해서 이야기 하고 있다. 또 하나의 그룹이 전 국민 건강보험에 대해서 얘기한다고 하는 것은 그리 놀랄 만한 일이 아니다. 하지만 놀랄 만한 점은 그 주제에 대해서 얘기하는 그룹의 (건강보험 개혁을 위한 연합Coalition to Advance Healthcare Reform: CAHR) 회원들이다. 60여 개가 넘는 기업으로 구성된 이 연합은, 말만 들으면 알 만한 기업들로 제너럴 밀즈General Mills, 글락소스미스클라인GlaxoSmithKline, 위글리Wrigley, 킴벌리-클락Kimberly-Clark, 애트나Aetna, 펩시코PepsiCo 그리고 세이프웨이Safeway이다.

이 연합에서 세이프웨이의 역할은 특히 중요하다. 왜냐하면 이 연합이 세이프웨이의 CEO인 스티브 버드에 의해 설립되었기 때문이다. 세이프웨이의 임직원이나 워싱턴 관계자에게 버드는 그야말로 보편적 건강보험에 찬성할 만한 최후의 인물처럼 간주되어 왔다.

2005년 버드는 노조에게 보험 혜택이 거의 없는 보험 패키지를 허용하게끔 캘리포니아 식료품상들을 지원하였다. 이 조치로 기업의 의료보험 비용은 절감되었고, 임직원들의 파업은 촉진되었다. 뉴스에서는 계산대의 점원들이 집과 차를 잃었고 노조 리더들은 버드를 '악'의 화신, 혹은 '쥐새끼'로 불렀다.[1]

2년 후 버드는 국회의사당에서 극좌 성향의 오레건 주 상원의원인 론 와이든 옆에 서서 민주당이 장악한 상원에서 최초의 보편적 건강보험 제안서를 발표했다. "우리 모두 함께," 버드는 이렇게 워싱턴에서 말문을 열었다, "기업, 노조, 정부, 소비자, 의료보험 제공자 모두 함께 이 문제를 해결합시다."[2]

이 말은 공수표가 아니었다. 버드는 와이든과 함께 1년 동안 협력하여 제안서 초안을 만들었다. 버드가 설립한 CAHR의 명시된 미션은 '높아만 가는 의료보험 비용을 되돌리고 의료보험 혜택을 받지

못하는 사람들의 문제를 해결하고, 모든 미국인들의 건강관리의 질
을 획기적으로 향상시키는 것'이다.[3]

2007년 5월, CAHR는 보편적 건강보험의 확장을 제안하는 정치적
캠페인을 런칭했다. 이 캠페인은 캘리포니아 주지사 아놀드 슈왈츠
제네거의 건강보험 제안을 일부 근간으로 하였다 사실은 슈왈츠제
네거는 세이프웨이의 건강보험 계획의 주요 요소를 만드는 데 도움
을 주었다. 예방적 관리에 대한 인센티브를 포함해서 말이다.[4] 모든
이들에게 적용되는 보험 및 저소득층을 위한 보험금 지원, 기존에
있는 조건까지 포함하는 범위, 건강 위주의 생활습관에 대한 보상
등을 포함한 CAHR 계획은 입법자들에게 강력하게 전달되었다.(보
편적 보험을 반대하던 공화당 의원까지 포함해서)

그렇다면 버드는 왜 갑자기 마음을 바꾸었을까? 표면상으로는 3
가지 이유가 있어 보인다. 개인의 신체적 건강, 국가의 경제적 건강,
세이프웨이의 재정적 건강이다.

보편적 건강보험은 이론적으로는 전국의 국민의 건강을 향상시
킨다. 어떤 유형의 보험 계획을 선택하느냐에 따라 잠재적으로는 그
저 건강 치료만 하는 것 이상으로 건강한 생활습관으로도 유도한다.
사실 버드 자신이 자신의 건강을 챙기는 사람으로 유명하다. 60세의
나이에도 매일 러닝머신에서 달리고 정기적으로 아령을 들며, 식습
관을 관리하고, 세이프웨이의 야구팀 감독도 맡고 있다.[5] 그는 1990
년대 후반에 뉴스레터나 연설을 통해서 임직원들에게 건강한 생활
습관을 가질 것으로 독려하였고, 만성질환 예방을 위한 카운셀링이
나 검사를 해주기도 하였다.[6] 조금 있다가 설명하겠지만, 세이프웨
이는 건강한 생활습관에 대해서 임직원들에게 이미 보상도 해주고

있다.

따라서 버드는 임직원 건강관리 프로그램을 운영하는 고용주에게 인센티브를 제공하고 그 프로그램에 가입하는 임직원에게는 보험을 디스카운트 해주는 내용도 포함하여 건강한 생활습관을 장려하는 와이든의 법안 발의를 보는 게 꽤 즐거웠을 것이다.[7]

보편적 건강보험에 대한 버드의 운동은 미국의 재정상 건강을 개선시키려는 목적도 있다. 그는 점점 높아져서 2015년까지 GDP의 22%를 사용해야 하는 건강보험 비용을 '비상사태'라고 간주하고 그 문제가 글로벌 기업의 경쟁력을 약화시키고 미국 경제를 후퇴시킨다고 말하였다.[8] CAHR에 따르면, 2008년까지 〈포춘〉지 500대 기업의 평균은 수익보다 건강보험 비용이 더 많아질 것이라고 한다. 그가 기고한 〈월 스트리트 저널〉 기사에서 버드는 '시장 중심적인' 건강보험 해결책이 (정부 지원의 계획에 비해서) 미국 건강보험 비용을 40% 낮출 것이라고 주장했다.[9] 그는 사례로 세이프웨이의 자체 건강보험 비용(2005년부터 실시된)을 들었다. 건강한 생활습관에 인센티브를 주었더니, 같은 기간 다른 기업의 건강보험 비용은 38%가 증가한 반면, 세이프웨이의 1인당 건강보험 비용이 4년간 변동이 없었다는 것이다. 심지어 세이프웨이는 건강한 생활습관에 주는 인센티브를 더 증가시킬 수 있도록 허용하는 법안을 요청하였다. 예를 들면 세이프웨이의 건강보험 계획 멤버들이 금연을 하면 매년 312달러씩 보상을 받도록 하는 것 말이다. 사실 회사는 흡연자에게 보험을 들어주기 위해서는 추가로 1,400달러씩 더 비용을 들여야 한다. CAHR 회원들은 임직원의 건강 개선에 대해 보상도 늘리고, 세이프웨이의 건강보험 비용도 낮추고, 미국 전체의 건강 수준도 높이기 위해 공동 노력을 하고 있는 것이다.

　보편적 건강보험에 대한 버드의 지원을 유도한 주요 원인은 사실 자선주의가 아니었다. 세이프웨이의 건강보험 비용을 절감하기 위한 것이었다. 2005년 세이프웨이는 건강보험 비용으로만 수익의 2배인 10억 달러 비용을 지불하였던 것이다. 기업이 보편적 건강보험을 얼마나 반대했는지를 기억하면서 이제는 정작 오히려 찬성으로 돌아선 때 와이든 상원의원은 이렇게 말하였다. "이제는 기업들이, '그렇게 하지 않는 것이 이제는 더 어렵다'고 본다."[10]

　대기업들이 이제는 보편적 건강보험을 찬성하고 있다는 증거는 여러 군데에서 찾아볼 수 있다. 세계 최대의 유통기업인 월마트 CEO 마이크 듀크는 2009년 여름, 오바마 대통령 행정부를 지원하기 시작하였고 진보적 싱크탱크와 국제노조 임직원, 서비스리더 모임 리더들이 '고용주의 책임employer mandate'이라는 제안을 통해 의료보험 법안 개혁을 요구하는 모임에도 가입하였다. 고용주의 책임 제안내용은 고용주들이 임직원 건강보험을 제공하든지, 아니면 미보험자를 보호하기 위한 공적 펀드에 공헌을 하든지 선택하는 게 그 내용이다.[11] CAHR의 계획은 사실 고용주가 새로운 시스템에서 무엇을 해야 하는지 자세히 얘기하는 내용은 없기 때문이다.

　와이든의 법안은 고용주가 임직원의 임금을 높여 보험을 들게 하는 방법을 써서 '현금으로 해결하는' 방법도 있는데, 이는 원래 기존에 개인적으로 보험을 들고 있는 사람들에게 그 보험을 유지하게 하는 방법이다.[12] 또한 그 법안은 세이프웨이처럼 이미 임직원에게 건강보험을제공하고 있는 기업에게는 공적보험 펀드에 분담금을 약간 낮춰주는 내용도 있다. 당연하게 세이프웨이의 임직원들에게

는 버드의 건강보험 비전이 사익이 배제된 것으로 인식하기는 어렵
다. 왜냐하면 그들은 버드가 그 동안 얼마나 보험 문제를 가지고 노
조와 싸워 왔는지 알고 있고, 모든 임직원이 자격 요건이 되기에는
많은 시간이 걸리기 때문이다.(시간제 근로자를 위해서는 1년)[13] 매출의
1% 정도로 식료품 산업계의 수익이 박하다는 것을 알고 있기 때문
에, 버드에게는 건강보험 혜택을 줄이고자 하는 이유가 있었고, 세
이프웨이 고객은 계속 월마트에 가고 있기 때문이다. 사실 월마트가
캘리포니아에 입점한 것이 버드와 그의 팀이 임직원 혜택을 줄이고
자 하는 실질적인 첫번째 이유이다.[14]

동기는 둘째 치고라도, 버드나 다른 CEO들의 보편적 건강보험에
대한 움직임은 새로운 트렌드를 반영하고 있다. 기업들이 힘을 합쳐
정부, 노조를 비롯한 다른 분야와 함께 강력한 사회적 가치를 지닌
정부 정책을 밀어 붙이기 위해서 협력하는 것이다

CAHR의 홈페이지에는 '늦으면 참가할 자리가 없을 것입니다'
라는 문구가 있다. 즉 보다 많은 기업들이 참여하기를 바라는 것이
다. 이미 많은 기업들이 참여하였고, 더 많은 기업들이 참여를 고려
하고 있다.

혁신 : 왜 이 전략이 성공할 수밖에 없는가

기업은 공공부문과 협력하는 방법에 대해서 다시 생각하고 있다.
한 개의 주제를 가지고 법안이 제정되도록 노력하거나 도움을 요청
하는 것보다, 기업은 이제 정부가 사회적 문제를 푸는 데 있어서 기

업의 리스크도 줄이고 비즈니스 혜택도 얻는 방식으로 협력 관계를 구축하고 있는 것이다. 기업은 이제 법안이 제정되고 정책이 발효되도록 승산 없이 계속 로비하는 것보다는 좀 더 스마트한 방법을 택하고 있다. 즉 정부와 파트너십을 만들어서 사회 발전을 좀 더 가속화하고 그러는 중에 기업에게 좀 더 유리한 방향으로 되도록 만드는 것이다. 나는 이러한 전략을 '역 로비reverse lobbying' 라고 부르겠다. 하지만 이건 과거의 전통적인 로비와는 다르다. 직접적인 정책 운동이며 심화된 민관협력이다.

역 로비는 2가지 이유에서 발생한다.

첫째, 사회문제는 기업의 수익에 직접적으로 영향을 미친다.

둘째, 정부는 적어도 사회문제를 해결하는 데 있어서 민간 분야와 직접 협력하는 것에 대해서 이전보다 더 개방적이다. 어떤 이는 이러한 경향을 '공익을 위한 로비' 라고 부른다. 즉 기업은 기업의 영향력이 미치는 범위 내에서 자선과 관련된 이슈나 사회문제를 해결하도록 협력하는 과정에서 비즈니스 혜택을 얻을 수 있기 때문이다.(예를 들면 학교 건립이나, 복지 개선, 습지 보호 등)[15]

하지만 역 로비는 페덱스FedEx가 2010년 아이티 지진 이후 아이티에 의료 구호 비행기를 제공한 것이나, GE가 2004년 쓰나미로 인한 동남아시아의 재난에서 피해자 확인을 위해 법의학 전문가를 파견한 것과 같은 전략적 자선의 개념을 훨씬 뛰어 넘는다. 전략적 자선은 간접적인 비즈니스 혜택을 주기도 하고, 장기적인 전략적 비즈니스 가치를 추구하기도 하지만, 역 로비는 기업의 핵심 비즈니스의 성공을 위한 보다 직접적인 효과를 얻기 위해서 사회 변화에 집중한다는 점이 다르다.

역 로비가 항상 쉬운 것은 아니다. 기존의 로비 활동을 포함하여 수많은 요소들이 역 로비의 필요성과 성공을 요구한다.

1. 기존의 로비 활동은 정책 운동으로 전환되고 있다

기존의 로비는 그다지 효과가 높지 않다. 효과가 높아질 수 있는 환경이 만들어져 있지도 않다. 1995년 발효되고 그 이후 2번 개정된 '로비 공개 법안The Lobbying Disclosure Act: LDA' 에 따르면 연방정부 로비스트, 기업, 산업협회 등은 국회에 등록을 해야 하며, 그들의 활동을 공개적으로 보고해야 한다. 이 법안은 비밀 미팅과 돈 가방이 갑자기 특정 산업에 유리한 정책으로 이어지도록 하는 시대를 끝장냈다. 동시에 홍보, 풀뿌리 운동, 이 장에서 이야기되는 역 로비를 포함한 광범위한 로비 활동은 LDA의 범위를 벗어난다. 왜냐하면 이들은 로비 활동이라기보다는 정책 운동으로 간주되기 때문이다.[16]

매 선거 때마다 40억 달러 이상의 돈이 로비 활동과 관련하여 지출된다. 이들 중의 대부분은 기업으로부터 나온다.[17] 하지만 오늘날 1개 기업이 정부 정책에 영향을 끼치기는 쉽지 않다. 따라서 기업은 서로 연대하여 전국유통협회, 혹은 식료품마케팅협회와 같은 산업협회 등과 같은 중간자를 통해서 영향력을 행사한다. 하지만 이러한 중간자 그룹들도 로비 활동보다는 정책 운동을 하는 것이 더 좋다. 이유는 이권 유도형이나 특별지정용 정치에 대해 대중들의 부정적 인식이 팽배하기 때문이다.

'정부 재정 낭비를 감시하는 시민모임'이라는 비정부기구가 매년 발간하는 '정부 재정 감시 보고서 Congressional Pig Book'의 2010년 판에 따르면 9,129건, 165억 달러가 특별 지정 재정지출이라고 판단하였다. 가장 탐욕스럽고 불필요한 낭비적 사업들에게는 '살찐 돼지상 OinkerAwards'이 주어진다.[18] 14자리 수의 미국 재정적자는 특정 그룹 혜택만을 극대화 하는 로비 활동을 더 나쁘게 보이도록 만들고 있다. 더 나아가서 항상 산업계의 선장처럼 간주되어 왔던 미국의 CEO들은 특히 최근 경제 위기를 전후로 이제는 거의 해적처럼 그려지고 있는 실정이다.

언론과 대중은 엔론이나 타이코 같은 회계 책임성 관련 기업스캔들로 인해 '살찐 고양이'들에 대한 관용이 점점 사라지는 추세이다. 특히 기업에게만 혜택이 가고 사회에는 전혀 이득이 없는 로비에만 기대는 기업 임원들에게는 더더욱 말이다.

2. 정부는 기업이 사회 변화에 더 큰 역할을 하도록 원한다

최근의 금융 위기나 정부 지원은 '기업과 사회가 얼마나 밀접하게 연결되어 있는가' 그리고 '가치 있는 비즈니스가 사회 변화에 있어서 얼마나 중요한지'를 알게 해주는 생생한 사례들이다. 뱅크 오브 아메리카 Bank of America 같은 대형 은행이나 AIG 같은 대형 보험회사들이 파산으로부터 벗어나도록 하기 위해 엄청난 세금이 투여됐고, 정부는 이제 대기업들이 사회문제를 해결하는 데 좀 더 많은 범위에서 협력하기를 원한다. 사실 많은 이들은 정부와 기업이 '보다 지속가능한 경제를 위해서 근본적인 장벽을 넘기 위해서는' 함

께 협력해야만 한다고 주장한다.[19]

이러한 트렌드는 유료도로 건설부터 정보통신 네트워크, 친환경 관광사업을 비롯한 모든 분야에서 민관협력의 활발한 흐름을 반영하고 있다. 하지만 이러한 것들은 보다 정부와 기업 간의 은밀한 관계를 포함하고 있다. 이 장의 서두에서 언급했듯이, 월마트가 오바마 행정부의 고용주 제공 건강보험 정책을 지원하는 것이 그 일례이다.

미국상공회의소와 전국유통협회와의 결별로까지 비추어질 정도의 전환을 통해, 고용주 제공 건강보험 정책을 지원하는 이 유통업계 거대 기업의 움직임은 미국의 미보험자에게 건강보험 혜택을 주려는 정부의 노력에 큰 전환점을 제공하고 있다.[20] 월마트의 기업관계 및 대관업무 총책임 부사장인 레슬리 다치가 언급하였듯이, 월마트는 논쟁을 진전시킬 필요를 느꼈던 것이다.[21] 실제로 고용주 제공 건강보험 정책을 지원하는 것은 저임금 노동자들을 채용하고 있는 월마트나 다른 유통 기업들에게 보험 관련하여 더 많은 부담을 지우려고 하는 다른 정책의 입안을 예방할 수도 있는 것이다. 이 점이 바로 정부와 기업의 협력자적 로비 관계가 성립될 수 있는 또 하나의 증거이다.

3. 기업에 대한 사회적 기대가 증가하고 있다

정부만 기업에 대해 높은 기여를 요구하는 게 아니다. 사회 전체 또한 그렇게 요구한다. 최근 십 수 년 동안 벌어진 기업 관련 스캔들과 사고들은 (엔론, 월드콤Worldcom, 헬스사우스Healthsouth, 타이코Tyco 등은 위험한 금융 거래로 인해 사고를 일으키고, 긴급 구제지원을 받은 후 흥청망청 보너스 잔치를 벌였다) 오늘날 대중들이 기업에 대해 가지고 있던 신뢰를 땅에 떨어뜨렸고, 더 높은 사회적 기여를 하도록 요구하고 있다. 대중들은 스캔들로 얼룩진 기업이나 욕심 많고 책임감 없는 기업(예를 들면 투자은행)들을 감시하는 입장과 함께 '좋은 일'에 힘쓰는 기업에게 거는 높은 기대, 두 가지 측면을 다 가지고 있다. 이러한 기대들은 기업들에게 사회계약에 대한 좀 더 확장되고 다각화된 실행을 하도록 요구하고 있으며 특히, 사회적 공공선을 위해서는 좀 더 가시적인 방법으로 정부와 협력하기를 원하고 있다.

기업 스스로도 자신들에 대한 더욱 기대 수준을 높이고 있다. 왜냐하면 사회문제를 경시했을 때 오는 리스크가 너무 크기 때문이다. 또한 반면에 사회문제를 잘 관리하면 높은 수익이 따른다는 것을 인지하고 있기 때문이다. 2006년 〈맥킨지 쿼터리McKinsey Quarterly〉의 기사는 다음과 같이 제안하였다.

'사회적, 정치적 권력 모두 다 산업계의 전략적 지평을 근본적으로 바꿀 수 있다.'[22]

이 연구 조사는 기업이 정부가 기업의 운명을 바꾸도록 방관하지 말고, 정책 제정에 있어서 기업이 좀 더 적극적으로 나서야 한다고 제안하고 있다. 특히 사회문제에 있어서 공공선에 우선순위를 두고 해결책을 만드는 차원에서 말이다. 이는 기업이 로비로부터 얻는 부정적인 사고를 피하고 사회문제를 적극적으로 돕는 데서 수익을 얻으라는 제언이다.

마지막으로 기업의 매니저들이나 매니저가 될 사람들 모두, 사회 속의 기업의 역할에 대한 높아지는 기대와 윤리적 기준에 대하여 교육을 받아야 한다. 최근 어느 때보다 많은 MBA 프로그램들이 지속 가능성, 윤리, 사회적 기업, CSR 등의 코스를 포함하고 있다. 넷 임팩트Net Impact라는 학생 자율운영 기반의 비영리기관은 비즈니스가 좀 더 나은 세계를 만들도록 노력하는 기관인데, 특히 많은 비즈니스스쿨들은 넷 임팩트의 각 학교 챕터들을 많이 열고 있다. 이러한 것은 비즈니스스쿨이 변하고 있다는 하나의 증거이다.

이 숫자는 2000년에서 2005년 사이 2배나 늘었다. 〈비즈니스위크〉지에 선정된 탑 30 비즈니스스쿨 중 20개 학교가 넷 임팩트 챕터를 가지고 있다.[23] 넷 임팩트나 사회적 비즈니스 관련 비즈니스플랜 대회, 근래의 MBA 코스들은 미래의 매니저들에게 사회와 비즈니스 전략을 통합하는 새로운 방법을 가르치고 있다.

방식 : 어떻게 실행해야 하는가

역 로비는 기업이 문제가 되는 것보다 해결책이 되는 방법이다. 기업의 직접적인 이익에 침해를 받지 않는다. 오히려 정책 입안자들과 공통된 관심사를 증진시킬 수 있다. 그것도 사회적 가치와 비즈니스 가치를 동시에 만들어가면서 말이다. 다음은 성공적인 역 로비 전략을 실행하기 위한 방식에 대한 설명이다.

1. 정부가 당신 기업을 위해서 무엇을 해주어야 하는가를 묻지 마라

기업이 역 로비를 실행해도 되는지 여부를 결정하는 제일 좋은 방법은 회사의 주요 이해관계자들에게 물어 보는 것이다. 기업의 성과에 대한 기대를 가진 의사 결정자들의 의견을 듣는 것이다.

기업들은 기업 구성원들의 의견을 물어보는 경우가 많지 않다. 특히 사회적 요구사항이 핵심인 문제에 있어서 사심 없이 물어보는 경우는 더 드물다. 다음 그룹들의 의견을 청취하는 것은 도움이 될 것이다.

경영진

비즈니스에 관련된 가장 중요한 사회문제는 무엇인가?

어떤 사회 변화가 있으면 기업의 비즈니스 목표에 가치를 더할 수 있는가?

우리 기업이 어떤 면에서 변화를 만들어 낼 수 있는가?

세이프웨이 CEO 버드의 입장에서 대답은 간단했다. 건강보험이었다. 세이프웨이는 수익의 2배나 되는 금액을 임직원 건강보험 비용으로 지출했다. 반면에 버드는 임직원 전체의 건강 수준에 대해서 불만이 많았다. 2005년 그는 심지어 70%의 건강보험 비용이 개개인의 행동과 직결되어 있다는 증거를 모아서 분석해냈다.[24]

이러한 필요성이 버드를 보편적 건강보험 문제에 있어서 정부의 핵심 지원자인 CAHR에 60개가 넘은 기업을 모을 수 있었던 동기였으며, 세이프웨이 건강보험 계획안에 건강한 생활습관에 대해 더 많은 인센티브를 제공하도록 만들게 된 계기가 된 것이다.

주요 고객

어떤 사회문제를 선택하면 고객들과 가장 잘 연계할 수 있는가?

고객들은 기업이 어떤 문제에서 가장 큰 영향력을 행사해 주길 원하는가?

여러 가지 답을 얻을 수 있을 것이다. 만약 그렇다면 가장 큰 고객층이 바라는 문제에 집중해야 한다. 그것이 바로 많은 월마트 공급업체들이 하고 있는 것이다.

지속가능 경영은 월마트에 있어서 가장 중요한 비즈니스 이슈이다. 월마트는 이제 모든 공급업체의 패키징 상태나 사회적 환경적 준수 사항을 체크하여 등급화 하고 있다. 월마트는 수많은 공급업체들에게 가장 커다란 '고객'이다. 결과적으로 많은 공급업체들은 지속가능 경영을 그들의 사회적 전략의 최우선 순위에 놓게 되었다.

투자자/주주

어떤 이슈가 기업의 미래 가치에 가장 큰 영향을 미치는가?

어떤 문제가 비즈니스에 가장 큰 위협이 되고 있는가?

이 질문들은 투자자나 주요 주주들을 위한 질문이다. 하지만 기업들은 사회문제에 있어서 이들과 연계하는 것을 잊고 있다. 교육부터 비만까지 사회문제에 관해 월 스트리트를 비롯하여 다양한 주주 행동 활동이 심화되고, 환경, 사회, 거버넌스 기준에 대한 요구가 높아지면서 기업은 비즈니스 전반에 이러한 요소들은 좀 더 광범위하게 적용해야 하고, 투자자나 주주들에게 미치는 영향을 더욱 고려해야만 하게 되었다. 〈사회투자포럼Social Investment Forum〉에 따르면, 2005년에서 2007년까지 사회나 환경문제에 대한 주주 행동 결의가 평균 57%가 상승하였다고 한다. 이는 최고 상승치 기록이다.[25]

주요 정부 관리

연방, 주, 지역정부 관리들이 가장 고민하고 있는 문제는 무엇인가?

그들이 기업이나 민간기업 파트너들에게 도움을 기대하는 문제는 무엇인가?

당신 기업이 어떤 분야에서 가시적인 발전을 만들 수 있는가?

2006년 맥도널드는 중국 정부에게 이러한 질문들을 했다. 로널드 맥도널드 자선하우스Ronald McDonald House Charities: RMHC는 중국에 자선하우스를 설립하는 작업을 하고 있을 때, 후진타오 주석이 아동복지시설에 있는 장애아동이나 고아들을 위해 사회가 좀 더 나서줄 것을 강조하고 있다는 것을 알게 되었다. 사실 그 분야는 RMHC의 전문분야는 아니었다. RMHC는 전 세계의 질병을 앓고 있는 아동들에게 의료 혜택 접근성을 높여주는 활동을 주로 하고 있었고, 고아들을 돌보는 프로그램은 없었기 때문이다.[26] RMHC는 맥도널드 중국 지사와 전략적 제휴를 맺고 '로널드 맥도널드 위탁양육 마을Ronald McDonald Foster Villages'을 중국에 런칭했다. 고아원을 개조하여 직원 숙소를 위탁양육 담당자들이 거주할 수 있는 기숙사형 시설로 만들었다.[27] 위탁 양육 담당자들은 무료로 주거지를 얻게 되었고 중국 정부도 지원금을 통해 적어도 1명의 담당자들은 시설에서 항상 풀타임으로 근무하게 하였다. 맥도널드는 현재 중국 내에 6개의 위탁양육 마을을 열었으며 2개의 아동 센터를 오픈했다. 이 프로젝트는 전국에서 존경받는 프로젝트가 되었고, 기업이 중국 정부와 심화된 협력 관계로 일할 수 있는 모범 사례가 되었다.

이해관계자들의 의견이 항상 완벽한 대답을 줄 수는 없을지 몰라도, 역 로비를 위한 전략을 잡는 데는 도움이 된다. 때로는 이해관계 자들과 역 로비 노력을 위해 연계하는 것만으로도 그 자체가 엄청난 파워를 발휘한다.

그저 다가가서 그들의 고민이나 관심사를 진정으로 걱정하고 이 해하고 있다는 것을 알리는 것만으로도 중요한 이해관계자들과 서 로 존중하는 관계를 쌓을 수 있고 비즈니스를 위한 상호 도움이 되 는 관계를 만들 수 있다.

2. 비즈니스 가치와 직접적인 연결 고리를 만들어라

역 로비는 비즈니스 전략이다. 따라서 역 로비에 쏟는 노력은 비 즈니스 목표를 달성하도록 설계되어야 한다. 세이프웨이나 CAHR 의 참여 기업들에게는 건강보험 비용이 기업 손익계산서에 직접 영 향을 미치는 요소였다. 맥도널드의 경우도 직접적인 비즈니스 효과 는 더 명확하다. 중국 정부와 중요한 사회문제에 대해서 혁신적인 해결책을 위해 가까운 관계를 가지고 일하는 것은 맥도널드 자선 프 로그램이 그저 기업 자선을 뛰어 넘는 효과를 발휘할 수 있다는 것 을 말해 준다.

《중국의 KFC : 성공의 비법Secret Recipe for Success》의 저자인 워 런 루는 중국에서 기업이 성공하는 방법에 대해서 다음과 같은 요소 를 꼽았다.

▶ 다른 선진국에서 사업할 때보다 중국 정부와 밀접하게 일하라.

▶ 브랜드 인식 : 중국에서 '안면' 이나 이미지로 해석되는 미엔 즈mianzi는 소비자의 구매 결정에 있어서 결정적인 요소이다.[28]

문화의 차이 때문에 미국에서 자선 혹은 사회계약이라고 여겨
지는 것들이 중국에서는 기업 명성이나 정부 관계처럼 비즈니
스에 직접적인 영향을 미칠 수 있다.

사회적 가치와 비즈니스 가치가 잘 연계되어야 하는 또 다른 이유
는 신뢰이다. 역 로비는 좀 더 진정성이 있어 보인다. 왜냐하면 다른
기법보다 기업이 비즈니스 목표를 내세우고 있다는 것을 좀 더 투명
하게 알릴 수 있기 때문이다. 즉 소비자를 비롯한 이해관계자들과의
관계를 정립하는 데 있어서 그들이 기업을 강력하게 '믿을 수 있기
때문이다.'

만약 투자서비스 회사가 가정폭력을 감소시키는 데 진정으로 노
력하고 있다면 사람들이 잘 믿을 수 있을까? 실제로 이해관계자들
은 원래 기업이 정말 공공선만을 위해서 '좋은 일을 한다'고 하면
의심하게 되어 있다. 많은 기업 임원들이 알고 있는 바와는 달리, 이
해관계자들은 기업이 비즈니스 동기가 확실하게 있는 분야에서 진
짜로 사회 변화를 위해서 노력하고 있다고 하면, 오히려 그것을 더
믿는다.

모든 이들이 세이프웨이는 보편적 건강보험을 지원해야 하는 이
유가 있다는 사실을 안다. 그렇기 때문에 대중들은 그 사회문제만큼
은 세이프웨이가 확실히 밀어 붙일 것이라는 것에 대해서 더 믿음을
가지게 되는 것이다.

3. 사회문제에 연결하기 위한 최선의 메커니즘을 찾아라

앞서 언급한 바와 같이 역 로비가 항상 직접적인 정부 컨택을 수

반하는 것은 아니다. 공적 어젠다를 실행하는 데 도움이 되는 자원이나 지원 노력을 하면 된다. 아래 역 로비를 효과적으로 하는 몇 가지 방법을 소개한다.

민관협력Public-Private Partnerships: PPPs

기업이 역 로비를 하기 위해서는 연방, 주, 지역정부와 파트너십을 맺고 사회문제 해결에 앞장서야 한다. 나는 과장하지는 않는다. 하지만 이것만은 확실하다. 진정으로 영향력 있는 변화를 일으키려면(다른 로비 활동과 마찬가지로) 핵심 비즈니스 관심사와 사회문제가 직접 연결되어야 한다.

어떤 때는 일부러 기업 관심사와 연결될 수 있는 사회문제를 찾아 나설 필요가 없다. 정부가 보통 공개적으로 공표를 하기 때문이다. 아니쉬 코프라(미국 정부의 CTO)는 버지니아 주의 기술 분야 비서관이었을 때, '전화 한 통으로' 간단히 '버지니아 주의 수 천 만 시민이 사용자 주문 방식으로 무료로 사용 가능한 GED 코스(미국의 고교 졸업 자격 검정고시: 역주) 제공'을 위한 콕스Cox와 컴캐스트Comcast와의 민관협력을 이끌어냈다.[29] 콕스와 컴캐스트에게는 이 시민들이 새로운 만족도가 높은 잠재적 고객이 될 수 있는 것이다.

다른 민관협력의 경우는 더 흔하게 볼 수 있다. 유료통행 도로나 다른 인프라 프로젝트의 경우이다. SC 존슨SC Johnson의 경우 USAID와 함께 르완다 농부들이 국화 재배를 더 잘 할 수 있도록 역량 강화 및 기술 지원을 제공했다.[30] 왜 그랬을까? 그 이유는 국화에 제충국분이라는 살충제용 물질이 함유되어 있어 SC 존슨의 레이드와 같은 살충제에 들어가는 중요한 요소이기 때문이다.

공적 어젠더 촉진시키기

기업은 브랜드 이미지나 마케팅 기술, 제품 기반의 플랫폼을 통해서 정부가 촉진하려고 하는 사회적으로 도움이 되는 행동의 변화를 증진할 수 있다. 이것은 참여하는 비영리기관에게만 쥐꼬리만 한 기부를 하고 끝나는 제품 프로모션의 일종인 공익 마케팅을 뛰어 넘는 것이다.

예를 들면 유니레버는 몇 개의 글로벌, 대륙별 공공보건 분야 기관들과 협력하여 손 잘 씻기 운동을 벌였다. 손을 잘 씻음으로서 세균 감염이나 설사를 예방하고 감소시킬 수 있기 때문이다. 이 공적 어젠더 촉진을 통해서 수 백만 명의 잠재 고객들의 손에 유니레버 제품을 안길 수 있었다. 세이프웨이와 CAHR 파트너들은 직장 건강 보험 비용을 낮추고 더 건강하고 생산성이 높은 임직원들을 만들기 위해서 보편적 건강보험이나 다른 종류의 의료보험 관련 공공 어젠더를 위해 열심히 노력하고 있다.

R&D

기업은 정부의 공공 정책 목표를 직접 달성하기 위한 비즈니스 해결책을 만들기 위해 연구개발 예산중 일부를 사용할 것을 약속할 수 있다. 이를 통해 정부의 허가를 얻을 수 있는 것이다. 2008년 GE는 14억 달러를 투자하여 청정기술 연구개발에 힘쓸 것을 공표했다. 지금까지 투자한 연구개발 금액만 해도 40억 달러가 넘는다.[31] 그러한 약속은 GE로 하여금 US 환경부와 에너지스타 담당부처로부터 5년

연속 좋은 대우를 받는 데 도움이 되었다.

GE의 새로운 '헬씨메지네이션healthymagination' 프로젝트는 연구 개발에 수십억 달러를 투자하여 적어도 100개 이상의 비용도 절감하면서 건강 검진의 효과를 향상하는 헬스케어 혁신 기법을 개발해낼 계획이다.32 헬씨메지네이션을 선포할 때 GE의 회장이자 CEO인 제프리 이멜트는 GE가 시골의 혹은 소외 지역의 헬스케어 상황을 획기적으로 향상시킬 수 있도록 20억 달러를 지원하고, 10억 달러는 그것을 가능케 해주는 헬스케어 기술 및 정보에 투자하겠다고 발표했다.33

이 발표 내용은 새로운 MSNBC TV 프로그램 제작, 저가의 X-레이 기계 생산, 2명의 전 상원의원을 포함한 자문단 운영, 메이요 클리닉과의 파트너십 내용도 포함한다. 이러한 연구개발 투자는 헬스케어 비용을 낮춤으로써 공적인 우선순위 어젠더를 촉진하면서도 비즈니스에 도움을 준다.(GE가 수익성이 높은 청정 기술이나 헬스케어 기술 정부 계약에 있어서 유리한 입장이 될 수 있기 때문에)

슈퍼 책임

역 로비의 또 다른 특징은 기업이 최소한의 기준준수를 넘어서 사회적, 환경적 부정적인 영향을 줄이는 것보다 더 많은 책임을 지어야 한다는 것이다. 시카고 탄소배출권 거래소는 기업들이 탄소 배출권 거래를 위해서 자발적으로 탄소 배출을 줄이게 해준다. 이 거래소에 회원이 되는 것은 전적으로 자발적인 선택이다. 그리고, 당연하게도 이 거래소 회원 기업들은 자동차, 화학, 석탄 채굴 등, 환경오염의 주범으로 간주되는 산업계의 기업들이다.

4. 사회문제를 푸는 데 선두 위치를 선점하라

노력은 인정받게 되었다. 실제로 기업사회혁신 전문가들은, 소비자들에게 역 로비를 포함해서 사회적 책임을 좀 더 자발적으로 지려고 하는 기업들과, 방어적으로 혹은 경쟁기업들이 하는 만큼만 하는 기업들을 구별하라고 조언한다.[34] 연방정부의 보편적 건강보험에 대한 세이프웨이의 180도 전환은 대중들에게 놀라운 일이었다. 더구나 미국의 헬스케어 문제에 대해서 다른 기업들이 그저 미약한 활동들만 하고 있을 때, 해당 사회문제를 풀기 위해서 능동적으로, 또 저돌적으로 행동한 세이프웨이의 CEO 버드는 론 와이든 상원의원을 전폭적으로 지지했을 뿐만 아니라, 60개 이상의 주요 기업을 모아서 CAHR를 만들어 낸 것이다. 현재까지 CAHR은 엄청난 영향력을 발휘하고 있다.

5. 포괄적인 전략을 활용하여 규모를 키워라

기업은 지원금 기부, 전통적인 사회적 책임 노력, 공동 연합 등의 방법을 활용해서 역 로비 전략을 규모화 할 수 있다. 법안이나 기타 다른 정부 정책을 촉진하기 위해서는 1개의 기업이 할 수는 없다(물론 당신 기업이 제일 처음으로 움직인 선점자의 위치를 원할 지라도). 이것이 시카고 탄소배출권 거래소가 환경오염 방지 노력을 규모화한 비결이다. 그리고 또한 세이프웨이가 헬스케어 이슈를 혼자서 다루지 않고 다른 기업들과 연합하여 시작한 이유이다.

역 로비가 역풍을 맞을 수 있는 위험은 여러 가지가 있다. 무엇보다도 역 로비 전략은 정말 진정성이 있어야 하고, 핵심 비즈니스의 성공에 직결되어야 한다. 아래는 기업들이 흔히 빠질 수 있는 함정들이다.

1. 만들어 내지 말라

역 로비 전략이 효과적이기 위해서는 그 사회적인 주제가 당신 기업이 정말 필요로 하는 관심 주제여야 한다. 그래야 기업의 역 로비 전략에 대한 신뢰를 높여 주고 지속적인 노력을 가능하게 해준다. 내가 제5장, 백도어 채널을 통해 신규시장 진입하기에서 언급하였듯이, 엑손이나 다른 석유 기업들은 앙골라나 다른 아프리카 지역에서 그들의 비즈니스와 전혀 관계가 없는 자선적인 주제에 지원하는 '끝없는 함정'에 빠졌었다. 이럴 경우 출구 전략도 없을 뿐만 아니라 돌이킬 수도 없다. 대신 기업은 지역 정부를 효과적으로 지원할 수 있고, 해당 사회문제를 해결할 수 있는 그러한 이슈를 파악하고 해결하려는 노력을 해야 한다.

2. 신뢰를 받지 못하는 상황에 있다면 조심하라

이미 정부나 언론으로부터 많은 비난을 받아온 기업이라면, 역 로비 전략을 쓰는 데 어려울 수 있다. 대신 실행할 때는 아주 가시적이고 능동적인 방식으로 해당 사회문제를 해결하려고 하는 과정에서 막대한 책임을 지려는 자세로 역 로비 전략을 써야 한다. 이것이 나이키가 그 유명한 아동 노동 이슈를 정면 돌파한 방식이다. 나이키는 전 공급망에 아주 엄격한 사회적 책임 기준을 실행하였고, 그러한 활동은 52개국의 700개의 공장에 노동 조건을 개선시켰다.[35] 월마트가 지속가능성 이니셔티브를 런칭할 때도(이미 기후 변화는 미 연방정부의 우선적 관심사였다) 월마트는 대중으로부터 신뢰성이 부족한 상태였다.

3. 이슈 관리로 오해하지 말라

어떤 기업은 기업사회혁신을 '이슈 관리'나 대관업무 전략으로 고려하기도 할 것이다. 하지만 정확히 말하자면, 기업사회혁신은 그러한 업무에서 맡아 할 분야가 아니다. 사회적, 규제적 이슈에 대해서 기업이 방어하려는 필요는 충분히 이해하고, 또 역 로비 전략이 정부 규세에 대응하기 위한 전략으로 활용될 수 있다는 것도 알지만, 기업사회혁신은 방어적인 접근법이 아니라 능동적인 접근법으로 설계되어야 한다는 것을 잊으면 안 된다.

민관협력을 통해서, 주요 법안 지원을 통해서, 정부의 우선순위 정책 어젠더 촉진을 통해서 세이프웨이나 월마트, GE 등의 기업들은 사회적 효과를 창출하고 비즈니스 우위 경쟁력을 만들어 냈다. 기업에 대한 사회적 기대가 높아지면서 기업은 이제 공공 정책의 목표와 기업의 수익 증가 목표의 연결고리를 찾는 데 끊임없는 혁신의 노력을 계속해야 할 것이다.

기업사회혁신으로 가는 로드맵

기업사회혁신은 좋은 아이디어 그 이상이다. 기업사회혁신은 비즈니스를 하는 방식이다. 기업사회혁신에 성공하기 위해서는 그것을 가능하게 해주는 환경을 만들어야 한다. 즉 혁신하기 위한 사회적 허가 말이다. 사실 이것은 여러분이 생각하는 것보다 더 힘들다. 많은 기업 문화는 사회적 전략 기능을 인사나 행정 같은 지원 부서에 맡기고 있기 때문이다. 더 심하게는 어떤 기업의 경영진들은 사회적 전략이나 활동과 같은 일이 돈 버는 일과는 거리가 멀다고 생각하는 경우가 많다. 즉 '그저 옳은 일만을 하는 것' 이라는 것이다.

이 장을 통해, 당신은 당신 기업의 조직 문화에 기업사회혁신이라는 개념을 심고 실행에 따른 도전을 극복하는 방법을 배우게 될 것이다. 또한 혁신 방법에 대한 공식을 배우게 될 것이다. 이 책에 소개된 5가지 전략을 사용해도 되고 당신 자신만의 전략을 만들어도 된다. 핵심은 '어떻게 그 전략을 기업의 다른 비즈니스 부서와 통합하느냐' 인 것이다. 우리는 맥도널드의 경우를 내부 직원의 시각에서 바라보고 시사점을 발견할 것이다. 또한 성과 측정이라는 골치 아픈 이슈를 다룰 것이다. 많은 책들이 도전만을 나열하고 있다. 이 책은 아니다. 당신은 그 도전을 해결해 나갈 수 있는 요령을 얻게 될 것이다.

기업사회혁신은 당신 기업을 운영하는 데 많은 시사점을 줄 것이다. 또한 기업사회혁신은 기업을 둘러싼 많은 이해관계자들에게도 많은 시사점을 알려줄 것이다. 특히 사회책임투자자, 정부, 비영리 기관 등에게 말이다.

기업은 사회문제를 해결하는 데 있어서(그리고 그것을 수익과 연결하는 데 있어서) 더 큰 역할을 할 수 있다. 투자자들은 사회적 책임을 평가하는 방법을 근본적으로 다시 생각해야만 할 필요성을 느낄 것이다. 비영리기관들은 기업으로부터 펀드레이징을 하기 위해서 근본적으로 접근법을 바꾸어야 할 필요성을 느낄 것이다. 정부는 기업과 파트너십을 만드는 방법을 다시 생각해야 할 필요성을 느낄 것이다. 마지막 장은 각 분야의 사람들에게 기업사회혁신의 새로운 시대에 어떻게 성공할 수 있는지 실용적인 가이드를 줄 것이다.

제9장

기업사회혁신을 위한 기업문화 만들기

내가 즐겨 쓰는 스토리들 중, 유명한 상업 은행의 CSR 부사장으로 막 부임한 한 임원의 이야기가 있다. 20년 경력의 그녀는 CSR 부사장을 맡기 전에 그 은행의 여러 비즈니스 부서를 거쳤다. CEO에게 직접 보고하는 CSR 부사장이 되자마자 그녀는 회사 복도에서 그 은행의 계열사 사장과 마주치게 되었다. 사장이 그녀에게 물었다.

"왜 그 업무를 맡는 걸 수락했죠? 그건 완전히 CLM이잖아요!"

그녀는 CLM이 뭐냐고 물었다. 사장은 이렇게 말했다

"경력을 망치는 길Career limiting move이라는 거지요."

바로 이것이 모든 주요 기업들이 '기업의 사회적 어쩌구corporate social anything' 하는 활동들을 바라보는 시각이다. 이러한 선입견은 이러한 활동들이 수익이나 비즈니스 창출 등과 전혀 관계가 없다고 생각하는 데서 기인한다. 즉 기본적으로 사람들이 하고 싶어 하는 업무가 아니라는 말이다. 그러나 당신 기업이 사회 변화를 통해 수익과 연결되는 혁신을 하려면 이러한 선입견을 바꿔야 한다.

쉽지는 않을 것이다. 당신 기업을 기업사회혁신의 길로 이끄는 데는 수많은 도전이 있을 것이다. 예를 들면 그 활동에 필요한 행정, 펀딩, 자원 등을 동원할 때 말이다. 하지만 뭐니 뭐니 해도 가장 큰 도전은 보이지 않고 무형적인 데서 올 것이다. 바로 기업 문화이다.

조직 문화는 사회적으로 혁신을 만드는 기업의 근간을 이룬다. 즉 당신이 기업사회혁신을 하도록 허가해 주는 문화 말이다. 많은 기업들은 사회적 전략을 비즈니스 전략으로 보는 문화를 가지고 있지 않다.

많은 기업에 있어서 기업의 사회적 책임이나 자선은 그저 '올바른 일을 하는 것'이다. 그들의 마인드는 사회적 책임과 관계된 모든 일을 그저 기능 부서가 하는 일로 간주한다. 즉 핵심 비즈니스 부서의 전략이 아니라는 것이다. 손익계산서의 어딘가에 '좋은 의지'라는 타이틀을 가진 활동의 하나로 비용이 들어가는 활동으로 기록된다. 특히 그런 조직 문화를 가진 기업에서는 CSR이나 사회공헌 활동은 인사 부서나 법무 부서에서 총괄하게 되는데 이런 경우에는 더더욱 그렇다.

혹자는 그럴 것이다. "아니오." 그러면서 "우리 기업은 달라요. 우리 CEO는 정말로 '이해하고' 있어요."

하지만 도대체 무엇을 CEO가 이해하고 있다는 말인가? CEO가 가치에 기반을 두고, 좋은 일을 하면서도 성과를 낼 수 있다는 것을 믿고, 몇몇 비영리기관의 이사직을 겸임하고, 그러한 일들의 전략적 중요성을 잘 알고 있다거나 인정하고 있다는 것으로는 부족하다.

중요한 것은 정말 그러한 활동들에 대해 가치를 두고 있느냐는 것이다. 실제로 많은 CEO들이나 이사회 임원들은 기업이 좋은 활동을 하는 것을 인정하고 있다. 하지만 그러한 일들이 그저 '좋은 활동’ 이지만, 진정으로 비즈니스에 가져올 직접적인 효과인가에 대해서는 실질적으로 가치를 두고 있지 않다.

진정한 비즈니스 케이스는 그저 끼워 넣는 것보다는 더 많은 것을 필요로 한다. 즉 우리 올바른 일을 해봅시다(자선 지원금을 주고, 임직원들에게 자원봉사를 위해서 유급휴가를 주고, 탄소경영 성과를 공개하는 것)라고 하고 그 활동들을 정당화하는 후속 조치들을 취하는 것보다 더 많은 것이 필요하다는 것이다. 자선 활동이나 임직원 자원봉사가 임직원 근속률을 높이기는 한다. 다른 사회적 책임 활동들도 기업의 이미지를 개선시키기는 한다. 개발도상국에 현물을 기부하는 것이 신규 비즈니스를 만들기도 한다. 넓은 범위에서 이 모든 것은 사실이다.

하지만 이제는 보다 더 직접적이고 무형적이면서 측정 가능한 비즈니스 가치를 만드는 무언가 다른 전략이 필요하다는 것이다. 비즈니스 케이스가 상대적으로 약하다면 당신 기업은 사회적 책임을 그저 ‘있으면 좋은 것’ 으로 여기고 지원기능 부서의 일로 간주하며 할 수 있는 만큼만 최소한의 자원만을 할당할 것이다.

나는 CEO는 물론 자신이 속한 팀 내에서도 기업사회혁신의 가치를 설득하기 위해서 힘든 시간을 보낸 한 사회공헌 이사와 함께 일한 적이 있다. 그때 그 사회공헌 그룹의 예산은 1,800만 달러였다. 2007년 말, 10% 예산 증가를 요청했다. 하지만 CEO가 최종 결재한 금액은, 고작 900만 달러였다!

격분한 그녀는 CEO에게 전화를 걸어 설명을 요청했다. “당신 업무는 비즈니스 효과가 전혀 없지 않습니까?” CEO는 간단하게 얘기하면서, “그런데 왜 예산을 더 달라는 거지요?” 라고 되물었다. 그녀는 회사의 사회공헌 활동이 많은 상도 받았고 언론에서 긍정적인 반응도 얻었고, 임직원들이 자원봉사활동을 하는 것을 좋아하여 비즈니스에 진정한 변화를 만들어 냈다고 설명했다. CEO는 말했다. "그럼 한 번 증명해 보세요." 그녀는 아무 말도 할 수 없었다.

최근에 누군가 내게 기업사회혁신을 하고 있는 기업이 얼마나 되는 것 같은지를 물었다.

내가 일했던 많은 기업들과, 강의했던 수백 개의 기업 데이터를 분석하여 보니, 대충 60%의 기업들이 나의 정의에 따르는 'CSR 1.0'(전통적인 자선이나 준수)에 속하는 일을 했고, 35%의 기업들이 'CSR 2.0'(전략적 자선이나 지속가능경영)에 속하는 일을 하였으며, 오직 5% 미만의 기업만이 기업사회혁신 혹은 'CSR 3.0.'을 하고 있었다. 그나마도 CSR 3.0에 속한 기업들도 의도적이며 전략적으로 하고 있지는 않았다.

예를 들면, 월마트의 미화 4달러짜리 일반처방약 프로그램은 내가 기업사회혁신의 대표적인 사례로 소개했지만 사실 애초에 기업사회혁신을 하기 위해서 기획되지는 않았다. 하지만 월마트의 지속가능경영 활동은 온전히 기업사회혁신의 목적을 가지고 기획되었다.

격차 줄이기

그렇다면 어떻게 기업의 조직문화를 기업사회혁신이 수월하도록 바꿀 수 있는가? 기업 문화를 바꾸는 데 있어서는 크게 세 가지의 분야가 있다. 용어, 기대, 그리고 역량이다. 그럼 좀 더 자세히 살펴보자.

1. 용어에 대한 격차

사회적 책임, 지속가능경영, 자선 분야를 담당하는 기업인들은 기업의 다른 부서 사람들과 다른 용어를 사용한다. 이 점을 보다 자세히 설명해 주는 확실한 사례를 얘기해 보겠다.

〈포춘〉지 1,000대 기업을 자문하는 동안, 나는 CEO와 기업시민활동corporate citizenship을 책임지는 임원을 인터뷰할 기회가 많았다. 나는 똑 같은 2가지 질문을 했다.

"기업시민활동으로부터 비즈니스가 얻는 가치적 효과는 무엇이며, 기업시민활동이 비즈니스에 미치는 영향을 어떻게 측정하는가?"

아래는 기업시민활동 책임임원의 대답이다.

가치적 효과

우리는 진정한 사회 변화, 제도적, 공익적 정책 변화를 원하고 있습니다. 우리는 장기적이며 앞서가고 미래의 성장을 견인할 수 있는 사고를 하고 있습니다. 이 분야에서 우리는 리더가 되고자 합니다. 우리의 역할은 우리 기업의 활동이 미치는 범위를 확장하고 그 범위에서 변화를 유도하고 새로운 아이디어를 심고 명성을 얻기 위한 진보적인 역할입니다. 올바른 파트너를 찾는 일에도 집중을 하고 있습니다.

성공의 측정

양적인 발전입니다. 우리의 기업시민활동이 얼마나 많은 사람들에게 혜택을 주는가입니다. 또한 우리 기업이 비영리기관이나 수혜 대상에게 많이 알려지고 명성을 얻는 것도 중요합니다.

자, 이제 CEO는 어떻게 대답했는지 한번 살펴보자.

가치적 효과

기업시민활동에 투자한 금액의 활용도입니다. 기업시민활동은 기업의 브랜드 인지도에 가치를 더해 주어야 합니다. 또한 비즈니스 계획에 전략적으로 연계가 되어야 합니다. 또한 명확한 비즈니스 케이스가 있어야 합니다. 기부활동과 비즈니스 성장 간에 연계성을 보여주어야 합니다. 우리는 지속가능한 기업의 사업적 성공에 집중해야 하고 최고의 인재들을 끌어 모으는 우수한 기업문화를 만들어야 합니다. 따라서 기업시민활동의 핵심 방향은 CSR 활동에 있어서 명성을 얻고 소비자들이 그 영향으로 인해 좀 더 우리 제품을 사게 만들고 우리의 유통 매장에서 어떻게 그 효과를 극대화할 것이냐에 집중되어야 합니다.

성공의 측정

저는 CSR 명성이 소비자와 임직원에게 미치는 정량적인 효과가 측정되었으면 합니다. 또한 기업에 있어서 얼마나 많은 금액이 절감되었는지 혹은 임직원 근속률과 생산성에 있어서 기여한 바를 수치로 보여 주어야 합니다.

이 의견들을 보면 두 사람이 한 회사에 다닌다는 것을 믿을 수 없을 정도로 격차가 많다는 것을 발견할 수 있다. 나는 또 다른 기업시민활동 책임 임원과의 대화를 기억한다.

"도대체 이해를 해주지 않아요"라고 그녀는 해당 기업의 경영진에 대해서 말문을 열었다.

"기업시민활동이 비용을 절감해 준다는 것은 이해하는데, 사회 변화를 할 수 있다는 측면을 잘 이해를 못하는 것 같습니다."

기업의 다른 부서가 '이해하는 것'은 사실 '그들의 업무가 아니다.' 정작 비즈니스 케이스를 만들 수 있도록 기업시민활동을 만드는 전략을 설명하여 다른 기업 부서나 경영진들이 '이해하도록' 만드는 것이 그녀의 업무인 것이다! 이러한 불일치 때문에 그 기업시민활동 임원은 그 해를 끝으로 그만두게 되었다.

앞서 설명한 예가 제시하듯이, 기업 내부에서는 끊임없이 2가지 다른 용어가 얘기되고 있다. 한 용어는 비즈니스를 얘기하고, 한 용어는 책임을 얘기하고 있다. 이 격차를 설명해 주는 더 좋은 예가 있다. 큰 변혁기에 있는 한 기업을 자문할 때의 일이다.

CSR 임원이 경영진에게 프레젠테이션을 했는데, 임직원 자원봉사 총 시간이 10만 시간을 돌파했다고 자랑했다. CEO는 칭찬을 해주기는커녕, "그 말은 직원들이 10만 시간 동안 놀았다는 얘기군!"이라고 하였다.

각기 다른 용어가 쓰이지만 기업인들이 쓰는 용어는 오직 하나이다. 바로 비즈니스 용어인 것이다! 따라서 보다 효과적으로 사회를 혁신시키고자 한다면 기업시민활동을 비즈니스 용어로 번역해서 말해야 한다.

그렇다면 어떻게 비즈니스 용어로 기업시민활동을 설명해야 하는가? 사실은 아주 간단하다. 비즈니스 가치에 따라서 설명하는 것이다. 나는 앞서 설명한 예에서 그 CSR 임원에게 임직원이 자원봉사를 한 것을 시간으로 얘기하지 말고 (비즈니스 측면에서는 의미가 없으므로) 기업이 가치를 두는 것으로 바꾸어 설명하라고 하였다. 즉 자원봉사 활동에 '관여도가 높은' 임직원 비율 같은 것으로 말이다. 그렇게 설명을 하면, 임직원 자원봉사 활동이나, 지역사회관여팀에 관한 설명을 보다 더 명확하게 할 수 있으며 비즈니스의 핵심 가치에 좀 더 접근하여 설명할 수 있는 것이다. 임직원 자원봉사 조사연구에 따르면 '관여도가 높은' 임직원들은 더 열심히 일하고, 자유재량에 따라서 노력을 하며 회사에 좀 더 오래 남아 열심히 일한다. 통계를 통해 20%의 임직원이 관여도가 높은 것을 증명할 수 있었다. 그러자 CEO은 이제 진짜로 좋아하면서 "아주 좋은데!"라며 "그렇다면 그 숫자를 내년에는 50% 더 늘리도록 하지!"라고 말하였다. 즉 용어가 커다란 차이를 만든 것이다.

2. 기대에 대한 격차

여기에도 놀라운 통계가 있다. 2009년에 실시된 조사에 따르면, 투자전문가들이나 CFO들에게 CSR이 주주가치를 높인다고 생각하느냐고 물었더니 56%가 그렇다고 대답했다고 한다.

하지만 더 놀라운 것은 이것이다. CSR 전문가들의 53%는 "잘 모르겠다"는 대답을 한 것이다.[1] 만약 사회적 자본시장(CSR 전문가를 고용하는 사람들)이 우리가 사회적 전략을 통해 주주 가치를 높일 수 있다고 기대하는데, 정작 CSR 전문가들은 그럴 수 있는지 확신이 안 선다면 결국 그렇게 하지 못하고 있다는 얘기다!

이것이 바로 기대에 대한 격차이다. 기업 내의 담당부서는 기업시민활동에서 비즈니스 가치를 내는 것은 기대하지 않는 반면, 다른 부서는 현재의 기업시민활동이 좀 더 많은 가치를 창조할 수 있기를 기대하고 있다. 어느 시나리오든, 기업사회 혁신가는 이 격차를 좁히고, 성과에 대한 기대를 충족시켜 기업시민활동의 성공을 통해 공통된 이해도를 높여야 한다.

기대가 아예 없는 것도 (아니면 기업사회 책임이나 기업사회혁신에 대한 무관심) 좋은 것은 아니다. 내가 진행한 한 워크숍 이후에 어떤 사회공헌 임원은 이렇게 물었다.

"그런데 왜 기업시민활동 성과를 추적해야 하죠? 우리 CEO는 전혀 요구도 하지 않습니다!"

나는 이렇게 대답하였다.

"만약 CEO가 물어보지 않는다면 정말로 당신은 걱정해야 합니다!"

만약 CEO가 당신 일이 어떻게 성과를 내고 있는지 관심도 없다면 그것은 CEO가 당신 일에 가치를 두고 있지 않다는 것이다. CEO에게 기업시민활동이란 그저 기업이 진 빚을 갚는 수준이 되기 때문이다. 당신 일에 감사를 표시할지는 모르지만, 가치를 두지는 않는다. 더구나 경제 위기로 위태한 시기에는 일하기 좋은 자리도 아닌 것이다.

경영진이 기업시민활동에 기대를 하든, 안 하든, 기업 자체가 사회 변화를 비즈니스 전략으로 보지 않을 가능성은 높다. 당신이 성공하기 위해서는 이러한 마인드를 바꾸어야 한다. CSR 용어를 빌리자면 운영할 허가가 필요하지 않고 혁신할 허가가 필요한 것이다!

어떻게 기업사회혁신을 할 수 있는지 단계별 지침은 좀 나중에 설명하겠다.

3. 역량에 대한 격차

마지막 격차는 기업사회혁신으로 성공하기 위해 필요한 핵심 역량에 관련된 것이다. 이 역량은 사회계약이 기반이 된, 기준준수 보고, 기업사회참여(임직원 자원봉사 등을 포함한) 등과 같은 일들을 하는 기술과 다른 종류의 것이다. 사회계약 기반의 일들을 하는 많은 사람들은 비영리 업계의 경험, 지원금 공모와 배분의 역할, 정책, 프로그램 디자인, 평가의 기술에 강하다. 홍보나 커뮤니케이션, 인사, 법무, 감사 등의 기술을 가지고 있을 수도 있다. 만약 업무가 공급망 관리 모니터링 혹은 기준준수와 같은 일이라면 좀 더 기술적인 역량이 필요하다. 이러한 일을 하는 사람들은 우연하게 이 일들을 담당하게 된다. 이 역량들은 현재의 사회계약 기능의 일에는 필요하지만 기업사회혁신 기능의 일에 꼭 적합하다고 얘기할 수는 없다. 기업사회혁신을 성공적으로 하기 위해서는 아래와 같은 핵심 역량이 필요하다.

비즈니스 기반의 사고

당신은 비즈니스가 어떻게 돌아가는지에 대한 이해를 넓혀야 한다. 즉 비즈니스의 동기가 무엇이고, 어떻게 성과가 측정되며, 비즈니스 결정이 어떻게 이루어지고, 어떻게 시장이 돌아가는지, 또한 경영의 주요 트렌드는 무엇인지에 대해 알아야 한다.

전략적인 사고

당신은 복잡한 문제를 분석할 수 있어야 하고, 문제의 근본 원인을 파악해야 하며, 상이한 개념을 통합하고, 창조적으로 생각하며, 전략을 세우고, 비즈니스 케이스를 개발할 수 있어야 한다.

리더십 기술

당신은 비전을 만들고 사람들이 그 비전을 따르도록 만들어야 하며, 그러한 주장에 힘을 실을 수 있어야 하고, 자원을 동원하며, 열정을 가지고, 커뮤니케이션 하고 사람들을 효과적으로 관리해야 한다.

기업사회혁신을 하기 위해서 모든 사람이 이 모든 기술을 한꺼번에 가지기는 힘들지만 적어도 기업사회혁신팀에서는 전체적으로 이 기술들을 모두 보유하고 있어야 한다. 만약 사회 변화에 관여해 보았던 경험이 있다면 도움이 될 것이다. 하지만 CSR 분야에서 일을 하고자 하는 학생들에게 내가 끊임없이 이야기하는 것은 바로 이것이다. 진짜 '비영리'에 맞는 것 따위는 없다는 것. 비영리란, 하나의 카테고리일 뿐이고 기술은 아니다. 사회 분야에서 일한 경험은 소중한 경험이지만 그것이 꼭 기업사회혁신을 성공적으로 하기 위해서 필수적인 것은 아니라는 것이다.

기업사회혁신을 위해서는 어떤 요소를 끌어와야 하고, 어떻게 일을 현실화 시키는지, 누구와 함께 일해야 하는지, 어떻게 하면 고부가가치의 파트너십과 협력관계를 효과적으로 만드는지에 대한 역량이 필요한 것이다.

앞서 언급한 많은 기술 역량의 종류들은 비즈니스 부서의 리더에게 맞는 기술과 유사하다. 사실 이건 우연이 아니다. 기업사회혁신을 성공시키려면 비즈니스 혁신을 성공시키는 역량과 같은 기술이 필요하다. 왜냐하면 기업사회혁신은 비즈니스 혁신의 형태를 띠기 때문이다. 또한 다른 분야의 기술을 요구한다. 그 이유는 기업사회 혁신가는 CSR, 기업시민활동, 기업의 사회참여 활동, 지속가능 경영활동, 기업 자선활동들을 비즈니스 전략 부서와 연계시켜야 하기 때문이다. 비즈니스 부서는 다른 부서와 동일하게 운영된다. 하지만 비즈니스 부서는 기업의 손익계산서와 직접적으로 연결되며, 아주 명확한 성과 측정 제도를 따른다. 또한 비즈니스의 우선순위에 따라서 움직이며 기업 전체가 이해할 수 있는 전략을 기반으로 한다.

어떻게 기업사회혁신 문화를 만드는가

그렇다면 어떻게 이러한 격차들을 좁히고 '혁신할 수 있는 허가'를 주는 조직 문화를 만들 수 있는가?

1. 비즈니스를 마스터 하라

제일 먼저 할 일은 당신이 속한 기업의 비즈니스 근간에 대한 이해도를 높이는 일이다. 당신이 핵심 비즈니스를 움직이는 동인에 대한 이해도를 높일수록 비즈니스 부서로부터 기업사회혁신 전략을 추구하기 위한 자원을 이끌어내는 설득력이 높아진다. 미국의 어떤 유명한 의류 유통 기업의 경우에 기업사회공헌팀은 사회적 책임 분야의 리더로서 간주되고 있었다. 내가 진행한 전략 세션에서 이 최고의 팀이 사실은 다른 비즈니스 부서와 실제적으로 동떨어져서 운영되고 있다는 사실을 알게 되었다. 해당 팀원들은 기업 내 다른 마케팅이나 운영 부서와 연결이 되지 않고 있었고 해당 기업의 가장 큰 고객이 어디인지 혹은 가장 잘 팔리는 상품 단위의 이름도 알지 못했다.

자기 기업의 핵심 비즈니스에 대한 기본적인 지식이 부족할 때는 자연히 각 부서간의 연결성은 떨어지고 핵심 비즈니스와 연계하는 능력에 제한을 받게 된다.

필수적으로 알아야 할 것은, 비즈니스 부서의 사람들에게 영향을 미치고 싶다면 그들이 무엇에 움직이는지 알아야 한다. 즉 기업의 가장 큰 매출 소스는 어디인가? 누가 톱 20 고객들인가? 목표 시장의 구성은? 어디가 신흥 시장이며 어디가 가장 큰 비즈니스 기회가 있는 곳인가? 무엇이 CEO의 가장 큰 3대 비즈니스 우선순위인가? 우리 기업의 임직원, 소비자, 비즈니스 파트너들이 가지는 우리 기업에 대한 인식은 어떠한가? 무엇이 비즈니스 용어인가? 무엇이 주요 성과지표인가?

2. 주요 이해관계자들과 연계하라

기업시민활동 분야의 기업인들과 일할 때마다 나는 항상 놀라는 것이 있다. 사회 혁신과 관련된 활동에 대한 비즈니스 부서 사람들의 기대에 대하여 그들과 직접적인 대화를 나누어 본 적이 거의 없다는 것이다. 조직 문화를 바꾸기 위해서 제일 먼저 할 일은 당신이 핵심 비즈니스와 연관되고 일치되는 것을 원하고 있다는 것을 알리는 일이다. 어떤 비즈니스 부서와 연결하고 싶은지를 생각하고 당신의 아이디어를 가지고 가보라.

비즈니스 부서의 사람들과 연계하려고 하는 행동은 다른 혜택도 가져다준다. 당신이 비즈니스와 좀 더 긴밀하게 연계하고자 하는 당신의 의도에 대해서 사람들의 인식을 바꿀 수 있다는 것이다. 그들에게 기업사회혁신의 개념에 대해서 설명하고 대화를 하라. 당신이 담당하는 역할과 기능을 누가 다르게 보는지, 누가 '그저 좋은 일'로 전통적으로 간주하는지 찾아라. 이러한 대화는 조직 내에서 누가 당신의 업무를 지원해 줄 수 있는지 발견하는 데 도움을 줄 것이다.

내가 자문한 한 대형 유통회사의 이해관계자 대화에서 광고 부문 부사장은 기업사회혁신 개념에 대해서 흥분을 감추지 못하며, "기업사회혁신은 2010년 제일의 최우선 순위에 두겠습니다"라고 했다. 그는 정말 좋은 지원자였다. 그 회사의 2010년 광고 예산만 해도 5억 달러가 넘었으니 말이다!

하나 기억할 것이 있다. 때로는 '이해관계자'라는 용어가 너무 넓게 쓰인다. 내가 말하는 이해관계자란 기업 안에서 진짜로 그 결과에 대해 기대하고 있는 사람들을 말한다.

즉 경영진, 주요 비즈니스 파트너, 주요 고객, 월 스트리트 애널리스트들, 투자자, 임직원들이다. 그들에게 물어봐야 할 질문들은 다음과 같다.

▶ 어떤 사회문제가 우리 기업의 성장에 가장 관련이 많다고 생각하는가?

▶ 어느 사회문제 분야가 우리 기업이 가장 큰 변화를 만들 수 있을 것이라고 생각하는가?

▶ 어떤 비즈니스 성과가 우리 기업시민활동에 가장 관련이 많다고 생각하는가?

▶ 우리 기업시민활동을 어떻게 측정하면 좋은가?

▶ 어떤 데이터가 그 성공을 가장 잘 나타낸다고 보는가?

3. 당신의 팀을 변화시켜라

회사가 다른 방식으로 사고하도록 노력하는 것과 마찬가지로, 당신은 기업시민활동을 담당하고 있는 팀원들의 사고도 바꾸어야 한다.

기업사회혁신에 대한 비전을 나누라. 기업 내에서 좀 더 큰, 그리고 좀 더 전략적인 역할을 담당하는 데 대해서 열의가 생기도록 만들어라. 그들의 창조력을 분출하게 하라. 그들의 지원을 얻어라. 팀원들의 장점을 살려라. 팀원들이 성공적인 결과를 만들어 낼 수 있는 역량이 있는가? 팀이 가진 자산이 무엇인지 파악해라. 주요 파트너, 사회문제에 대한 전문성, 비즈니스 경험, 지역사회에서의 위치, 외부 자원에 대한 접근성, 잠재적인 파트너십, 언론 컨택 리스트 등이다.

이렇게 팀이 가진 자산을 파악하는 것은 전략을 위해 자원을 좀 더 전략적으로 배분하는 데 도움이 된다. 내가 자문한 한 금융기업

은 이러한 '자산 맵핑' 전략을 통해서 그 금융기업이 가진 고객 타
깃 리스트 20대 기업 중 10명의 임원들과 직접 관계를 맺을 수 있다
는 사실을 발견하게 되었다!

팀원들과 긴밀하게 연계하게 되면, 회의감, 두려움, 갈등도 접하
게 될 것이다. (나는 어떤 프로그램 매니저가 "나는 이 팀에 돈을 벌기 위해 오
지 않았어요. 저는 세계를 구하러 왔단 말이죠!"라고 선포하는 것을 들었다.)

이러한 회의주의나 두려움을 공통된 목표에 일치시키기 위해서
는 어떤 때는 팀원을 다른 팀으로 보내야 할 경우도 생길 것이다.

4. 기업 내 다른 여러 부서들과 연계하라

만약 당신이 맡은 기업시민활동 부서를 비즈니스 부서의 사람들
이 비즈니스 부서처럼 여기게 하려면 비즈니스 부서처럼 행동해야
한다. 당신이 모은 피드백, 의견, 보유 자산들의 분석이 끝나면 비즈
니스와 일치되지 않는 것들을 명확한 목표와 매트릭스 하에 일치시
켜 기업시민활동이 직접적으로 비즈니스를 지원할 수 있도록 해야
한다.

가급적이면 이러한 방향 선회를 모든 이들에게 알려라. 하지만 사
람들의 기대를 재조정하는 것은 아주 시간이 오래 걸릴 수도 있다.

앞서 언급한 유명 의류유통 기업의 기업시민활동 부서는 전사적
인 기업의 전략 비즈니스 계획 회의Strategic Business Planning: SBP에 한
번도 참여해 본 적이 없었다. 비즈니스 부서와 같은 방식으로 전환
하기 위해서 그 기업시민활동 부서는 그 프로세스에 참여하기로 결
정했다 다른 비즈니스 부서들이 사용하는 SBP 템플릿을 작성하였

다. 기업시민활동의 전략 비즈니스 계획을 주요 전략, 그리고, 그 전략이 어떻게 기업 비즈니스의 우선순위에 일치될 수 있는지, 주요 활동, 비즈니스 동인, 성과 매트릭스 등과 같은 내용을 열거하였다.

이러한 기획 활동은 기업 내 다른 비즈니스 부서들이 기업시민활동 부서를 다르게 보게 하기 위한 작은 시작 단계일 뿐이다. 사람들의 선입견은 비즈니스 지원 부서들은 비즈니스 계획을 짜지 않고 비즈니스 부서만 비즈니스 계획을 짠다는 것이다. 따라서 당신과 당신 팀은 비즈니스 부서가 커뮤니케이션 하는 식으로 비즈니스 용어를 써서 커뮤니케이션을 해야 한다. 당신 팀의 성과 매트릭스를 경영진이 원하지 않아도 경영진에게 보내라. 만약 당신과 당신 팀이 비즈니스를 '이해하고 있다'는 노력을 알리게 되면 비즈니스 담당 부서나 경영진도 당신의 노력을 '인식하게' 될 것이다.

5. 혁신을 시범 테스트 하라

기업사회혁신 문화를 만드는 가장 강력한 방법은 뭐니 뭐니 해도 실질적인 결과를 만들어 내는 것이다. 아무도 이젠 월마트의 지속가능경영 이니셔티브에 대해서 왈가왈부 하지 않는다. 월마트가 제품 패키징을 5% 줄였을 때 나오는 결과는 210,000톤의 디젤 트럭을 도로에서 치운 효과가 똑같다.

월마트는 2008년 물류 흐름 효율성을 38% 높였는데, 이는 미국 전체의 물류량에서 9,000만 마일의 교통량 비용을 줄인 것과 똑같은 효과를 냈다.[2] 유니레버의 삭티Shakti 이니셔티브를 통해서 1억 달러의 매출이 일어난 것이나, 코카콜라의 매뉴얼 유통 센터를 통해서 5

억 달러 매출이 생긴 것에 대해서 아무도 부정하지 않는다. 또한 99%의 오피스맥스 임직원이 ADMB가 오피스맥스 일원인 것에 자부심을 가지게 해주었다고 하는 것에 아무도 의심하지 않는다.

그러나 이러한 인상적인 결과를 얻기 위해서는 리스크도 짊어져야 한다. 2009년 월그린Walgreens 약품 판매 회사는 시카고 내 일부지역 중, 건강한 음식 판매점이 희귀한 지역의 매장 내에서 신선한 과일, 야채, 기타 건강식을 시범 판매하였다. 해당 지역 정부가 지역 내 다른 슈퍼마켓이 철수하면서 건강에 좋은 음식을 파는 곳이 없어졌기 때문에 월그린에게 요청을 한 것이었다.[3] 월그린은 이 기회를 사회문제를 해결하면서도 새로운 매출을 올릴 기회로 보고 사진 현상 코너를 개조하여 파스타나 다른 건강식 제품을 넣을 냉장 판매대나 진열 선반으로 만들었다. 10개의 매장에서 시범 운영을 한 결과, 이 품목 매출에 성과가 있었고 지금은 다른 지역에도 확장 판매하고 있다.

요점은 이것이다. 당신의 전략은 처음에 완벽하지 않아도 된다. 초기에는 그저 기존 문화에 영향을 미치고 그 다음 혁신할 수 있는 허가를 얻으면 된다. 비즈니스 성과를 견인할 수 있는 요소를 찾고, 관련된 데이터를 모으고, 당신이 기업사회혁신 비즈니스를 하고 있다는 사실을 다른 부서 사람들에게 알릴 수만 있다면 일단 성공이다.

제10장

기업사회혁신의 방식

기업사회혁신은 현란한 계시나 획기적인 아이디어에 쓰는 수십만 달러의 투자에 의존하지 않는다. 기업사회혁신은 마인드 세트, 접근 방식, 비즈니스 방식 등의 변화를 통해 누구나 할 수 있는 것이다. 기업사회혁신을 올바르게 하려면 사실 이 책에 소개된 5가지 전략보다 더 많은 것이 필요하다. 기업사회혁신을 가능케 해주는 환경이 필요하고(제9장 기업사회혁신을 위한 기업문화 만들기의 주제), 올바른 전략을 결정하기 위한 로드맵과 다른 부서와 기업사회혁신 활동을 통합할 수 있는 방법에 대한 가이드라인이 있어야 하며, 당신이 제시하는 가치(그리고 성과 측정 결과)를 잘 커뮤니케이션 해줄 수 있는 용어를 사용해야 한다.

이 장은 이러한 단계들을 설명하고 당신의 기업사회혁신 전략을 어떻게 설계하며 어떻게 그것들을 당신의 조직 안에서 현실화해 낼 수 있는지 설명하는 장이다.

올바른 기업사회혁신 전략을 선택해라

어떻게 시작해야 하는가? 어떤 기업사회혁신 전략이 당신 기업에 가장 적합한가? 예산 부족하면 어떻게 하는가? 당신 기업이 B2B 기업이라서 소비자가 없다면 어떻게 해야 하는가? 만약 당신 회사가 재정적으로 어려움을 겪고 있다면(만약 당신 기업이 속한 업계가 '사회적으로 책임감이 없는 것처럼 여겨지는' 업종이라면? 아니면 대중의 신뢰가 아주 낮은 지점에서 시작해야 한다면) 모든 기업은 각기 다른 제한점과 기회가 있을 것이다.

기업사회혁신 전략을 개발할 때는 기본부터 시작하는 것이 좋다. 특히 이 분야가 당신에게 새로운 분야일 때는 더더욱 그렇다. 이건 비즈니스 부서의 경우도 마찬가지다. 다행히 효과적인 기업사회혁신 전략을 설계하는 기본적인 지침은 있기 때문에 이제부터 그에 대한 소개를 하려고 한다.

1단계 : 주요 비즈니스 성과를 정해라

기업사회혁신은 항상 명확한 비즈니스 동기에 의해 시작된다. 웰포인트WellPoint의 경우, 비즈니스 동기는 새로운 고객층의 확장이었다. 테스코의 경우에는 미국 시장에 진입하는 것이었다. 오피스맥스의 경우에는 수익성이 높고 강력한 구매력을 가진 고객층 내에서 충성도를 확보하는 것이었다. 트래블러스의 경우에는 변화하는 인구계층의 변화 환경에서 기업에 적합한 인재를 얻는 것이었다. 세이프웨이의 경우에는 비용절감이었다.

꼭 기억하라. 기업사회혁신은 '옳은 일을 하고' 비즈니스 정당성을 찾는 다른 전략과 전혀 다르다. 기업사회혁신을 위해서는 언제나 비즈니스 명제로부터 시작해야 한다. 기업사회혁신이 만들어 낼 수 있는 비즈니스 성과의 유형에는 제한이 없으나 가장 일반적으로 발견될 수 있는 유형은 앞서서 설명한 5가지 전략들이다.

▶ 서브마켓 제품과 서비스를 통해서 매출 올리기.
▶ 백도어 채널을 통해 신규시장 진입하기.
▶ 고객들과 정서적 유대감 만들기.
▶ 인재채용을 위한 파이프라인 만들기.
▶ 역 로비를 통해 정책에 영향 미치기.

당신 기업의 주요 비즈니스 성과를 정하였으면, 주요 이해관계자들과 연계를 하라. (방법은 제9장 기업사회혁신을 위한 기업문화 만들기를 참조)

그들은 종종 직접 답도 준다. 때로는 사회적 전략에 가장 적합한 주요 비즈니스 우선순위의 세부 리스트도 필요하다.

예를 들면 당신 기업의 비즈니스 우선순위가, 확장된 혜택 제공을 통해서 고객들의 '지갑의 남는 돈'을 얻어내는 것이라면 (이 말은 고객이 당신 기업 제품을 구매하는 데 쓰이는 고객의 자유재량의 수입을 말한다) 이때 기업사회혁신 전략은 새로운 제품이나 서비스를 혁신하는 데 도움이 되는 방향으로 설정이 되어야 한다. 아니면 고객과의 유대감을 높여 고객의 충성도를 높이는 방식으로 (이렇게 해도 지갑의 남는 돈을 쓸 테니까) 기업사회혁신 전략을 쓸 수도 있다. 어느 방식이든 당신은 비슷한 비즈니스 성과를 얻을 수 있을 것이다.

2단계 : 비즈니스와 연관된 사회문제를 분석해라

다음 단계는 사회 변화와 해당 비즈니스 성과와의 연계성을 찾는 일이다. 이 단계에서는 조사가 필요하다. 심지어 당신 기업이 느끼기에 대답이 자명할 지라도.

예를 들면 한 대규모 유통 기업이 고객들이 생각하는 가장 중요한 이슈가 지속가능성이나 환경이라 확신한다고 치자. 언론에서 떠들고 그 유통 기업은 지속적으로 NGO나 사회운동가로부터 비난을 받고, 그 기업의 환경 발자국은 아주 크다. 그러나 소비자 대상 조사를 실시한 결과, 고객들은 해당 이슈에 전혀 '정서적 유대감'을 가지지 못하였다. 게다가 그 기업이 풀어야 할 중요한 사회문제라고 생각하지도 않았다.

동시에 모든 조사 결과가 소비자 조사만 있는 것은 아니다. 어떤 때는 기업 내부에서 기업의 여러 담당 부서 임원들(예를 들면 영업, 운영, 인사, 마케팅 등) 대상으로 어떤 사회문제가 그들이 관련된 비즈니스 전략에 가장 도움이 될 수 있는지 조사할 수도 있다. 세이프웨이의 경우, 해당 이슈는 아주 자명했다. 세이프웨이가 얻는 회사 수익보다 임직원 건강보험으로 더 많이 비용을 지출하고 있었으니까 말이다! 또한 때로는 조사 대상을 목표 시장의 주요 이해 관계자, 혹은 주요 비즈니스 파트너, 혹은 투자자 대상으로 할 수도 있다.

기업이 집중해야 할 사회문제를 파악하는 것은 이 단계의 첫 과정이다. 다음 과정은 그 사회문제를 좀 더 분석하여 어떻게 하면 기업이 나섰을 때 특정한 결과를 얻을 수 있는지 검토해야 한다. 오피스맥스의 경우, 기업의 포지셔닝은 추상적으로는 교육 지원이었다. 하지만 정확하게 말해서는 학용품은 많이 필요한데, 펀딩은 적은 선생님들을 지원하는 방식이었다. 그렇게 하면 선생님들이 자기 비용으로 학생들을 위해 돈을 쓰지 않아도 될 테니까 말이다.

그 전략은 기업이 실행 가능한 분야였고 그들이 관심 있는 고객들에게도(또한 기업이 노력한 맞춤형 해결책 제공 방식에도) 중요한 문제를 다룬 것이었다. 따라서 주요 비즈니스 우선순위와 일치시키기도 수월했다.

테스코의 경우도 마찬가지였다. 미국 시장에 진입하는 데 있어서 기아와 같은 사회문제에 현금이나 임직원 자원봉사 시간을 기부할 수도 있었지만, 테스코의 비즈니스 관심사인 미국 시장 진출과 건강에 좋은 음식이 희소한 지역에 접근성을 높이는 사회적 성과 간의 연계를 찾아서 실행한 것이다.

3단계 : 가동할 수 있는 핵심 비즈니스 자산을 파악하라

모든 기업은 다양한 자산을 가지고 있다. 사람, 브랜드, 고객, 제품, 관계 등이다. 하지만 모든 기업에게 정작 핵심 자산은 적다. 핵심 자산은 기업사회혁신의 가장 중요한 부분이다. 핵심 자산이 투입되어야 기업사회혁신이 자선이나 다른 비 핵심 자산이 투입되었을 때 못하는 기하급수적인 영향력을 발휘할 수 있다. 또 그래야 기업사회혁신 전략이 비즈니스에 직접적으로 혜택을 줄 수 있다.

코카콜라의 경우, 기업사회혁신을 가능케 한 인적 유통 채널은 코카콜라의 핵심 자산이었다. 유니레버의 경우, 핵심 자산은 소매판매상이었기 때문에 인도의 마을 곳곳에 성과 좋은 삭티 영업 에이전트들이 구성되고 활동을 할 수 있었던 것이다.

월마트의 경우, 핵심 자산은 엄청난 구매력이다. 이 구매력을 활용할 수 있었기 때문에 4달러짜리 일반 처방약 프로그램을 만들 수 있었다. 테스코의 경우에는 신선한 음식을 제공한 비즈니스 그 자체이다. 그랬기 때문에 건강한 음식 판매가 희소한 지역에서 성공할 수 있었다.

일단 목표 비즈니스 성과와 사회적 성과를 파악하였으면, 팀원들과 함께 핵심 비즈니스 자산을 파악하고 어떻게 그 자산들을 해당 사회문제 해결에 활용할 것인지 논의한다. 이때가 바로 제9장에서 배운 기술을 활용하여 비즈니스 부서를 비롯한 기업 내부의 여러 다른 부서들과 연계하고 이해관계자들을 설득하며 당신의 팀을 재가동시킬 시점이다.

4단계 : 혁신하라

이 마지막 단계는 가장 어려운 단계이다. 하지만 여기가 바로 기업사회혁신의 마술이 일어나는 단계이다. 기업사회혁신은 직관적인 도약을 필요로 한다. 숨겨진 가치를 개발하고 가동되지 않은 잠재력을 발견해야 하는데, 이것은 그냥 단순한 시각으로는 할 수 없다.

이 책에서 언급한 모든 사례들의 경우, 어떤 경우에는 사회 변화 속에서 비즈니스 가치를 미리 보고 실행한 경우도 있고, 아닌 경우도 있다. 이것이 내가 언급한 '사회적 차익거래'이다. 시스코는 도시 내 실업자 청소년들을 잘 훈련된 기술자로 만들어 냄으로써 그 청소년들이 비즈니스 성장을 지원할 수 있도록 만들었다.

테스코나 월그린은 건강한 음식이 희소한 지역에서 가치를 발견했다. 유니레버는 손을 씻는 문화를 통해서 질병을 없애는 데서 가치를 포착했다. 월마트는 일반 처방약을 좀 더 싸게 만들어 보험 미가입자는 물론 모두에게 제공할 수 있는 가치를 만들어 냈다. 팸퍼스는 개발도상국의 임신부와 아이들의 파상풍을 퇴치하는 데서 가치를 찾았다.

혁신은 당신의 창조성과 독창성, 그리고 비즈니스 실용주의를 결합하여, 비용을 낮추고, 새로운 제품을 개발하고, 행동을 변화시키고, 새로운 관계를 맺고, 정책에 영향을 미치는 작업이다. 이 책에서 언급한 5가지 기업사회혁신 전략은, 당신에게 당신 자신의 전략을 만들기 위한 통찰력과 요령, 그리고 좋은 모범 사례를 제공해 줄 것이다. 하지만 당신은 그 5가지 전략에 제한받을 필요는 없다. 실제로 혁신은 창조적인 노력이기 때문에, 혁신을 위해서는 독창적인 아이디어와 해결책, 그리고 전략이 필요하다. 따라서 당신 고유의 기업사회혁신 전략을 창조하도록 노력해야 한다. 여기 그렇게 하기 위한 몇 가지 요령을 정리해 보았다.

경제적 잠재성 찾기

원하는 사회 변화를 얻기 위해서는 당신 자신에게 이런 질문을 해야 한다. "누가 이 전략에 돈을 댈 것인가?"

웰포인트는 만약 회사가 충분한 가치를 보여 주는 상품을 개발한다면 진보 성향의 젊은이들이 그러한 보험상품에 기꺼이 지불을 할 의향이 있을 것이라고 보았다. 세이프웨이나 월마트는 사회적, 환경적 행동 변화를 위해서 그들 자신들이 기꺼이 지불할 의사가 있었다. 월그린은 만약 접근성을 용이하게 해줄 수만 있다면, 음식사막 지역에 거주하는 사람들이 신선한 과일과 야채에 돈을 쓸 것이라고 보았다.

지원자 찾기

좋은 아이디어는 있지만 시작하는 비용이 마땅치 않을 수도 있다. 누구나 GE나 테스코와 같은 예산을 가지고 있지는 않기 때문이다. 따라서 사회적 차익거래 가치를 창조하기 위해서는 당신이 목적하는 사회 변화 비용을 기꺼이 지불할 지원자를 찾아야만 한다.

세이프웨이는 63개의 동일한 생각을 하는 기업들을 모아서 정책 운동을 할 비용을 마련하였다. 팸퍼스는 모성의 도움을 얻었다. 소규모 식품상들은 미국 정부의 '건강식품 지원 이니셔티브Healthy Food Financing Initiative'를 통해서 4억 달러나 되는 지원금을 찾아냈다. 오피스맥스는 공급업체의 선한 의지에 호소하여 '더 나은 날 만들기 이니셔티브A Day Made Better initiative'에 필요한 일부 비용을 충당했다.

찾아보면, 기업이 녹색 기술이나 의료 기술에 투자하도록 권장하는 수십 개의 연방 혹은 주 정부 이니셔티브들을 많이 발견할 수 있다. 비즈니스 가치와 사회적 가치가 연계된 가치 제시를 할 수만 있다면 그 비용을 지원할 수 있는 누군가를 찾게 될 것이다.

소형화 하기

제1장 사회적 자본시장의 성장에서 언급하였듯이 기업사회혁신 전략은 기존의 제품과 서비스를 수정하여 새로운 시장에 맞도록 단순화 시키는 것이 중요하다. 이 혁신을 위해서는 20/80의 법칙이 필요하다. 80%의 요구사항을 충족시킬 수 있는 20%의 기능성을 발견하는 것이다. 이 20/80의 법칙은 토닉의 경우에 적중했다. 웰포인트는 비싸지만 목표 젊은 층은 별로 관심이 없는 임산부 보험 혜택 항목을 삭제함으로써 보험상품 가격을 떨어뜨릴 수 있었다. 월마트는 4달러짜리 처방약 프로그램에서는 다른 기업의 제품을 소형화 시킬 수 있었다. 월마트의 구매력을 활용하여 일반 처방약의 비용을 낮춘 것은 20%의 비용을 절감하여 80%의 기능성을 제공한 것이다.

핵심 역량 재배치하기

때로는 이미 잘 알고 있는 지식을 새로운 시장에 적용해도 새로운 가치를 만들어 낼 수 있다. 그것이 GE가 '헬씨메지네이션 이니셔티브' 를 통해서 헬스케어 제품 비용을 낮추는 데 드는 막대한 연구개발비를 절감한 방식이다. 이 방식은 Salesforce.com이 비영리기관 고객들을 위해서 맞춤형 해결책을 만들어 낸 것과 유사한 방식이다.

'트리클 업' 혁신을 활용하기

당신은 새로운 제품이나 서비스를 대안적 시장에 테스트한 후, 기존 시장에 '업 스트림' 시켜 출시할 수도 있고, 대규모로 확장을 할 수도 있다.

제4장 서브마켓 제품과 서비스를 통해서 매출 올리기에서, 나는 인도와 중국에사 GE가 어떻게 소규모 심전도 기계를 한 뒤 테스트 하여 미국과 같은 선진국에 활용하기 위해 수정함으로써 많은 시간 과 비용을 줄일 수 있었는지 설명하였다. 테스코는 미국 내 건강에 좋은 음식이 희소한 지역에 소형 매장 오픈으로 성공을 거둔 후, 다른 개발도상국에도 신선하고 가기 쉬운 지역 매장이라는 콘셉트를 적용할 수 있었다. 나는 이를 통해 테스코가 어떻게 다른 대형 유통 매장들과 직접 경쟁을 할 때, 점진적으로 매장 크기를 늘려나갈 수 있었는지 설명하였다.

유통과 일자리 만들기

일자리 창출은 혁신을 위한 손쉬운 방법이다. 코카콜라의 아프리 카의 '매뉴얼 유통 센터manual distribution centers'는 많은 아프리카인 들을 매니저와 배달원으로 채용하여 몇 년 동안 존재하지 않았던 일 자리를 제공하였다. 인도에서 유니레버에 연간 1억 달러 매출을 가 져다주는 샥티 영업 에이전트들은 역량 강화와 마이크로 크레딧에 기반을 두고 시골에서 직접 모집한 여성들이었다.

일자리 창출은 전략이 성공하면 자연히 따라오는 것이다. 테스코 가 미국 내에 음식사막 지역에 신선한 음식을 판매하는 새로운 매장 을 열었을 때, 계산대에 필요한 일자리나 매장 운영에 필요한 일자 리가 자연스럽게 창출되었다. 요점은 넓게, 혁신적으로 생각하고, 당신 기업의 유통이나 인재 부족 문제를 해결하기 위해서, 사회적 가치를 창조하는 방식으로 하라는 것이다.

혁신하는 또 다른 방법은 중요한 제품이나 서비스에 대한 접근성을 높이는 비즈니스 플랫폼을 최대한 활용하라는 것이다. 코카콜라는 개발도상국에서 인적 유통 채널을 만들 때, 지역사회에서 꼭 필요한 수분보충용 소금과 같은 '사회적' 제품을 함께 활용하였다. 이때 코카콜라의 인적 유통 채널과 콜라라이프ColaLife와 같은 비영리 기관 전문성을 동시에 연계했다. 라이프브요이Lifebuoy 비누는 손 씻기 문화를 증진하는 공중 보건 요구사항과 비즈니스 목표를 일치시켜 성공할 수 있었다.

비즈니스와 통합하라

기업사회혁신 전략을 결정하였으면, 기업 내 다른 비즈니스 부서들과 연계하고 통합하는 데 전력을 집중하여 현실화 시켜야 한다. 50%의 혁신은 제9장에서 설명한 바와 같이 기업 내에 기업사회혁신 문화의 실행을 통해서 이루어진다. 기업사회혁신을 성공시키기 위한 나머지 50%는 다른 비즈니스 부서들과 연계된 회사의 투자에 기반 해서 이루어진다.

2006년에, 맥도널드는 '로널드 맥도널드 자선하우스Ronald McDonald House Charities: RMHC' 전략을 실천하기 위해 다른 비즈니스 부서들과 연계하고 통합하는 업무를 담당하는 실행팀을 발족했다. 이 팀은 맥도널드 미국 사장에게 직접 보고하는 비즈니스에 능란한 리더에 의해 이끌어졌다. 그 인물의 이름은 척 스코트로, 그는 맥도널드에서 35년 이상 근무한 인재였다.

척은 전략을 아이디어를 현실화하는 방법을 잘 알고 있었으며, 실행팀을 강한 확신, 상세한 계획, 능란한 정치력으로 이끌어 갔다. 나는 척과 인터뷰를 하면서 어떻게 전략을 현실화 시켰는지 물어 보았다. 여기 그가 제시한 성공 요인들이 있다.

비즈니스 방식을 이해하라

기업사회혁신의 업무를 기업 내부의 비즈니스 부서들이 이해할 수 있는 용어로 얘기하는 것이 중요하다. 맥도널드의 사업 운영은 '5가지 P'로 정의되고 있다 : 사람people, 제품products, 매장place, 가격price, 프로모션promotion이다. 척은 기업 사회전략이 비즈니스 전체 사업 운영에 잘 통합될 수 있도록 RMHC 이니셔티브를 5P에 맞게 운영했다.

지속가능 경영과 통합하라

기업사회혁신 팀에는 업무가 사체적으로 사업과 통합되어 운영될 수 있도록 비즈니스에 관계했던 사람들이 포함되어야 한다. 척은 기업 내 다른 비즈니스 부서에서 사람들을 파견 받아 RMHC팀이 어느 한 사람에게만 의존되지 않도록 했다.

가치를 더해라

냉정하게 말해서 기업사회혁신 활동은 다른 비즈니스에 방해가 되어서는 안 된다. 오히려 비즈니스 우선순위를 지원해 주어야 한다. 척의 팀은 단기간에 성과를 거두고 정기적으로 성과를 보고하는 방식으로 기업의 사회혁신 활동이 직접적이고 즉각적인 비즈니스 효과를 내고 있다는 것을 알려줄 수 있는 방법을 실시했다.

적은 성과에 집중해라

기업사회혁신이 원대한 비전을 가지고는 있지만, 적은 성과라도 계속 추적하여 적지만 성취되고 있는 결과를 계속 관리해 주는 것이 중요하다. 맥도널드가 이런 면에서 뛰어났던 비결은 RMHC 천 로고와 배지를 달게끔, 매장 직원들의 유니폼을 개조한 것이다. 이렇게 함으로써 매장 임직원들의 사기를 올리는 즉각적 비즈니스 효과를 얻을 수 있었다.

쉽게 만들어라

비즈니스가 운영되는 방식은 큰 개념을 세분화하여 그 부분들이 실행되도록 하는 것이다. 즉 아이디어는 현실적으로 운영 가능해야 한다. 척의 설명에 따르면, "만약 아이디어가 너무 많은 부서의 사람들을 관여시켜야 한다면, 통합 가능성은 오히려 적다고 할 수 있다."

예를 들면 맥도널드는 RMHC에 대한 사진록을 만들어서 매장 매니저가 쉽게 선택하고 로비의 게시판에 붙일 수 있게 하였다. 이렇게 하여 매장의 고객들은 어떻게 지역의 맥도널드 매장들이 RMHC 활동을 지원하고 있는지 알 수 있었다.

일관적인 메시지를 사용해라

목표는 높게 잡고, 커뮤니케이션은 지속적으로, 메시지는 단순해야 한다. 이것을 비즈니스 내에 아이디어를 '사회화' 시킨다고 한다.

맥도널드는 RMHC팀의 활동을 모든 매장 매니저용 뉴스레터에 포함시켰고, 최고 경영진이 RMHC팀의 활동에 대한 의견을 모든 사내외 연설에 포함하도록 만들었다.

'관여자'로부터 호응을 얻어라

기업 내에서 기업사회혁신으로 제일 영향을 많이 받을 사람들을 직접 관여시키는 것은 아주 중요하다. 그들의 의견을 청취하고, 조언을 얻어라. 그리고 그들의 업무가 좀 더 수월해 질 수 있도록 도와주어라. 맥도널드의 경우, 척은 모든 매장 직원들이 RMHC의 일관된 메시지를 전달할 수 있는 유니폼 디자인에 대해 매장 직원들의 의견을 직접 청취하였다.

적절한 팀원을 구성하라

기업사회혁신 활동에 자원봉사 인력을 쓰는 경우가 많은데 거의 다 실패한다. 기업사회혁신 활동을 위해서 다른 부서의 자발적인 참여를 요청하는 것은 중요하지만, 그러한 자발성에만 기대면, 정작 중요할 때 나타나지 않는 경우가 있다. 만약 끝까지 참여하지 못할 인력은 과감히 배제하라. 맥도널드의 경우, 척은 모든 관계자들에게 언제 그 활동이 끝날 것이며, 다 끝나면 완성 단계는 어떤 형태가 될 것이며, 모든 사람들이 최종 목표를 이해하고 그 목표 달성에 매진할 수 있도록 설명하였다.

경영진으로부터 가시적이고 일관된 지원을 얻어라

통합적 노력은 추가의 시간, 노력, 희생, 예산이 들어간다. 심지어는 업무 조정도 포함된다. 경영진으로부터 지원을 얻는 것은 이러한 변화 노력에 대한 후원을 얻는다는 면에서 중요하며, 해당 팀이 자신들이 하는 일이 가치 있는 일이라는 것에 대한 확신을 가지게 한다. 맥도널드의 경영진은 비 직영매장 오너들에게도 아낌없는 지원을 부탁하였고, 이것이 모두가 확신과 자신감을 얻게 된 요인이었다.

결과를 커뮤니케이션 하라

결과는 빠르게 추적하면 할수록 좋다. 초기의 성과와 긍정적인 결과를 커뮤니케이션 하는 것은 더 많은 지원을 얻게 하며, 회의주의자들의 침묵을 더 조용하게 하는 데 도움이 된다. 맥도널드의 경우, 'GAP' 이라는 연구를 통해서 어떻게 고객 만족도가 높아지고, 어떻게 매장을 다시 찾는 비율이 높아졌는지 보여 주었다. 이러한 결과들은 비 직영매장 오너들에게는 아주 중요한 요소였다.

이러한 교훈들은 대기업이나 중소기업이나 마찬가지일 것이다. 즉 어떻게 기업의 목표를 현실화 시키느냐에 관한 것이다. 여기서 우리가 알아야 할 것은 통합은 그저 기능의 합이 아니다 기업 문화를 구축하는 일인 것이다. 비즈니스 부서들과의 연계는 당신의 일에 기대를 하게 만드는 좋은 기회이며, 협력을 가치로 바꾸어 주는 열쇠이다.

성과를 측정하라

성과는 사회적 자본시장에서 새로운 중요성을 가진다. 사회계약의 세계에서는, 기업의 사회적 전략에 대한 가치 측정을 책무성(일부 기업은 CYA – Cover Your Ass: 혹은 '구린 데'를 가리는 것: 역주)이라고 부른다. 많은 기업들은 책무성을 보여주기 위해서 많은 사회적 책임 기준들의 준수 성과를 보여 준다.

예를 들면 다우존스 지속가능성 지수Dow Jones Sustainability Index 풋치 포 굿 지수FTSE 4 Good index, 글로벌 리포팅 이니셔티브Global Reporting Initiative 등이다. 기업은 또한 책무성을 보여주기 위해서 자선활동을 비롯한 많은 사회적 책임 활동의 측정을 하는 프로그램을 여러 대학교와 연계하여 실시한다. 이러한 연구 프로젝트는 보통 몇 년이 걸리는데 금액만 해도 수천 만 달러가 들어간다. 하지만 연구 결과 보고서는 보통 화려한 파일 안에 들어가 어느 책장에 그저 꽂혀 있기만 하게 마련이다. 즉 많은 기업들은 CYA 매커니즘 아래에서 그들의 사회적 책임 활동이 낭비가 아니라는 것을 증명하려고 애쓴다! 사실 오늘날 사회적 자본시장에서는 책무성 스타일의 측정은 별로 인기가 없다. 이해관계자들은 그저 좋은 일을 하거나 나쁘게 보이지 않으려는 노력 자체보다는, 비즈니스 가치와 연계된 긍정적인 사회 변화 여부에 더 관심을 가진다.

과거에 비즈니스 가치를 측정하는 것은 어려웠다. 왜냐하면 그들이 측정하는 사회적 전략은 애초에 가치를 만들어 내도록 설계되지 않았기 때문이다. 나는 종종 나의 기업 고객들이 보이스카웃, 걸스카웃 협회에 낸 지원금이 어떻게 기업 매출을 올렸고, 고객 대상으로 기업 명성을 얼마나 높였고, 몇 퍼센트 정도 임직원 근속률을 올렸는지에 대해, 통계적 숫자를 짜 맞추기 위해서 씨름하는 것을 본다. 사실 그런 활동들은 그런 효과를 내지 못한다. 그냥 좋은 자선활동들인 것이다. 그것이 가치가 없다는 것은 아니다. 단, 우리가 사회계약 기반의 전략에서 기업사회혁신 전략으로 변화한다면, 이런 불가능한 측정의 업무에서 기업들은 해방될 수 있을 것이라는 얘기다.

사회적 자본시장에 있어서 기업사회혁신 전략에 대한 측정이 차원이 다른 것은 '좋은' 가치가 무엇인지 확실히 알고 있기 때문이다. 그렇게 때문이 측정은 더 쉽다. 좋은 일이 사회문제를 해결하고 비즈니스 가치를 만들기 때문에, 사회적, 비즈니스적 매트릭스를 적용하는 것은 훨씬 더 손쉽다.

웰포인트는 보험 미가입자들이 토닉을 구매한 숫자를 측정하면 된다. 또한 토닉 비즈니스의 증가율을 따지면, 보험 미가입자들의 요구사항이 해결된 숫자를 알 수 있는 것이다. 테스코의 경우도 마찬가지이다. 건강음식이 희귀한 지역에서 오픈한 매장의 신규 고객 수만 따지면, 비즈니스와 사회적 가치 모두를 측정할 수 있는 것이다. 월마트의 경우에도, 탄소배출 감소량만 측정하면 얼마나 많은 비용이 절감되고 환경에 얼마나 긍정적인 영향을 미쳤는지 알 수 있다.

기업들은 이제 이러한 시스템적인 접근방법에 대해서 이미 파악하고 있다. 골드만삭스나 다른 기업들이 측정하는 ESG 통계는 그러한 ESG 성과가 비즈니스 성과와 직결된다는 명제에 기반한다. 알고어와 데이비드 블러드가 설립한 제너레이션 인베스트먼트 매니지먼트_{Generation Investment Management} 투자회사의 경우, 지속가능성 데이터를 장기 비즈니스 수익성으로 직접 전환시킨다.

아직 이 분야는 초기적이지만, 기업은 이해관계자와 사회 모두에 좋은 실질적 가치를 만들어 내고 커뮤니케이션하고 측정하여 가시화 할 수 있는 것이다. 아래는 기업사회혁신 전략을 측정하는 데 있어서 올바른 성과 측정 방법을 활용할 수 있는 몇 가지 요령이다.

전략을 성과로 만들어라

많은 사람들은 결과보다는 전략 그 자체를 측정하는 데 그친다. 하지만 전략은 실행하는 활동(예를 들면 해당 제품 개발, 매장 오픈, 기업 연합 활동 런칭 등)이며, 결과는 그 전략의 실행으로 인하여 상태, 행동, 상황에 일어난 변화이다. 결과에는 비즈니스 결과와 사회적 결과가 있다. 비즈니스 결과는 예를 들면, 매출 증가, 비용 절감, 임직원 이직률 감소 등이다.

사회적 결과는 예를 들면, 건강보험 미가입자 감소, 핵심 서비스의 접근성 향싱, 일자리 창출 등이다. 이해관계자 관여는 이러한 결과들이 어떻게 비즈니스에 가치가 있는지 판단할 수 있도록 해 줄 것이다. 하지만 때로는 기아와 같은 더 큰 이슈를 건강에 좋은 음식에 접근성이 향상된 숫자 등과 같은 부분 이슈로 세분화시켜야 할 필요도 있을 것이다.

억지로 연계성을 만들려고 하지 말라

또한 많은 사람들은 측정을 아주 심각하게 생각한다. 예를 들면 해당 전략이나 활동이 어떤 특정한 결과가 나오도록 기여한 오직 단

하나만의 요인이라고 증명하길 원한다. 연계성을 증명하는 것은 그렇게 중요하지 않다. 사회적 전략 실행자들은 그들의 측정 목표를 확실성에 대한 비즈니스 기준이 아니라 학술적 기준 기반의 확실성에 끼워 맞춘다. 내가 단언컨대, 어떤 연예인이 한 캠페인을 후원한다고 해서 다른 요인은 다 차치하고 그것 때문에 홍보 효과가 올라가지만은 않는다. 하지만 적어도 그 연예인의 후원 이후에, 기업 명성이 개선되었다는 연관성은 증명할 수 있을 것이다. 사회적 전략의 가장 중요한 열쇠는 그 해당 결과에 있어서 얼마나 실질적인 기여를 하였는가이다.

웰포인트의 토닉의 경우에도 토닉 상품에 대한 활동 자체 하나가 캘리포니아 주의 보험 미가입자 수를 감소시켰는지는 정확하게 증명하기는 어렵다. 하지만 적어도 토닉 상품이 해당 결과에 실질적인 기여를 했다는 것을 증명할 수 있을 것이다.

비즈니스 측정 방식을 사용하라

당신은 비즈니스 측정 방식을 새로 만들어 낼 필요가 없다. 비즈니스 부서들이 성과를 측정하는 방식을 확실히 이해했다면, 새로운 기법을 도입하기보다는 기존의 측정 기법을 활용하는 것이 더 낫다. 예를 들면 오피스맥스의 경우, 맥스퍽스MaxPerks에 사인한 숫자는 고객 충성도를 나타내는 지표가 되기 때문에 그 기법을 ADMB에도 적용하면 된다. 월마트 경우에는 처방약 시장에서 차지하는 점유율 향상도가 될 것이다. 그것은 이미 회사가 추적하고 있는 정보이고 4달러짜리 처방약 프로그램이 그 결과에 차이를 만들어 내었다는 것을 보여 주는 정보인 것이다.

스마트한 측정 표시를 만들어라

어떤 경우에는 측정하려고 하는 것이 확실한 측정 결과를 가지지 않는 경우도 있을 것이다. 그러한 경우에는 당신은 어떤 표시를 만들어 낼 수 있다. 즉 측정하기 어렵거나 결과 산출이 어려운 경우에, 당신의 전략이 어느 정도 기여했다는 것을 보여줄 만한 표시를 만드는 것이다. 예를 들면, 트래블러스는 회사에 최종적으로 채용된 학생의 숫자를 찾는 방식으로 결과를 측정한다. 인재채용 파이프라인의 각 단계에서는 각기 다른 측정 기준을 만든다. 예를 들면 점수 평균이라든지 경제학 전공 집중 학생의 숫자라든지 하는 것이다.

맥도널드는 매장 안에 RMHC를 위한 기금 모금통에 기부된 총액을 고객의 RMHC에 대한 인지도 표시로 본다. 하지만 내가 매장을 방문했을 때 보면, 많은 고객들이 그 기금 모금통을 그저 남은 동전을 버리는 장소 정도쯤으로 간주하는 것을 볼 수 있다. 나는 맥도널드에게 RMHC 성과 표시는 모금통에 기부된 총액이 아니라 그 안에 넣어진 지폐의 숫자로 보아야 한다고 조언했다. 어떤 표시는 다른 표시보다 측정 효과가 더 좋다. 앞선 장들에서 내가 언급했듯이 나는 특히 임직원 자원봉사 활동의 측정에서는 총 임직원 활동시간의 총계보다는 '아주 많이 관여하는 임직원' 수가 더 나은 표시라고 본다. 당신의 전략 자체를 측정하려는 것보다 해당 전략의 진정한 효과를 가장 잘 보여 줄 수 있는 표시를 찾는 것이 더 중요하다는 것이다.

신뢰성 있게 측정하라

때로 성과를 지나치게 늘여 신뢰성을 잃어버리게 되는 경우가 많다. 특히 많은 기업에서는 이런 면에서 실패를 하고 있다. 사회계약의 문화에서는 신뢰성이 생명인데 무리하게 활동을 성과와 연결시키다가는 비즈니스 부서들이 사회적 전략을 비즈니스 성과에 기여했다고 보지 않으려는 경향을 부추길 수도 있다.

사회적 효과를 측정하는 일에 매진했던 수 년에 걸친 나의 경험에서 얻은 중요한 한 가지 교훈은, 측정 그 자체가 중요한 게 아니라는 것이다. 중요한 것은 기업사회혁신을 위한 기업 문화이다. 그것은 완벽한 전략을 찾고 그저 기다리는 것이 아니다. 기업사회혁신에 성공하기 위해서는 올바른 마인드 세트를 가져야 한다. 그 다음에야 비로소 측정 도구나 기법이 효과를 발휘할 수 있는 것이다.

제11장

사회적 자본시장이 주는 시사점

2010년, 펩시는 23년 동안 계속했던 슈퍼볼 광고를 중단했다. 대신 '펩시 리플레쉬 프로젝트Pepsi Refresh Project' 라는 365일 지속되는 고객 주도의 2,000만 달러짜리 공익 마케팅 캠페인을 시작했다. 펩시는 리플레쉬 프로젝트를 통해서 '좀 더 긴밀한 고객과의 연계'를 목표로 한다고 했다.[1]

어디서 많이 들어 본 말이 아닌가? 펩시의 움직임은 사회적 자본시상이 존재하고 성장하고 있으며, 점점 더 경제의 주요 역할을 담당하고 있다는 것을 암시해주고 있다. 우리는 도처에서 사회적 자본시장의 성장을 보고 있다. 매거진 커버스토리에서, 신문의 헤드라인에서, 애널리스트 보고서에서, 비즈니스스쿨 수업에서, 정치 캠페인에서, 임직원 설문조사에서 말이다.

하지만 시장은 성숙해 질수록 이성적으로 되어간다. 이성적인 자본시장은 노력에 가치를 두는 것이 아니라 성과에 가치를 둔다. 모든 사람이 선한 일을 하고 있고, 아니, 적어도 그런 노력을 하고 있는 상황에서는, 시장은 자연스럽게 그러한 노력에 대한 가치를 평가

하는 다양한 방법을 개발해야 한다. 이 현상은 이미 일어나고 있다. 지난 2년 동안, 이미 ESG에 기반을 둔 투자조사 산업은 이미 여러 주요 기관들에 의해서 흡수되고 있다.

리스크 매트릭스 그룹Risk Metrics Group은 이노베스트 전략 가치 자문회사Innovest Strategic Value Advisors와 KLD 조사 분석회사를 흡수 합병하였고, 톰슨 로이터Thomson Reuters는 스위스 기반의 ESG 투자 조사회사인 ASSET4를 합병했고,브룸버그는 자사 정보구매 고객들에게 ESG 데이터 서비스를 제공하고 있다.

아래는 사회적 자본시장에서 중요한 3가지 주제들이다. 이들은 사회 변화와 비즈니스를 위한 비즈니스에게 많은 시사점을 제공하고 있다.

자원의 스마트한 배분

사회적 자본시장의 성장은 진정한 시장의 힘이 사회 변화를 이끌 수 있다는 신호를 준다. 재단들이거나 기부자들이거나 비영리기관들에 투자하는 가치나 효과를 측정하는 효과적인 방법은 없다. 그건 시민이나 정부도 마찬가지다. 기업이 기업사회혁신 전략의 가치를 중요하게 생각하면 할수록, 그 전략들과 그에 대한 기대는 정부나 비영리기관들의 업무에도 영향을 미칠 것이다. 왜냐하면 투자된 돈의 가치에 대한 책무성에 대한 요구도 높아질 것이기 때문이다.

사회문제 해결하기

사회적 노력에 대비, 산출되는 해결책에 대한 새로운 강조는, 기업들에게나, 정부나 비영리기관들에게도 높은 기준을 요구한다. 사회가 기업을 사회적 변화를 이끌 수 있는 새로운 힘으로 생각하고, 기업에게 정부나 비영리기관들이 사회문제를 해결하는 것과 같은 역량을 기대하면서, 기업과 정부, 비영리기관들은 새로운 전략을 개발하기 위해 더욱더 협력하고 있다.

비즈니스 가치에 직접 연결하기.

사회적 자본시장은 사회 변화가 재무적 성과, 즉 기업사회혁신과 직접적으로 연계될 수 있는 여러가지 방법이 있다는 것을 증명해 주고 있다. 이것은 전략적 CSR, 가치 기반의 투자, 다른 기업 전략, 공익 마케팅 등과 같이, 비즈니스 연계성이 명확하지 않는 전략들을 점점 상대적으로 약화시킬 것이다. 기업, 비영리기관, 정부 파트너들은 좀 더 직접적인 비즈니스 가치와 좀 더 높은 사회적 효과를 달성하기 위해서 그들이 일하는 방식을 다시 평가해 볼 필요가 있다.

사실 사회적 자본시장의 영향력은 단순한 기업 전략을 훨씬 더 능가한다. 사회책임투자, 비영리기관, 정부는 모두 사회적 가치가 창출되고 평가되는 방법에 대해서 다시 생각해 봐야 한다. 내가 생각하는 각 주요 분야에 필요한 시사점을 설명해 보겠다.

사회계약 : 새로운 변신을 위한 연습

나는 이 책을 통해서 계속적으로, 사회계약 전략은 이제 사회적 자본시장에서는 작동하지 않는다고 주장하였다. 하지만 이 말은 자선이나 기준준수가 비즈니스 성장을 견인하지 않는다고 해서, 사회계약이 전혀 작동하지 않는다는 것을 뜻하지는 않는다. 사실 요즘 기업의 사회적 책임은 어느 때보다 중요하다. 기업의 거대한 규모와 기업이 우리의 일상생활에 미치는 영향력을 생각해 보면, 그 트렌드는 바로 사회적 자본시장을 성장하게 하는 힘이다. 또한 기업 책임과 윤리경영에 대한 중요성은 날로 커지고 있다. 기업의 유례없는 영향력은 사회의 자연자원, 우리의 건강, 우리의 인권, 우리의 생활기준, 우리 아이들의 요구사항들에 영향을 미치고 있기 때문에, 기업의 사회적 책임에 대한 기준도 점점 높아지고 있다. 따라서 우리는 예를 들면, 탄소 배출권 거래제도, 재정적인 인센티브, 투자 기준, 좀 더 조직화된 '소비자' 로비 그룹, 좀 더 훈련된 매니저들과 같이, 보다 새롭고 보다 효과적인 시장 규제 메커니즘이 필요하다. 자기 규제 제도나 계속 변하는 CSR 기준은 더욱 더 발전할 것이다.

기업 자선이나 임직원 자원봉사 활동도 중요하다. 기업이 사회의 자연 자원을 활용하여 수익을 내듯이, 기업은 사회의 인적 자원을 활용하여 수익을 내고 있다. 또한 사회 인프라는 그러한 인적 자원을 유지하도록 구축되고 있다. 예를 들면, 공교육, 공공 안전, 공중 보건, 의학 연구, 사회적 서비스, 예술, 학술 등이다. 사회계약은 기업에게도 우리의 자연 자원을 보호하고 환경이나 생태계에 부정적인 영향을 최소화 할 것을 요구하고 있다. 또한 사회계약은 기업에게 지역사회에 환원하고 기업이 운영을 효과적으로 잘 하게 해주는 인프라를 지원하도록 요구함으로써 인적 자원도 보호하고 있다.

하지만 법인세만으로는 이러한 비용을 다 뽑아내기 힘들다.(미국의 각 주당 평균 법인세 비율은 6.6%이다)[2] 기업은 특히 정부가 기업이 할 수 없는 부분을 맡아서 하고 있는 지역 비영리기관, 문화예술기관, 지역사회 관련기관 등을 지속적으로 지원해야만 한다.

사회적 자본시장은 사회책임투자 산업을 다시 재편시킬 가능성이 많다. 현재, 수 조 달러의 투자는 '사회적 스크리닝'을 통해서 운영되고 있지만, 꼭 비즈니스 가치나 긍정적인 사회적 효과를 꼭 내고 있다고 볼 수만은 없다. 왜냐 하면 대부분의 사회책임투자 펀드는 사회계약의 마인드 세트를 가지고 개발되었고, 애초에 비즈니스 가치나 긍정적인 사회적 효과를 내도록 설계되지 않았기 때문이다. 오늘날의 사회책임투자는 주로 가치들 중심이다.

KLD 조사분석회사KLD Research & Analytics의 설립자인 피터 킨들러에 따르면, 사회책임투자는 "윤리적, 종교적, 사회적, 도덕적 가치들을 투자 결정에 반영하는 것"이라고 한다.3 이 펀드들의 대부분은 담배, 군수, 핵에너지, 성인오락, 도박, 술과 같이 책임성 없는 기업이나 인권 침해와 관련된 국가들에 대한 투자를 배제하는 부정적 스크리닝 방식에 집중해왔다. 어떤 투자 기관들은 이러한 전통적인 부정적 스크리닝 방식 이외에 친환경, 친사회, 기업지배구조가 좋은 투자 대상에 투자하는 '긍정적' 스크리닝 방식도 시도하였다. 이러한 이론은 리스크를 관리하는 기업의 능력이 기업의 경쟁력, 수익성, 투자대비 성과와 관계가 있다는 전제에 기반한다. 예를 들면, 다우존스 지속가능성 지수는 ESG 기준에 기반한다. 기후변화 대응 전략, 에너지 소비, 인적 자원 개발, 지식 관리, 이해관계자 관리, 기업지배구조 등이 그것이다.

아직도 많은 ESG 지표들은 정성적이며(예를 들면 'X기업은 임직원 만족도 조사를 시행하는가?'), 사실 정성 지표들은 사실 재무적 성과와 직접적 연관은 없다. 골드만삭스는 ESG 데이터를 GS 서스틴 인덱스GS Sustain Index와 통합하였다. 기업 지배구조, 리더십과 관련된 사회문제, 임직원, 이해관계자, 환경 경영 등의 지표를 포함해서 말이다. 골드만삭스는 GS 서스틴 인덱스를 설명하면서 이렇게 적었다.

'우리는 ESG가 경쟁기업들과 비교해서 어떤 한 기업의 경영 수준을 보여주는 좋은 표시가 될 것이라고 생각한다. 보다 지속가능한 방식으로 그들의 능력에 대한 통찰력을 얻을 수 있는 좋은 표시 방법이다.' 4 경영 수준에 대한 표시 방법이 현재의 사회책임투자 분석가들이 당신에게 제시할 수 있는 가장 진보된 방식인 것이다.

사회책임투자는 언론, 소비자, 사회운동가, 사회적 목적을 가진 투자자들의 협력적 파워를 통해 처방된 행동 기준에 맞지 않는 기업은 책임을 지게 하는 효과적인 역할을 하고 있기는 하다. 자본 시장이 기업의 사회적 성과에 대해서 관심을 가지게 한 것은 실제로 사회계약에 기반한 이러한 투자자들의 업적이다. 하지만 새로운 사회적 자본시장의 세계에서 통하는 불편한 진실은 리스크 관리가 전혀 지속가능한 투자 철학이 아니라는 것이다. 투입적 차원에서만 효과가 있다.

이제 주류 자본시장은 사회적 자본시장에 관심을 가지게 되었다. 왜냐하면 기업사회혁신 전략이 기업에게 실질적으로 경쟁력 있는 비즈니스 이득을 가져다주기 때문이다. 이러한 새로운 차세대의 사회책임투자는 실질적인 사회적 효과와 함께 실제적인 비즈니스 가치를 찾고 있다. ESG는 이 필요성을 만족시키지 못한다. 알 고어 전 부통령이나 이베이의 설립자 제프 스콜과 같은 사회적 의식이 있는 유명인을 투자자로 보유하고 있는, 몇 백억 달러 규모의 카프리콘 투자그룹의 시니어 파트너인 배질 데메로티스는, 이러한 새로운 투자 마인드 세트를 이렇게 설명한다.

"이제 우리는 약간 덜 나쁘거나 공익적 목적을 가지고 있기 때문에 투자하면 그저 기분이 좋은 회사를 찾고 있지는 않다. 오히려 우리가 찾는 것은 사회 변화의 에이전트로 활동하면서 미래 비즈니스 세계의 선구자 역할을 하는 혁신적인 기업이다. 비즈니스 성장의 미래 예측 변수는 사회적 주제나 기회와 같은 거시적인 요소에 따른 선택이 아니다. 비즈니스 가치를 활용해서 사회 변화를 만들 수 있는 기업을 선택하는 것이다."[5]

이러한 새로운 기대를 만족시키려면 사회책임투자는 새로운 형태의 데이터와 분석 및 측정 방법이 필요하다. 이러한 데이터는 투자 펀드뿐만 아니라 차세대의 기업의 사회적 랭킹, 시장의 인덱스, 애널리스트 보고서에도 필요해질 것이다.

비영리기관 : 펀드레이징에서 '사회적 효과 세일' 로 전환하기

사회적 자본시장은 비영리 분야를 혁명적으로 바꿀 것이다. 그렇게 하지 못하면, 비영리기관들은 점점 주변화 될 것이다. 어느 결과가 나올지는, 어떻게 비영리기관들이 자본의 새로운 배분과 가치 창조의 새로운 기준을 체화할 수 있느냐에 달려 있다.

첫째, 비영리기관들은 과거에 가능했던 방식들이 이제는 더 이상 통하지 않게 되었다는 것을 알아야 한다. 사회적 변화는 이제 흔한 상품이 되었다. 현재만 해도 미국에 140만 개의 자선기관들이 있다. 더구나 이 중에는 서로 하는 일이 비슷비슷한 기관들이 많다.[6] 도시 연구소의 조사에 따르면, 흥미롭게도 일반적 복지 프로그램을 다루고 있는 비영리기관들은 거의 1,000개나 된다고 한다.[7] 이 상황에서 비영리기관들은 사회적 변화는 이제 투자이며, 기업들은 확실한 반환 결과를 찾고 있다는 사실을 알아야 한다.

둘째, 이제 더 이상 심리적인 충만감은 그러한 반환 결과에 충분하지 않다는 사실을 인식해야 한다. 기업 파트너들은 비영리기관들이 그저 기분만 좋게 해주지 않고 비즈니스 성장을 견인하는 데 도움이 되기를 원하고 있다. 이는 비영리기관들이 기업사회혁신 전략을 마스터하고 기업과 일하는 좀 더 새롭고 의미 있는 방법을 찾아내야 한다는 것을 의미한다. 따라서 비영리기관들은 좀 더 효과적으로 일하기 위해서 기업의 세계에서 어떤 일들이 일어나고 있는지 이해할 수 있어야 한다. 즉 당신의 '고객'을 아는 것이 중요한 것이다. 그 기업의 재무 상태가 어떤지, 어디서 사업 운영을 하고 있는지, 무엇이 주요 전략적 우선순위인지, 어떤 사회적 도전에 직면하고 있는지 말이다.

또한 비영리기관들은 기업에게 다른 방식으로 접근해야 한다. 즉 뒷문이 아닌 정문으로 접근해야 한다. 다른 식으로 말하자면, 자선적인 가치 제시로 요구하지 말고, 비즈니스적 가치를 제시함으로써 그 비영리기관이 줄 수 있는 사회적 효과를 팔 수 있어야 한다.

기업사회혁신은 많은 가능성을 제공해 준다. 이것을 효과적으로 하기 위해서는 비영리기관은 그들이 가진 자산을 잘 분석하고, 비영리기관이 제공할 수 있는 사회적, 비즈니스 결과를 잘 파악할 수 있어야 한다.

마지막으로, 어느 때보다 절실히, 비영리기관은 측정 가능한 결과를 만들기 위해서 노력해야 한다. 그저 기업의 기부금이 좋은 데 잘 쓰였다는, 혹은 적어도 낭비가 아니었다는 것을 보여주는 것으로는 부족하다. 비영리기관들도 그들 활동의 성과를 측정하고 정량화 할 수 있어야 하고, 기업 파트너들에게 그 가치를 제시할 수 있어야 한다. 꼭 기억하라. 기업 전략은 기업 내에서 결과를 만들어 내는 능력에 따라 평가된다. 기업의 비영리기관들이 만들어 내는 데이터를 기업들이 신뢰하게끔 만들 수 있어야 한다.

정부 : 프로그램 지원에서 '사회적 결과 구매'로 전환하기

사회 프로그램에 지출하는 유례없이 막대한 공공자원에도 불구하고 정부는 사회적 자본시장에서 점점 주변화 되고 있다. 첫째, 미국 연방정부와 주 정부의 부채는 하늘 높은 줄 모르고 올라가고 있고, 정부 지출은 지속가능하게 운영되고 있지 않다. (또한 앞으로 몇 년간 이러한 문제는 더 심각해 질 것이다) 현재 연방정부 예산은 2010년 회계년도 기준으로 1조 3,500억 달러 적자이다. 적어도 2010년 회계년도 기준으로 48개 주가 모두 총 1,960억 달러에 달하는 혹은 29%의 예산 적자에 시달리고 있다. 이는 역사상 가장 큰 적자 수준이다.[8] 그러나 정부는 부도가 났다고 생각하지 않지만 대부분의 미국인들은 이미 부도가 났다고 생각한다. (CNN이 조사한 바로는 86%의 미국인이 그 사실에 동의하고 있다.)[9] 적자로 인한 재정과 자신감 부족으로, 정부는 세금과 같은 규제나 권한에 점점 더 의지하고 있고, 단순한 사회 프로그램에 지원을 하는 것보다 사회 변화에 영향을 미칠 수 있는 기업 파트너들과 더욱더 긴밀히 일하고 있다.

인종주의, 청소년 폭력, 제도 구축, 시민 참여 등 세상에는 사회적 자본시장을 통해서도 쉽게 풀릴 수 없는 중요한 사회문제들이 많다.

로버트 라이치는 그의 저서 《슈퍼 캐피탈리즘Super Capitalism》에서 사회 변화에 있어서 기업 관여의 제한점에 대해 얘기했다. 그는 '기업은 사회적으로 선한 일을 결정하는 데 적합하지 않다'라고 하였다. 특히 성적소수자 권리, 낙태, 총기 판매 등과 같이 논란이 많은 이슈에 대해서는 더욱 그렇다. 또한 그는 기업은 '생태적으로 공공적인 서비스를 전달하기에는 능력 부족이다'라고 하였다.[10]

정부는 적은 비용으로 고부가가치를 만들 수 있는 시스템 변화에 좀 더 자본을 투입하고 사회적 자본시장이 할 수 있는 바를 최대한 달성할 수 있도록 기여하는 것이 좋을 것이다. 정책 입안자는 내가 제8장, 역 로비를 통해 정책에 영향 미치기에서 설명한 것처럼 정부의 '소프트' 파워를 활용하여 기업과 비영리기관들과 공공 정책 목표를 위해 협력하여야 한다.

정부는 비영리기관과 마찬가지로, 사회 변화에 있어서 어떻게 기업을 효과적으로 관여시킬 수 있는지에 대해 배워야만 한다. 나는 이 책에서 정부가 점점 더 민관협력PPPs에 관심을 가지게 되었다고 얘기했다. 미국 연방정부는 이미 세계적인 기업들과 수백 개가 넘는 민관협력 프로젝트를 개발하였다. 또한 민관협력의 효과성 측정 과정을 시작하려 하고 있다. 정책입안자들은 많은 민관협력 프로젝트들이 기업의 CSR이나 자선 담당부서와 같은 '주변부서'를 통해서 운영되고 있다는 사실을 알고 있기 때문에, 정부 투자자원 투입이나 기업의 참여 범위를 제한하고 있다. 어떤 정부 관리에 따르면, 그냥 수표만 받고 회사 로고만 알려주고 있는 것이다.

정부는 이러한 접근법 대신에, 비즈니스 가치와 사회적 가치를 동시에 만들 수 있는 좀 더 '비즈니스'에 가까운 부서들과 직접 일하는 것을 고려해야만 한다. 기업사회혁신 전략은 정부에게도 이러한 가능성을 제시해 주고 있다.

이러한 것들은 사회적 자본시장이 주는 몇 가지의 시사점에 불과하다. 소비자, 비즈니스 파트너, MBA 과정 학생, 학계, 사회 운동가, 자선사업가 등 더 많은 자원들이 존재한다. 지금으로서는 일단 정부의 분석과 상상력에 맡기는 수밖에는 없다. 나는 독자에게 이러한 점들에 대한 논쟁을 하고, 이 책이 제시하는 개념에 대해서 독자가 처한 환경, 교실에서 적용해 볼 것을 권유한다. 당신의 통찰력을 활용해서 사회를 변화시키고 비즈니스 성과를 높이는 기업사회혁신에 대한 가능성과 제한점에 대해서 생각해 볼 것을 제안한다.

변화가 아니라 변화의 속도를 좀 더 빠르게

우리는 지금 중요하고 전략적인 시점에 와 있다. 전 세계는 심각한 사회적 병을 앓고 있다. 빈곤, 기아, 노숙인, 질병, 교육 부족, 열악한 공중 보건, 생물학적 다양성에 대한 위협 등 그런 리스트는 끝도 없다. 동시에 기업은 이러한 문제를 해결하는 데 그 어느 때 보다 더 많은 역량을 가지고 있다. 부, 독창성, 기술, 연구 개발, 대중의 인식, 시장의 인센티브 등 그 능력은 무한하다. 문제는 우리는 이러한 두 지점을 연결하는 올바른 방법을 찾는 데 실패하고 있다는 것이다. 기업사회혁신은 우리에게 해결책을 제공해 주고 있다.

중요한 사실은 기업은 양심이 없다는 것이다 오직 사람들만 양심을 가지고 있다. 만약 우리가 기업이 사회적 문제를 해결하기를 원한다면 기업은 수익에만 신경을 쓴다는 전제에서 출발해야 한다. 우리는 그 사실에 대해서 비판을 하거나, 애석해 하거나, 그에 대해 반대 운동을 펼치거나, 변화시키도록 노력할 수는 있다. 하지만, 우리는 동시에 그 사실을 인정도 해야 한다. 그리고 기업이 주도하는 상거래, 시장의 힘의 흐름에 사회 변화 어젠더를 주입시키는 효과적인 방법을 찾아야 한다. 오직 이 방법만이 사회문제를 해결할 수 있는 기업의 자원과 잠재력을 최대한 펼치게 할 수 있는 길이다.

기업사회혁신은 자선이나 기준준수 같이 그저 시동을 걸 때 나오는 가스보다 경제적 성장과 수익을 높이는 시장의 엔진에 실제로 발동을 걸 수 있다. 내가 이 책에서 언급한 5가지 기업사회혁신 전략은 단지 시작일 뿐이다. 앞으로 더 많은 전략들이 나올 수 있다.

이 점만은 확실히 해두자. 이 책에 소개된 5가지 전략을 알리면서 소개된 기업의 사례들이 완벽하다고 말하거나 그 기업들을 보증하는 것은 아니다. 어떤 기업도 완벽할 수는 없다. 어떤 이들은 사회에 피해를 입히거나 환경에 부정적인 영향을 주는 기업의 정책이나 관행을 비난해왔고, 그 기업들이 책임을 져야 한다고 주장한다. 하지만 우리는 기업이 우리가 원하는 것을 하지 않는다고 해서 기업을 무가치한 것으로 보거나 할 여유는 없다. 그렇게 했을 때 사회가 져야 할 기회비용이 너무나 크기 때문이다.

실제로 우리의 에너지는 기업의 나쁜 행동을 감시하거나 기준을 지키는 기업을 칭찬해주거나 하는 데에만 집중되어 있다. 이렇게 하면서 우리는 어쩌면 기준을 너무 낮게 잡고 있는지도 모른다. 하지만 기업사회혁신은 우리가 더 많이 더 잘 할 수 있음을 보여 준다. 그것도 비즈니스에 관련되는 방식으로 말이다. 이제 바야흐로 기업가들, CEO들, 사회변화 혁신가들, 정부 관리들, 의식 있는 소비자들, 임직원들, 학계 전문가들, 자선사업가들, 사회 운동가들이 기업을 해결책의 한 부분으로 만드는 데에 에너지를 집중할 때이다.

내가 대학을 졸업하고 사회생활을 시작한지 거의 20년이 되었다. 나는 현재 CSR업계에 종사하기 전 1990년대에는 클라린스 코리아와 나모인터랙티브, 하이홈에서 홍보, 해외 마케팅, 영업을 담당하였다. 코피를 흘리고 눈의 실핏줄이 터져가면서 숱한 밤을 새고, 한 달의 반은 해외 출장을 다니면서 해외 판매 네트워크를 개발하였다. 내가 기업에서 회사 생활을 하면서 본 기업인들은 모두 하나같이 기업을 사랑하고, 기업의 무한한 가능성을 믿는 사람들이었다.

2000년 대 초 인생의 전기를 맞아 비영리 사회복지법인에서 다니면서, 하루 두 끼를 먹고 월급을 아끼면서, 소외된 사람들을 돌보고 우리 사회를 더 좋게 만들기 위해서 불철주야 노력하는 사람들을 보게 되었다. 공부방 아동들을 돌보는 선생님들과 사회복지사, 서울 근교 시내 아파트촌 바로 옆의 비닐하우스촌의 빈민가들을 보면서 나는 사회 속의 기업의 역할에 대해서 다시 생각하게 되었다.

그 이후 하버드 케네디스쿨에서 CSR 과 사회적 기업을 공부하면서 나는 보다 혁신적이고 효과적으로 공공선을 현실화 하려고 끊임없이 고민하고 노력하는 한국과 외국의 공무원들을 만나게 되었다.

이들의 노력과 열정을 보면서 난 공공 부문에 대한 나의 오해와 선입견들을 고쳐나갈 수 있었다.

기업에 대해서는 여러 상반된 시각이 있다. 기업은 영혼도 없고 걷어찰 엉덩이도 없는 나쁜 사람들이라는 한 외국 NGO 활동가의 표현, 하는 일 없이 놀고 먹는 양의 탈을 쓴 늑대 등 기업은 우리에게 일자리를 비롯한 수많은 혜택을 주지만, 언론에 터져 나오는 나쁜 소식들은 우리에게 많은 실망감을 안겨 준다. 하지만 어떤 경우에서라도 나는 기업의 진정성과 잠재력, 가능성에 대해서 한 치의 의심도 한 적이 없다. 이것은 기업 현장에서 겪은 나의 믿음이며 신념이다.

나는 CSR 업계에 종사하면서, 한국은 물론, 미주, 유럽, 동남아시아, 중동 등의 CSR 업계에 직접 나가서 관련 발표도 하고 CSR 상 심사위원도 하며, 수 많은 기업들을 만나고 CSR 업계의 많은 전문가들을 만났다. 활동하는 동안 난 항상 이런 생각을 했다. '내가 기업 안에서 본 많은 기업인들의 선의와 능력을 CSR을 통해 제대로 발휘할 수 있도록 하는 좋은 방법은 없을까?' 이 책의 저자, 제이슨 사울은 나의 오랜 고민을 풀어 준 사람이며 내가 한국 기업들에게 소개하고 싶은 혁신적이고 창조적인 외국 전문가 중 한 사람이다.

사회책임투자 분야에서는 기업의 재무적 성과뿐만 아니라 비재무적인 성과를 환경, 사회, 거버넌스 분야로 나누어 평가하고 그러한 분야에 우수한 기업에 투자를 한다. 이미 환경 분야는 녹색성장이라는 패러다임으로 환경경영 리스크 관리와 비즈니스 기회 창출

을 동시에 가능케 하는 전성기를 맞았으며, 이제 기업경영에서 환경
에 관한 일들은 이미 고수익 비즈니스가 되었고, 주류화가 되었다.

하지만, 아직 사회적인 부분에서는 비즈니스 기회 창출에 대한
인식이 높지 않다. 남은 수익으로 자선을 하고, 부정부패를 척결하
기 위해 윤리경영을 하며, 기업사회공헌은 기업을 사회문제의 해결
사로서 좀더 적극적으로 활동하게 만들어 주었지만, 사회적 부분은
아직도 리스크 관리와 예방 차원에서만 인식되고 있다.

이 책 〈CSR 3.0〉은 정말로 차원이 다른 이야기를 하고 있는 책이
다. 즉, 기업이 사회적 가치와 경제적 가치를 동시에 창조하는 법을
알려 주는 기업전략 서적인 것이다. 이 책을 번역하면서 난 저자의
혁신적인 생각과 주장에 매료되었다. CSR 현장에서의 나의 고민을
이해해주는 대변자처럼, 번역하는 내내 막힌 가슴이 시원하게 뚫리
는 것 같았다.

이 책의 저자는 이렇게 외친다. 기업사회공헌을 하는 사람들은 비
즈니스 두뇌를 더 활용해야 하며, 기업 전략을 담당하는 사람들은 사
회 문제 해결에서 기업 성장의 블루오션을 찾을 수 있다고. 이 책은
마치 장님이 코끼리의 코나, 다리를 만지면서 코끼리는 뱀과 같다거
나 원통 같다고 하는 시각을 넘어 코끼리의 몸통을 보게 해주는 책이
다. 즉 우리에게 직관적이고 통찰적인 눈을 뜨게 해주는 것이다.

이 책의 저자는 사회 문제를 해결하면서 동시에 비즈니스 가치를
만드는 5가지 기업사회혁신 전략을 제시한다. 사회적 계약에서 사

회적 자본시장으로 시장의 트렌드가 변하는 배경, 원인, 동향 등을 명쾌한 원인 분석과 동시에 해답과 방법을 제시한다.

내 자신이 직접 기업에 근무한 경험으로, 또 제이슨 사울과 같은 기업사회혁신 주창자들의 주장에 따르면, 기업은 비즈니스 가치를 발견할 때 가장 확실하고 빠르게 강력하게 움직인다. 기업들이 사회 속의 기업의 역할을 다하면서도 사회 문제의 진정한 해결자가 되어주기를 바란다면, 해답은 바로 기업사회공헌을 넘어서는 기업사회혁신이라고 할 수 있다. 기업이 비즈니스라는 시스템을 통해서 어떻게 긍정적인 사회 변화를 창조할 수 있는지, 또 거기에서 어떻게 비즈니스 성장과 기회를 열 수 있고, 사회 문제 해결에 대한 실질적 변화를 통해 기업의 숨은 잠재성이나 가능성을 무한하게 펼칠 수 있는지를 알 수 있다.

기업사회공헌의 기업사회혁신화, 기업사회전략화는, 한국 사회에서 진정성 있는 기업사회공헌은 기업 전략과 자선이 분리되어 있어야 한다는 의견을 장애물로 만나게 될 것이다. 이는 CSR이 아직 주류화가 되지 못하는 한계도 말해주고 있다. 만약 어떤 사람이 무슨 문제를 가지고 있으면 그것을 해결하기 위해서 자신의 최대의 장점과 노력을 통해 그 문제를 해결한다. 기업도 마찬가지이다. 기업이 당면한, 해결하고자 하는 사회문제는 기업의 최고 핵심역량을 투입해야 근본적으로 해결할 수 있다. 그랬을 때 기업은 내부와 외부 이해관계자, 특히 고객들과 강력한 유대감을 구축할 수 있는 것이다.

기업이 사회문제를 해결하는 데 있어서 핵심역량, 비즈니스, 자원 등을 활용하지 않고 남는 수익으로 자선만 한다는 것은 오히려 진정성이 없다는 것으로 여겨질 수도 있다. 기업전략으로서 기업의 핵심 비즈니스 솔루션과 시스템을 활용하여 사회를 변화시키는 파워를 발휘하고 비즈니스 성장도 이끌어 내는 기업사회혁신은 사회를 위해서 기업이 진정으로 기여할 수 있는 커다란 기회이다. 더 나아가서 기업사회혁신은 기업으로 하여금 더 하고 싶은 마음이 저절로 들도록 한다.

기업의 실용주의와 박애주의가 기업사회혁신으로 만나게 될 때 그 파괴력과 영향력은 상상을 초월할 수 있다. 그 발화점은 그냥 단순한 눈으로 만들어지지 않는다. 직관력, 통찰력, 이성과 감성이 조화된 능력, 비즈니스의 각 부서가 협력하는 인화력 등이 종합이 되었을 때 이루어진다. 또한 기업, 정부, 비영리 업계가 서로에 대한 믿음, 신뢰, 기대를 가지고 장점을 합쳐서 협력할 때 눈덩이 같이 커지는 시너지 효과를 얻을 수 있다.

저자는 이렇게 말한다. 기업은 양심이 없고, 오직 사람들만 양심을 가지고 있다고. 기업사회혁신은 사람들의 양심을 선의로, 선의를 행동으로, 행동을 기업 전략과 경쟁력으로, 기업 전략과 경쟁력을 사회 혁신과 변화를 위한 광범위 하고, 실용적인, 전체적인 해결책으로 만들어줄 것이다.

각주

—

제1장

1. Immelt, J. 의 사회적 책임을 위한 비즈니스Business for Social Responsibility 주최 컨퍼런스 기조연설문 'Sustainability: Leadership Required.' 2008년 11월 뉴욕.
2. "Siemens Expects 25 Billion Euro in Green－Product Sales by 2011' Sustainable Life Media, 2008년 6월 24일. http://www.sustainablelifemedia.com/content/story/strategy/siemens_expects_25_billion_euro_in_green_product_sales.
3. Zolli, A. "Business 3.0" Fast Company, 2007년 3월 1일. http://www.fastcompany.com/magazine/113/open_fast50－essay.html?page=0%2C3. (2009년 11월 28일 방문)
   4. CRO(Corporate Responsibility Officer). http://www.thecro.com/files/CROMedia%20Kit2009_MB.pdf. December
4. 2008. (2010년 2월 22일 방문) 2010년 2월 22일, 저자가 직접 진행한 인터뷰에서 CRO매거진 사상이자 발행인인 제이 화이트헤드는 이렇게 말한다. "이 수치는 환경 분야 지속가능성, 지배구조, 리스크, 기준준수, 사회적 책임, 자선 등을 모두 포함한 기업의 책임Corporate Responsibility 분야에 투자된 금액이다 미국, 캐나다, 서유럽에서 지속가능성, CSR, 자선 관련 서비스와 기술 등을 위해서 100개의 NGO들과 450개의 서비스 제공 기관에 지불된 비용 수치를 모두 합친 금액이다."
5. "GE' s 2008 Ecomagination Revenues to Rise 21%, Cross $17 Billion." General Electric 보도자료, 2008년 10월 21일.
6. "European SRI Study 2008" Eurosif, October, 2008. http://www.eurosif.org/publications/sri_studies.
7. "Socially Responsible Investing Facts." Social Investment Forum.

http://www.socialinvest.org/resources/sriguide/srifacts.cfm.

8. 위와 동일

9. 위와 동일

10. "European SRI Study 2008." Eurosif, October, 2008.
http://www.eurosif.org/publications/sri_studies.

11. "Dow Jones Sustainability World Index, October 2009." Dow Jones Sustainability Indexes, 2009. http://www.sustainabilityindex.com/djsi_pdf/publications/Factsheets/SAM_Indexes Monthly_DJSIWorld.pdf. (2010년 5월 17일 방문)

12. Goldman Sachs. "Introducing GS SUSTAIN." June 22, 2007. www.unglobalcompact.org/docs/summit2007/gs_esg_embargoed_until030707pdf.pdf. (2010년 2월 27일 방문)

13. Banjo, S. "New Investing Standards Coming for Microfinance." Wall Street Journal Blogs, 2009년 9월 25일.
http://blogs.wsj.com/financial−adviser/2009/09/25/newinvesting−standards−coming−for−microfinance/.

14. Gates, B. "Making Capitalism More Creative." Time, 2008년 7월 31일.
http://www.time.com/time/business/article/0,8599,1828069−2,00.html#ixzz0g0KDXH8o.

15. Schlosser, E. Fast Food Nation: The Dark Side of the All−American Meal. New York: Houghton Mifflin, 2002.
http://www.nytimes.com/books/first/s/schlosser−fast.html 에서 인용.

16. 위와 동일

17. Anderson, S., and Cavanagh, J. "The Rise of Corporate Global Power." Institute for Policy Studies, 2000년 12월 4일.

18. Chu, J. "Infographic: Count: Really Big Business." Fast Company, no. 131, 2008년 12월 10일.

19. Wong, G. "Fortune 500: Shakeup at the Top." CNN−Money.com, 2006년 4월 3일.http://money.cnn.com/2006/03/31/news/companies/top25_f500_fortune/index.htm.

20. "Al Gore's Fund to Close After Attracting $5 Billion." New York Times, 2008년 3월 11일.

21. Bonini, S.M.J., McKillop, K., and Mendonca, L. T. "The Trust Gap Between

Consumers and Corporations." McKinsey Quarterly, May 2007.
https://www.mckinseyquarterly.com/The_trust_gap_between_consumer
s_and_corporations_1985.

22. 위와 동일

23. "MTV Networks in Asia & Pacific and MTV Europe Foundation Launch
Youth－Focused Anti－Human Trafficking Campaign." Humantrafficking.org,
2007년 8월 12일.
http://www.humantrafficking.org/updates/690.

24. Zolli, A. "Business 3.0." Fast Company, 2007년 3월 1일.
http://www.fastcompany.com/magazine/113/open_fast50－
essay.html?page=0%2C3. (2009년 11월 28일 방문)
해당 문단 이하 내용도 이 정보를 참고함.

25. Bielak, G., Bonini, S.M.J., and Oppenheim, J. M. "CEOs on Strategy and
Social Issues." McKinsey Quarterly, October 2007.
https://www.mckinseyquarterly.com/article_print.aspx?L2=33&L3=117&
ar=2056.

26. Parfit, M. "Future Power: Where Will the World Get Its Next
Energy Fix?" National Geographic, August 2005.
http://ngm.nationalgeographic.com/ngm/0508/feature1/fulltext.html.
(2009년 11월 29일 방문)

27. General Electric. "Ecomagination." http://ge.ecomagination.com/.

28. "Fast Facts." National Center for Education Statistics.
http://nces.ed.gov/fastfacts/display.asp?id=16. (2010년 2월 13일 방문)

29. Education Industry Association. "Overview of the Education Industry
Association."
http://www.educationindustry.org/tier.asp?sid=1.

30. 위와 동일

31. "Health Care Trends." Plunkett Research, 2009.
http://www.plunkettresearch.com/Industries/HealthCare/HealthCareTre
nds/tabid/294/Default.aspx.

32. 위와 동일

33. Saad, L. "Cost Is Foremost Healthcare Issue for Americans."
Gallup, 2009년 9월 23일. http://www.gallup.com/poll/

123149/cost－is－foremost－healthcare－issue－for－americans.
aspx.

34. Gates, B. "Making Capitalism More Creative." Time, 2008년 7월 31일.
http://www.time.com/time/business/article/0,8599,1828069－
2,00.html#ixzz0g0KDXH8o.

35. Engardio, P. "Beyond the Green Corporation: Moving Away from
Platitudes to Strategies That Help World and Bottom Line."
BusinessWeek, 2007년 1월 19일.

36. "Change in Corporate Foundation Giving and Assets, 1987 to 2007." FC
Stats: 파운데이션 센터(The Foundation Center)의 통계정보, 2009.
http://foundationcenter.org/findfunders/statistics/pdf/02_found
_growth/2007/01_07.pdf.

37. "FC Stats: Grantmaker Information." The Foundation Center, 2010.
http://foundationcenter.org/findfunders/statistics/grantmakerinf
o.html.

38. Whelan, D., Serafin, T., and von Zeppelin, C. "Billion－Dollar Donors."
Forbes, 2009년 8월 24일.
http://www.forbes.com/2009/08/24/billion－dollar－donors－gates－
business－billionairephilanthropy.html.

39. Low, J., and Kalafut, P. C. Invisible Advantage: How Intangibles Are
Driving Business Performance. New York: Cap Gemini Ernst & Young,
2002.

40. Chatzkel, J. "A Conversation with Jon Low." Journal of Intellectual Capital,
2001, 2(2), 136－147. 추가 정보는 Chabrow, E., and Colkin, E., "Hidden
Value." Information Week Global CIO, 2002년 4월 22일.
http://www.informationweek.com/news/   global－
cio/showArticle.jhtml?articleID=6501923. (2010년 2월 19일 방문)

41. Lubber, M. "Is ESG Data Going Mainstream?" Harvard
Business Review Blogs: Leading Green, 2009년 5월 6일.
http://blogs.harvardbusiness.org/leadinggreen/2009/05/is－esgdata－
going－mainstream.html. (2009년 12월 1일)

제2장

1. Gap Inc. "Gap (PRODUCT)RED.TM" http://www.gapinc.com/red.

2. The Avon Foundation. "Avon Breast Cancer Crusade ―Homepage." http://www.avoncompany.com/women/avoncrusade/.

3. Mendelsohn, S. "Green Olympic Sponsors: Coca―Cola …Going Blue?" 2008년 7월 18일. http://responsiblechina.com/2008/07/18/blue ―olymic―sponors―coca―cola/.

4. Engardio, P. "Beyond the Green Corporation: Moving Away from Platitudes to Strategies That Help World and Bottom Line." BusinessWeek, 2007년 1월 19일.

5. Corporate Responsibility Officer. "Member Benefits," 2008년 12월 4일. http://www.thecro.com/files/CROMedia%20Kit 2009_MB.pdf. (2010년 2월 22일 방문)
이 수치는 환경 분야 지속가능성, 지배구조, 리스크, 기준준수, 사회적 책임, 자선 등을 모두 포함한 기업의 책임(Corporate Responsibility) 분야에 투자된 금액이다 미국, 캐나다, 서유럽에서 지속가능성, CSR, 자선 관련 서비스와 기술 등을 위해서 100개의 NGO들과 450개의 서비스 제공 기관에 지불된 비용 수치를 모두 합친 금액이다.

6. Coady, M. "Giving in Numbers: 2007 Edition." Committee Encouraging Corporate Philanthropy.
www.corporate philanthropy.org/resources/benchmarking― reports/giving―innumbers. html.

7. 위와 동일

8. Schwartz, M., and Lubliner, P. "Getting Gas." GOOD.is/ Marketplace, 2006년 12월 11일. http://www.good.is/ post/getting―gas. (2010년 2월 21일 방문)

9. "Just Good Business." Economist, 2008년 1월 19일, 386(8563),3~6.

10. Berger, I. E., Drumwright, M. E., and Cunningham, P. "Mainstreaming Corporate Social Responsibility: Developing Markets for Virtue." California Management Review, 2007, 49(4), 132~157.

11. McDonald' s. "Good Works Overview." http://www.mcdonalds.com/ usa/good/overview_new.html. (2010년 2월 22일 방문)

12. McDonald's. "2009 CR Report: A Filet－o－Fish We Can All Feel Good About." 2009. http://aboutmcdonalds.com/mcd/csr/report/sustainable_supply_chain/ resource_conservation/sustainable_fisheries.html.

13. McDonald's. "2009 CR Report: Doing the Right Thing Is Important to Us." 2009. http://aboutmcdonalds.com/mcd/csr/report/overview.html.

14. "Who's Socially Responsible?" Fortune Talkback, CNN－Money.com, 2006년 10월 20일. money.cnn.com/blogs/talkback/ 2006_10_20_archive.html.

15. "AccountAbility 1000 (AA1000) Framework: Standards, Guidelines and Professional Qualification." The Institute of Social and Ethical AccountAbility. Exposure Draft, November 1999, p. 2.

16. "The Global Reporting Initiative." March 2010. www.globalreporting.org. 다른 추가 정보 AccountAbility, "AA1000 Series of Standards," 2007. www.accountability21.com/ aa1000series.

17. "KPMG International Survey of Corporate Responsibility Reporting 2005." KPMG Global Sustainability Services, June 2005 http://www.kpmg.com.au/Portals/0/KPMG%20Survey% 20 2005_3.pdf.

18. Leibs, S. "Sustainability Reporting: Earth in the Balance Sheet." CFO Magazine, 2007년 12월 1일. http://www.cfo.com/printable/article. cfm/10234097.

19. Vogel, D. The Market for Virtue: The Potential and Limits of Corporate Social Responsibility. Washington, D.C.: Brookings Institution Press, 2005, p. 17.

20. Porter, M. E., and Kramer, M. R. "Strategy & Society : The Link Between Competitive Advantage and Corporate Social Responsibility." Harvard Business Review, December 2006.

21. 위와 동일

22. "Giving in Numbers: 2008 Edition." Committee Encouraging Corporate Philanthropy, 2008. http://www.corporate philanthropy.org/pdfs/giving_in_numbers/ GivinginNumbers 2008.pdf.

23. Glasser, J. "Dark Cloud: Ben&Jerry's Inaccurate in Rainforest Nut Pitch."

Boston Globe, 1995년 7월 30일.

24. 위와 동일

제3장

1. Walton, S. Sam Walton: Made in America. New York : Bantam Books, 1993, pp. 306~307.

2. Schoenberger, K. Levi's Children. New York: Grove Press, 2001.

3. Austin, J., and Reficco, E. "Corporate Social Entrepreneurship." Working Paper 09~101. Harvard Business School, 2009.

4. 위와 동일

5. Gates, B. "Making Capitalism More Creative." Time, 2008년 7월 31일. http://www.time.com/time/business/article/0,8599,1828069 – 2,00.html#ixzz0g0KDXH8o.

6. Cummings, L. "Facts About Aluminum Recycling." Earth911.com, 2007년 4월 2일. http://earth911.com/blog/2007/04/02/facts – about – aluminum – recycling/.

7. Cummins Inc. "Cummins News." http://www.cummins.com/cmi/content.jsp?dataId=2937&anchorId=1814&menuIndex=0&siteId=1&overviewId=15&menuId=4&langId=1033&.

8. 2010년 2월 18일, 저자가 직접 진행한 쿠민스(Cummins Inc.)의 기업책임 부사장이자 쿠민스 재단(The Cummins Foundation)의 대표인 진 블랙웰과의 인터뷰

9. Gaynor, T. "Tesco Launch Stirs High Hopes in U.S. 'Food Deserts.'" Reuters, 2007년 8월 22일.
http://www.reuters.com/ article/idUSN2128683620070822. (2010년 2월 23일 방문)

10. Wrigley, N., Warm, D., Margetts, B., and Whelan, A.
"Assessing the Impact of Improved Retail Access on Diet in a 'Food Desert' : A Preliminary Report." Urban Studies, 2002, 39(11), 2061~2082.

11. GE ecomagination 웹 사이트. http://ge.ecomagination.com/products/waste – to – value.html.

12. Smith, A. An Inquiry into the Nature and Causes of the Wealth of Nations, Volume I, 1776, Chapter 2, paragraph 2 (온라인 정보는 http://oll.libertyfund.org/220/111839/2312795).

13. Gates, B.의 하버드 졸업식 연설, 2007년 6월 6일. http://www.gatesfoundation.org/speeches−commentary/Pages/ bill−gates−2007−harvard−commencement.aspx.

14. Christensen, C. M., Baumann, H., Ruggles, R., and Sadtler, T. M. "Disruptive Innovation for Social Change." Harvard Business Review, December 2006.

15. "지속가능성(sustainability)"은 주로 "미래 세대에 피해를 주지 않는 범위 내에서 인류의 욕구를 충족시키는 것."(Engardio, P. "Beyond the Green Corporation: Moving Away from Platitudes to Strategies That Help World and Bottom Line," BusinessWeek, 2007년 1월 19일 방문) 이 개념은 경제 개발, 환경 등 여러 분야에서 쓰일 수 있다. 이 대목에서는 환경 분야에 집중하여 사용하였다.

16. "Q + A." The Breakthrough Institute. http://www .thebreakthrough.org/QnA.shtml. (2010년 2월 25일 방문)

17. Gunther, M. "The Green Machine." Fortune, 2006년 7월 31일.

18. Gogoi, P. "What's with Wal−Mart's Sales Woes?" Business− Week, 2006년 11월 29일.

19. Scott, H. L. "Twenty−First Century Leadership." Presented on 2005년 10월 24일. http://walmartwatch.com/img/documents/ 21st_Century_Leadership.pdf.

20. Plambeck, E. L., and Denend, L. "The Greening of Wal−Mart." Stanford Social Innovation Review, 2008, 6(2), 53~59. http://www.ssireview.org/articles/entry/the_greening_of_wal_mart/. (2010년 2월 25일 방문)

21. "Q + A." The Breakthrough Institute. http://www .thebreakthrough.org/QnA.shtml. (2010년 2월 25일 방문)

22. Engardio, "Beyond the Green Corporation."

23. "Corporate Citizenship: Profiting from a Sustainable Business." Economist Intelligence Unit, 2008.

24. 위와 동일

25. Engardio, "Beyond the Green Corporation."

제4장

1. Gurel, O. "Innovation vs. Invention: Knowing the Difference Makes a Difference." Wisconsin Technology Network, 2007년 9월 18일. http://wistechnology.com/articles/4184/.
2. 추가 정보 Smith, S., "Young Invincibles' OK with Risk of No Insurance," CNNhealth.com, 2009년 3월 20일.
http://www.cnn.com/2009/HEALTH/03/20/catastrophic.insurance.invincibles/index.html#cnnSTCText.
최신 미국 인구통계 데이터에 따르면, 건강보험 미가입자 수는 6년 째 연속 상승하고 있다. 2006년 미가입자 숫자는 거의 2백 2십만 명에 달한다 — 5년 간 년 상승률 중에서 최고치 이다. 인구통계국(Annual Census Bureau)에 따르면 2006년, 미가입자 수는 4천 7백만 명으로 추산되고 있으며, 이는 미국 인구의 15.8%이다 — 전년 대비 4.9%가 상승했다. 대부분의 조사 결과에 따르면 이 미가입자들은 모두 '빈곤층'이다. 이는 정말로 사실이다. 36%는 생활보호 대상 수입 한계선 이하이다(4인 가족 연간 수입 $20,614달러). 젊은이들도 이 '빈곤층' 의 많은 부분을 차지하고 있다. 도시연구소(Urban Institute)에 따르면, 미가입자 젊은이 층의 거의 절반이 연 수입 $14,000 달러 이하이다. 커먼웰스 펀드(The Commonwealth Fund)에 따르면, 직장 초년생 일자리에서 건강 보험을 얻거나 유지하기 힘들기 때문에 25~34세의 젊은이 층에서 미가입자 수가 늘어나고 있으며, 45~64세의 노년층 숫자도 높아지고 있다. 참고: Johnson, T. D. "Census Bureau: Number of U.S. Uninsured Rises to 47 Million Americans Are Uninsured:
Almost 5 Percent Increase Since 2005." Nation's Health,
2007, 37(8). http://www.medscape.com/viewarticle/567737.
또한, 미국인 10명 중 4명은 (38%) — 특정 문제에 대한 미국인의 의견 중 가장 많은 퍼센트를 차지하고 있다 — 건강보험 가입비용이 미국의 헬스케어 분야의 가장 큰 문제라고 생각한다고 한다. 72%의 미가입자들도 비용이 가장 큰 문제라고 얘기한다. 참고: Saad, L. "Cost Is

Foremost Healthcare Issue for Americans." Gallup, 2009년 9월 23일. http://www .gallup.com/poll/123149/cost−is−foremost−healthcare−issuefor−americans.aspx.

3. Kriss, J. L., Collins, S. R., Mahato, B., Gould, E., and Schoen, C. "Rite of Passage? Why Young Adults Become Uninsured and How New Policies Can Help, 2008 Update."
The Commonwealth Fund, 2008년 5월 30일.
commonwealthfund.org/~/media/Files/Publications/Issue%20Brief/2009/Aug/1310_Nicholson_rite_of_passage_2009.pdf.

4. 2009년 11월 12일, 저자가 직접 진행한 웰포인트 홍보이사 제리 슬로위와 웰포인트 개인영업 부문 부사장 메리 플로이드 인터뷰 내용

5. 위와 동일

6. 위와 동일

7. Weber, J. "Making Health Insurance Hip: WellPoint See Growth Selling No− Frills Coverage to Twenty somethings." BusinessWeek. http://www.businessweek.com/magazine/content/07_12/b4026084.htm. March 19, 2007.

8. 위와 동일

9. 위와 동일

10. Prahalad, C. K., and Hart, S. "Strategies for the Bottom of the Pyramid: Creating Sustainable Development." Ann Arbor: University of Michigan Business School, August 1999.
http://www.nd.edu/~kmatta/mgt648/strategies.pdf.

11. Anderson, C. "About Me." http://thelongtail.com/about.html.

12. Anderson, C. "Long Tail vs. Bottom of Pyramid" The Long Tail−Chris Anderson's Blog. 2005년 3월 22일.
http://longtail .typepad.com/the_long_tail/2005/03/long_tail_vs_bo.html.

13. Prahalad and Hart, "Strategies for the Bottom of the Pyramid."

14. Engardio, "Beyond the Green Corporation."

15. Bower, J. L., and Christensen,C.M. "Disruptive Technologies: Catching the Wave." Harvard Business Review, 73(1), January−February 1995, 43~53.

16. 위와 동일

17. Christensen, C. M., Baumann, H., Ruggles, R., and Sadtler, T. M.

"Disruptive Innovation for Social Change." Harvard Business Review, December 2006.

18. 위와 동일

19. 위와 동일

20. Letelier, M. F., Flores, F., and Spinosa, C. "Developing Productive Customers in Emerging Markets." California Management Review, 2003, 45(4), 77~103.

21. Hannah, D. C. "Want to Reach a Trillion—Dollar Market? Don't Ignore People with Disabilities." Diversity Inc., 2008년 10월 28일, 미국 인구통계국 인용. www.diversityinc .com/content/1757/article/4477.

22. 위와 동일. 미국 인구통계국 인용, 2000; Witeck—Combs Communications/ Harris Interactive poll, 2005; The National Organization on Disability/Harris Interactive poll of Americans with Disabilities, 2004.

23. 위와 동일. 여행업계협회 정보 인용. Travel Industry Association of America/Harris Interactive/Open Doors/Society for Accessible Travel and Hospitality Survey, 2002; The National Organization on Disability/ Harris Interactive poll of Americans with Disabilities, 2004.

24. 제리 슬로위와 메리 플로이드 인터뷰 내용 (4번 참조).

25. 제리 슬로위와 메리 플로이드 인터뷰 내용. 추가 참조 Cass, J., "Are You Looking for a Tonik?" PR Communications. http://pr.typepad.com/pr_communications/2006/06/are_you_looking.html

26. Day, K. "Wal—Mart to Sell 300 Drugs for $4." Seattle Times, 2006년 9월 22일.

27. "Wal—Mart $4 Generic Drug Program Available in All U.S. Stores Tomorrow." Senior Journal, 2006년 11월 27일. http://seniorjournal.com/NEWS/MedicareDrugCards/6~11—27—Wal—Mart4GenericDrug.htm.

28. 위와 동일

29. Jana, R. "Innovation Trickles in a New Direction." Business—Week, 2009년 3월 11일.

30. U.S. Food and Drug Administration. "Generic Drugs: What You Need to Know." Office of Generic Drugs, Center for Drug Evaluation and

Research, 2009년 4월 30일.

http://www.fda gov/drugs/emergencypreparedness/bioterrorismanddrug preparedness/ucm134451.htm.

31. 위와 동일

32. Jana, "Innovation."

33. GE healthymagination 웹사이트. http://www.ge.com/innovation/ healthymagination/index.html. (2010년 3월 22일 방문)

34. 2009년 11월 16일, 저자가 GE 헬스케어 회사 아르빈드 고팔래트남 대변인과 이메일로 직접 진행한 인터뷰 내용.

35. 위와 동일

36. 위와 동일

37. Brewer, J. "Nonprofit Innovation with Salesforce.com." Huffington Post, 2008년 2월 14일.

http://www.huffingtonpost.com/jake−brewer/nonprofit−innovation− with_b_86723.html.

38. Jana, "Innovation."

39. Immelt, J. 의 사회적 책임을 위한 비즈니스(Business for Social Responsibility) 주최 컨퍼런스 기조연설문 "Sustainability: Leadership Required." 2008년 11월 뉴욕. 기조연설문 요약.

http://www.bsr.org/ClientFiles/BAS/Conference2008/Materials/BSR_Co nf2008_GE_Plenary.pdf, 비디오 정보.

http://www.ge.com/audio_video/ge/jeff_immelt/ immelt_talks_about_sustainability_at_the_bsr_conference .html.

40. Barbaro, M., and Abelson, R. "Relief for Some But Maybe Not Many in Wal−Mart Plan for $4 Generic Drugs." New York Times, 2006년 9월 22일.

41. U.S. Food and Drug Administration. "Generic Drugs: What You Need to Know." Office of Generic Drugs, Center for Drug Evaluation and Research, 2009년 4월 30일.

42. Jana, "Innovation."

제5장

1. Gaynor, T. "Tesco Launch Stirs High Hopes in U.S. 'Food Deserts." Reuters, 2007년 8월 22일.

   http://www.reuters .com/article/idUSN2128683620070822. (2010년 2월 25일 방문)

2. Misonzhnik, E. "UK Giant Tesco Tiptoes Into U.S. Supermarket Wars." Retail Traffic, 2006년 9월 28일.

   http://retailtrafficmag.com/retailing/tesco_tiptoes_supermarket/.

3. "TESCO PLC ?? Interim Results 2009/10." Tesco 보도자료 2009년 10월 6일.

   http://www.tescocorporate.com/plc/ir/pres_results/results/r2010/InterimResults09_10/pressrelease_ interims2009_10.pdf. (2010년 2월 25일 방문)

4. 위와 동일

5. Gaynor, "Tesco Launch Stirs High Hopes."

6. Wood, Z. "Tesco Puts the Cart Before the Trolley in the Bid to Crack America." Observer, 2007년 6월 10일.

   http://www.guardian.co.uk/business/2007/jun/10/supermarkets.retail1. (2010년 2월 25일 방문)

7. The White House. "First Lady Michelle Obama Launches Let's Move: America's Move to Raise a Healthier Generation of Kids." Office of the First Lady, 2010년 2월 9일. http://www.whitehouse.gov/the−press−office/first- ladymichelle−obama−launches−lets−move−americas−move−raise−ahealthier−genera. (2010년 2월 25일 방문)

8. Wrigley, N., Warm, D., and Margetts, B. "Deprivation, Diet and Food Retail Access: Findings from the Leeds 'Food Deserts' Study." Environment and Planning A, 35(1), 2003, 151~188.

9. Shaffer, A., and Gottlieb, R. "Filling in 'Food Deserts." LosAngeles Times, 2007년 11월 5일. (2010년 2월 25일 방문)

10. Coca−Cola Company. "Supporting Small Business Development." http://www.thecoca−colacompany.com/citizenship/community_case_studies.html. (2010년 2월 25일 방문)

11. Coca−Cola Company. "Micro−Distribution Models in Africa: Coca−Cola's Manual Distribution System," 2009년 4월 21일.

http://api.ning.com/files/mmVoOE － YKk95aDcnvUmnHqy HbPZsEdqalb1DeTSK22ThTY8q3QdIFViIVZCDZ68Ne2ZJw 4OiaNQLx9Lw4jadhrNioF474NV －/MDCPres21April09.pdf. (2010년 2월 8일 방문)

12. Nelson, J., Ishikawa, E., and Geaneotes, A. "Developing Inclusive Business Models: A Review of Coca － Cola's Manual Distribution Centers in Ethiopia and Tanzania." Harvard Kennedy School and International Finance

Corporation, 2009. http://www.hks.harvard.edu/mrcbg/ CSRI/publications/other_ 10_MDC_report.pdf. (2010년 2월 25일 방문)

13. 위와 동일

14. Coca － Cola, "Supporting Small Business Development."

15. Nelson, Ishikawa, and Geaneotes, "Developing Inclusive Business Models." 추가 정보 Coca － Cola, "Micro － Distribution Models in Africa."

16. Hamm, S. "Coke: On Doing Well by Doing Good." Business － Week, 2009년 5월 13일.

http://www.businessweek.com/globalbiz/ blog/globespotting/ archives/2009/05/coke_on_doing_w.html. (2010년 2월 25일 방문)

17. Porter, M. E. "The Rise of the Urban Entrepreneur." Inc. 1995년 5월 15일.

18. Broder, J. M. "Clinton, in Poverty Tour, Focuses on Profits." New York Times, 1999년 7월 7일, p. A14.

19. The White House, "First Lady Michelle Obama Launches Let's Move."

20. 위와 동일

21. Schuette, D "Ambassador Elizabeth Bagley Talks About Partnership with Private Sector" VOANews.com, 년 11월 16일

http://www1.voanews.com/english/news/a － 13 － 2009 － 11 － 16 － voa33 － 70423962.html. (2010년 2월 8일 방문)

22. 위와 동일

23. Clinton Global Initiative. "About Us."

http://www.clinton globalinitiative.org/aboutus/default.asp?Section= AboutUs& PageTitle=About%20Us. (2010년 2월 8일 방문)

24. "The State of Corporate Philanthropy: A McKinsey Global Survey." McKinsey Quarterly, February 2008.

http://www .mckinseyquarterly.com/Corporate_Finance/Valuation/
The_state_of_corporate_philanthropy_A_McKinsey_Global_Survey_210
6. (2010년 2월 25일 방문)

25. Ball, J. "Digging Deep: As Exxon Pursues African Oil, Charity Becomes a Political Issue." Wall Street Journal, 2006년 1월 10일. 해당 문단에 소개된 예들도 이 정보 참고함.

26. 위와 동일

27. "The Conference Board: Economic Downturn Will Have Major Effects on Corporate Philanthropy in 2009." Fundraising Success, 2009년 3월 3일. http://www.fundraisingsuccessmag .com/article/the−conference−board−economic−downturn−willhave−major−effects−corporate−philanthropy−2009−403938/1. (2010년 2월 25일 방문)

28. Ball, "Digging Deep."

29. Wood, "Tesco Puts the Cart Before the Trolley" (chap. 5,n. 5 참고).

30. Coca−Cola, "Micro−Distribution Models in Africa."

31. "India: Creating Rural Entrepreneurs." Unilever. http://www.unilever.com/sustainability/casestudies/economicdevelopment/creating−rural−entrepreneurs.aspx. (2010년 2월 25일 방문)

32. Cescau, P. "Beyond Corporate Responsibility: Social Innovation and Sustainable Development as Drivers of Business Growth." INDEVOR Alumni Forum 발표 내용, 프랑스, 2007년 5월 25일. http://www.unilever.com/Images/Beyond%20Corporate%20Responsibility%20−%20Social%20innovation%20and%20sustainable%20development%20as%20drivers%20of%20business%20growth_tcm13−95521.pdf. (2010년 2월 25일 방문)

33. "Colalife: About." Colalife. http://www.colalife.org/about/.(2010년 2월 25일 방문)

34. 2010년 1월 27일, 저자가 직접 진행한 암웨이의 기업혁신담당 선임 매니저 세스 스타너와의 인터뷰 내용.

35. "Retail Memo: Tesco Fresh & Easy Insight: A New Store Blooms in Compton, CA.; F&E' s Chicagoland March; a Sacramento Neighborhood and F&E Get Hitched."
Natural∼Specialty Foods Memo: News, Analysis, Insight and Opinion,

February 8, 2008.

http://naturalspecialtyfoodsmemo .blogspot.com/2008/02/retail−memo−tesco−fresh−easy−day−new.html. (2010년 2월 25일 방문)

36. 위와 동일

37. "Lifebuoy Spreads Hygiene Message to Millions of Children in 23 Countries on 15 October 2008−The First Ever Global Handwashing Day." Lifebuoy.

http://www.lifebuoy.com/downloads/news/08sepglobalhandwashingday_2.pdf. (2010년 2월 25일 방문)

38. 위와 동일

39. 위와 동일

40. 2010년 3월 30일 저자가 이메일로 직접 진행한 손씻기 캠페인 글로벌 민관협력 파트너십 사무국 코디네이터 케티 캐롤과의 인터뷰 내용.

41. "Lifebuoy Spreads Hygiene Message."

42. 캐롤 인터뷰 내용 중 유니레버의 라이프뷰요이 글로벌 사회 미션 매니저 미리암 시디베 박사가 공유한 정보 참고

43. Unilever. "Annual Report and Accounts 2009: Creating a Better Future Every Day."

http://www.unilever.com/images/ ir_Unilever_AR09_tcm13−208066.pdf, p. 19.

44. Lifebuoy. "Way of Life: Towards Universal Handwashing with Soap: Annual Review 2008/09."

http://www.unilever.com/images/sd_WayofLifeJan2010_for_web1_tcm13−212739.pdf.

45. Butler, S. "Tesco's Fresh & Easy Stores Hit Image Problem Before Opening." TimesOnline, 2007년 8월 3일.

http://business.timesonline.co.uk/tol/business/industry_sectors/retailing/article2189609.ece. (2010년 2월 25일 방문)

46. 위와 동일

47. 위와 동일

48. Coca−Cola Company. 보도자료: "The Coca−Cola System Advances New Solutions for Economic Development," 2009년 5월 13일.

http://www.thecoca−colacompany.com/presscenter/nr_20090513

_kent_economic_development.html. (2010년 2월 25일 방문)

제6장

1. 전국교육협회(National Education Association)가 3백만 명을 대상으로
   한 설문조사에 의하면, 교사들은 학교 예산의 부족으로 수업에 필요
   한 물품을 사기 위해 쓰는 비용이 연간 평균 $1,200달러나 된다. 참고
   "Today Office Max Surprises 1300 Teachers in Second Annual 'A Day
   Made Better' Nationwide Event." PR Newswire, 2008년 10월 1일.
   http://investor.officemax.com/phoenix.zhtml?c=85171&p=irol−
   newsArticle&ID=1216309&highlight. (2010년 2월 5일 방문)
   선생님들의 평균 연봉이 3만 달러인 것을 감안해 볼 때 이 통계는 더
   욱더 많은 의미를 가진다 "OfficeMax's 'A Day Made Better'
   Nationwide Cause Event." 에 관한 비디오 정보.
   http://video.filestube.com/watch,1b1e891da35db57d03ea/OfficeMax−
   s−A−Day−Made−Better−Nationwide−Cause−Event.html. (2010
   년 2월 6일 방문)
2. Epstein−Reeves, J. "Leaders in the Field: A Day Made Better." CitizenPolity,
   2009년 9월 29일.
   http://citizenpolity.com/2009/09/29/leaders−in−the−field−a−day−
   madevbetter/.(2010년 2월 5일 방문) 사진 정보 참고.
3. "Today OfficeMax Surprises 1300 Teachers in Second Annual 'A Day
   Made Better' Nationwide Event." PR Newswire, 2008년 10월 1일.
   http://investor.officemax.com/phoenix.zhtml?c=85171&p=irol−
   newsArticle&ID=1216309 & highlight. (2010년 2월 5일 방문)
4. 위와 동일
5. 위와 동일
6. 2010년 2월 25일 저자가 직접 진행한 오피스맥스 대외협력부문 이사
   윌리엄 보너와의 인터뷰 내용.
7. Epstein−Reeves, "Leaders in the Field."
8. "OfficeMax 'Eve' Branding Training Video."
   http://www.youtube.com/watch?v=xHZh5W_sxo8. (2010년 2월 6일

방문)

9. Epstein−hj.1−=2.3+Reeves, "Leaders in the Field."

10. 윌리엄 보너와의 인터뷰.

11. 2010년 2월 23일 저자가 직접 진행한 오피스맥스 전 지역사회부문
이사 제임스 엡스타인−리브스와의 인터뷰 내용.

12. 제임스 엡스타인−리브스와의 인터뷰 내용 임직원 의견 참고.

13. 월마트 CEO 마이크 듀크에 따르면 2009년 초반 신규 고객층의 17%
증가가 있었다. Duff, M. "Wal−Mart Focuses on Retaining Customers
Beyond Recession." bnet, 2009년 5월 14일.
http://industry.bnet.com/retail/10001915/Walmart−focuses−on−
retaining−customers−beyond−recession/.

14. McEwen, W. J. "Getting Emotional About Brands." Gallup Management
Journal, 2004년 9월 9일.
http://gmj.gallup.com/content/12910/getting−emotional−
aboutbrands.aspx.

15. 위키피디아에 보고된 IEG 통계, "Cause Marketing."
http://en.wikipedia.org/wiki/Cause_marketing. (2009년 11월 29일 방
문)

16. 2010년 2월 25일, 저자가 직접 진행한 로널드 맥도널드 자선 하우스
글로벌 데이터, 커뮤니케이션 이사 제니퍼 스미스와의 인터뷰.

17. Landau, E. "Obesity, Politics, STDs Flow in Social Networks." CNN.com,
2009년 10월 8일.
http://www.cnn.com/2009/TECH/10/08/social.networks.connected.

18. McEwen, "Getting Emotional About Brands."

19. Haque, U. "The Scale Every Business Needs." Harvard Business Review
blogs, 2010년 1월 20일.
http://blogs.hbr.org/haque/2010/01/the_scale_every_business_needs.html.

20. Jayson, S. "Generation Y Gets Involved." USA Today, 2006년 10월 24일.
http://www.usatoday.com/news/nation/2006−10−23−gen−next−
cover_x.htm.

21. Zolli, A. "Business 3.0." Fast Company, 2007년 3월 1일.
http://www.fastcompany.com/magazine/113/open_fast50−
essay.html?page=0%2C3. (2009년 11월 28일 방문)

22. Stepanek, M. "Cause—Washing: The New Black?" Justmeans, 2010년 3월 1일.

  http://www.justmeans.com/Cause—washingnew—black/10558.html.

23. Devinney, T. M., Auger, P., Eckhardt, G., and Birtchnell, T. "The Other CSR." Stanford Social Innovation Review, Fall 2006.

24. 식료품 매장 통계 정보: Schwartz, B. Paradox of Choice: Why More Is Less. New York: HarperCollins, 2004.

25. Pink, D. H. A Whole New Mind. New York: Penguin Group, 2006.

26. "Pampers?together with actress Salma Hayek helps UNICEF move closer toward goal of eliminating deadly Tetanus through global 'ONE PACK=ONE VACCINE' Campaign." Press release, 2009년 2월 5일. http://www.unicefusa.org/news/releases/pampers—together—with—actress.html.

27. "Why Tetanus? Quick Facts."

  http://www.unicefusa.org/ hidden/tetanus—quick—facts.html.

28. "Pampers?together with actress Salma Hayek" press release.

29. 2010년 4월 30일 저자가 직접 진행한 P&G 아기용품부문 브라이언 맥클리어리와의 인터뷰 내용.

30. "Mommy Bloggers and UNICEFUnite to Wipe Out Tetanus." lilsugar, 2008년 8월 13일. http://www.lilsugar.com/Mommy—Bloggers—UNICEF—Unite—Wipe—Out—Tetanus—1863363.

31. 보너와의 인터뷰 내용 (chap. 6, n. 6 정보 참고).

32. "Climate Change Corp: Climate News for Business."

  http://www.climatechangecorp.com/content.asp?contentid=6178.

33. HSBC. "Sustainable Finance"

  http://www.hsbc.com/1/2/sustainability/sustainable—finance, and "Climate Change Corp: Climate News for Business.

34. 위와 동일

35. "Climate Change Corp: Climate News for Business."

36. "Pampers & UNICEF Connect Moms Around the World."

  http://alphamom.com/your—life/pampers—unicef—connectmoms—around—the—world/.

제7장

1. 코네티컷 주 정부 교육부. Report on Progress in the Hartford Public
Schools, 2005년 6월 1일.
http://www.sde.ct.gov/sde/lib/sde/PDF/Equity/hartford/Narrative_June
05.pdf.

2. Bordonaro, G. "Creating a New Generation of Workers: Business
Community Key to City's Learning Academies." Hartford Business Journal
Online, 2009년 6월 29일.
http://www.hartford business.com/news9364.html. (2010년 2월 10일
방문)

3. 2010년 1월 28일과 3월 26일, 저자가 직접 진행한 트래블러스 재단
CEO 말레네 입슨과의 인터뷰 내용.

4. City of Hartford. "Steven Adamowski, Hartford's New Superintendent."
http://www.hartford.gov/ofyc/Superintendent Adamowski.pdf. (2010년 2
월 10일 방문)

5. Goode, S. "Hartford Shows Improvement in High School Graduation
Rate." HartfordInfo.org, 2009년 9월 23일.
http://www.hartfordinfo.org/issues/documents/education/htfd_courant_0
92309.asp.

6. Hartford Public Schools. "Hartford Public Schools."
http://www.hartfordschools.org/schools/Hartfords — Insuranceand —
Finance — Academy.php. 추가 정보 Bordonaro, "Creating a New
Generation of Workers."

7. Bordonaro, "Creating a New Generation of Workers."

8. 위와 동일

9. 위와 동일

10. 위와 동일

11. "IBM Collaborating with Hundreds of Universities Driving Curriculum
Change for a Smarter Planet." IBM 보도자료, 2009년 4월 13일.
http://www — 03.ibm.com/press/us/en/ pressrelease/27201.wss. (2010년
3월 23일 방문)

12. Chaker, A. M. "Majoring in IBM: Dissatisfied with Graduates, Companies

Design and Fund Curricula at Universities." Wall Street Journal, 2006년 9월 12일.

13. "IBM Collaborating with Hundreds of Universities."

14. Chaker, "Majoring in IBM."

15. Giving USA 2009: The Annual Report on Philanthropy for the Year 2008. Indiana University: Giving USA Foundation, 2009. 기업 자선에 관련한 수치는 컨퍼런스 보드(The Conference Board)의 2008 Corporate Contributions Report의 72~73 페이지에 나와 있는 내용을 참고하였으며 파운데이션 센터(The Foundation Center)의 기업 재단 기부에 관한 내용 74페이지를 참고하였음.

16. "Fast Forward: 25 Trends That Will Change the Way You Do Business." Workforce, June 2003, pp. 43－56.

    http://www.workforce.com/section/09/feature/23/45/53/index.html.

17. 2010년 2월 13일, 저자가 직접 진행한 시카고 공립학교의 교육과 학습 부문, 전 전략기획 매니저 메그한 톨렌트－베니스와의 인터뷰 내용.

18. "Fast Facts." National Center for Education Statistics.

    http://nces.ed.gov/fastfacts/display.asp?id=16. (2010년 2월 13일 방문)

19. National Center for Education Statistics. Achievement Gaps: How Black and White Students in Public Schools Perform in Mathematics and Reading on the National Assessment of Educational Progress. NCES 2009－455. Washington, D.C.: Institute of Educational Sciences and U.S. Department of Education, July 2009.

    http://nces.ed.gov/nationsreportcard/pdf/studies/2009455.pdf. (2010년 2월 13일 방문)

20. U.S. Department of Health and Human Services. Vulnerable Youth and the Transition to Adulthood. ASPE Research Brief. Washington, D.C: Office of the Assistant Secretary for Planning and Evaluation/Office of Human Services Policy, July 2009.

    http://www.urban.org/uploadedpdf/411948_distressed_neighborhoods.pdf.

21. "Fast Facts." National Center for Education Statistics.

    http://nces.ed.gov/fastfacts/display.asp?id=372. (2010년 5월 17일 방문)

22. "The Economic Impact of the Achievement Gap in America' s Schools."

McKinsey & Company, April 2009.
http://www.mckinsey.com/App_Media/Images/Page_Images/Offices/SocialSector/PDF/achievement_gap_report.pdf.

23. Nagel,D. "Report: Sweeping EducationReform Needed to Bolster American Competitiveness" The Journal, 2008년 9월 10일. http://thejournal.com/Articles/2008/09/10/Report—Sweeping—Education—Reform—Needed—To—Bolster—American—Competitiveness.aspx?Page=1. 포드자동차펀드, 지식업무재단, 전국교육협회가 후원하는 21세기 기술을 위한 파트너십 지원으로 만들어진 보고서 21st Century Skills, Education & Competitiveness 참고.

24. Wagner, T. The Global Achievement Gap: Why Even Our Best Schools Don't Teach the New Survival Skills Our Children Need—And What We Can Do About It. New York: Basic Books, 2008, p. 9.

25. Wagner, The Global Achievement Gap.

26. Pink, D. H. A Whole New Mind. New York: Penguin Group, 2005.

27. National Center on Education and the Economy. Tough Choices or Tough Times: The Report of the New Commission on the Skills of the American Workforce. San Francisco: Jossey—Bass, 2008. Diana Farrell and Andrew Grant, "China's Looming Talent Shortage," McKinsey Quarterly, 2005, No. 4. page 15 참고

28. Guthridge, M., Komm, A. B., and Lawson, E. "Making Talent a Strategic Priority." McKinsey Quarterly, January 2008. https://www.mckinseyquarterly.com/Organization/Talent/Making_talent_a_strategic_priority_2092.

29. Gentleman, A. "Brain Gain' for India as Elite Return." The Observer, 2008년 4월 20일. http://www.guardian.co.uk/world/2008/apr/20/india.globaleconomy.

30. Holzer, H. J, and Lerman, R. I. "The Future of Middle—Skill Jobs." Brookings Center on Children and Families. CCF Brief #41, February 2009. http://www.brookings.edu/~/media/Files/rc/papers/2009/02_middle_skill_jobs_holzer/02_middle_skill_jobs_holzer.pdf.

31. 위와 동일

32. 위와 동일

33. 위와 동일

34. Moses, A. R. "Shop Classes Return—with a 21st—Century Twist." Edutopia, 2009년 4월 14일. http://www.edutopia.org/shop—classes—vocational—education—technology. (2010년 2월 11일 방문)

35. National Center for Education Statistics. Digest of Education Statistics, 2008. NCES 2009—020. Washington, D.C.: U.S. Department of Education, March 2009.

http://nces.ed.gov/pubsearch/pubsinfo.asp?pubid=2009020. Chapter Three 참고

36. Rawe, J. "How Germany Keeps Kids from Dropping Out." Time, 2006년 4월 11일.

http://www.time.com/time/magazine/article/0,9171,1182439,00.html.

37. 위와 동일

38. 위와 동일

39. Holze and Lerman, "The Future of Middle—Skill Jobs"

40. O' Reilly, K. B. "Minority and Women Agents Look to Tap Emerging Markets." Insurance Journal, 2003년 6월 23일.

http://www.insurancejournal.com/magazines/southcentral/2003/06/23/features/30116.htm.

41. 위와 동일

42. "FedExperience Pilot Program." The Partnership for Public Service. http://www.ourpublicservice.org/OPS/programs/fedexperience/.

43. "Developing America' s Healthcare IT Expertise." Cisco Systems,2009. http://www.cisco.com/web/learning/netacad/us/docs/Healthcare—IT—Networking—Academy.pdf. (2010년 2월 13일 방문)

제8장

1. Cohn, J. "What' s the One Thing Big Business and the Left Have in Common?" New York Times, 2007년 4월 1일.

2. 위와 동일

3. "Who We Are" Coalition to Advance Healthcare Reform. http://www.coalition4healthcare.org/about/?_c=ymz0mr6m 5yt4uj. (2010년 2월 17일 방문)

4. Rau, J. "Universal Healthcare Gains Unlikely Backer." LosAngeles Times, 2007년 5월 7일.

5. Cohn, "What's the One Thing?"

6. 위와 동일

7. 위와 동일

8. Rau, "Universal Healthcare Gains Unlikely Backer." 추가 정보 Burd, S. A., "How Safeway Is Cutting Health−Care Costs," Wall Street Journal, 2009년 6월 12일, p. A15.

9. Burd, "How Safeway Is Cutting Health−Care Costs."

10. Cohn, "What's the One Thing?"

11. Condon, S. "Wal−Mart Supports Health Care Employer Mandate." CBSNews.com, 2009년 7월 1일. blogs/2009/07/01/politics/politicalhotsheet/entry5127536 .shtml.(2010년 2월 17일 방문)

12. Cohn, "What's the One Thing?"

13. Rau, "Universal Healthcare Gains Unlikely Backer."

14. Cohn, "What's the One Thing?"

15. Peterson, K., and Pfitzer, M. "Lobbying for Good." Stanford Social Innovation Review, 2009, 7(1), 44−49.

16. Carney, E. N. "What You Don't See." National Journal, 2008년 3월 21일. http://news.nationaljournal.com/articles/080321nj2.htm. (2010년 2월 17일 방문)

17. Igan, D., Mishra, P., and Tressel, T. "A Fistful of Dollars: Lobbying and the Financial Crisis." Working Paper. International Monetary Fund, December 2009. http://www.imf.org/external/pubs/ft/wp/2009/wp09287.pdf.

18. 2010 Congressional Pig Book. Citizens Against Government Waste, 2010. http://www.cagw.org/reports/pig−book/2010/.

19. Cramer, A. "Business and Government: Working Together in the Reset World." BSR Insight, 2009년 7월 14일.

20. Adamy, J., and Zimmerman, A "Wal—Mart Backs Drive to Make Companies Pay for Health Coverage." Wall Street Journal, 2009년 7월 1일, p. A1.

21. 위와 동일

22. Bonini, S.M.J., Mendonca, L. T., and Oppenheim, J. M. "When Social Issues Become Strategic." McKinsey Quarterly, 2006, No. 2. http://www.sdgrantmakers.org/whso06.pdf.(2010년 2월 17일 방문)

23. Di Meglio, F. "B—School Students with a Cause." BusinessWeek, 2005년 1월 6일. http://www.businessweek.com/bschools/content/jan2005/bs2005016_5 334_bs001.htm. (2010년 2월 16일 방문)

24. Burd, "How Safeway Is Cutting Health—Care Costs."

25. Donovan, W. "Full Contact Investing: Active Shareholders Get Engaged." About.com. http://socialinvesting.about.com/ od/srishareholders/a/socialactivism.htm. (2010년 2월 17일 방문)

26. 2010년 3월 30일 저자가 직접 진행한 로널드 맥도널드 자선하우스 임원 자넷 버튼과의 인터뷰 내용.

27. 위와 동일

28. Backaler, J. "KFC's Success in China: An Interview with Warren Liu, Former VP of Yum! Brands Greater China." Joel Backaler's Instablog, 2009년 7월 1일. http://seekingalpha.com/instablog/339769—joel—backaler/10822— kfcs—successin—china—an—interview—with—warren—liu— former—vp—of—yumbrands—greater—china.

29. "Governor Kaine Announces Partnership to Improve Citizen Access to GED Content." Literacy Council of North Virginia. http://www.lcnv.org/docs/ged_ondemand.pdf.(2010년 2월 17일.)

30. List, J. "SC Johnson and USAID Partner to Increase Pyrethrum Production in Rwanda." Alliance Innovations: Newsletter of the Global Development Alliance, USAID, Summer 2009, p. 8. http://www.usaid.gov/our_work/global_partnerships/gda/newsletter/su mmer 2009.pdf. (2010년 2월 17일 방문)

31. "GE Eyes $1.5 Billion inCleantech Research by 2010." Reuters, 2009년 5월 27일. http://www.reuters.com/article/idUSTRE54 Q0NG20090527.

32. General Electric. "Healthymagination." http://www.healthy magination.com/.

33. 위와 동일

34. Bhattacharya, C. B., and Sen, S. "Doing Better at Doing Good: When, Why, and How Consumers Respond to Corporate Social Initiatives." California Management Review, 2004, 47(2), 9−24.

35. Dutton, G. "How Nike Is Changing the World, One Factory at a Time." Ethisphere, 2008년 3월 26일. http://ethisphere.com/how−nike−is−changing−the−world−one−factory−at−a−time/.

제9장

1. Bonini, S., Brun, N., and Rosenthal, M. "Valuing Corporate Social Responsibility." McKinsey Quarterly, February 2009.

2. Friscia, T. "The 2009 Clinton Global Initiative: Corporate Social Capitalism Is the New Basis of Global Competition." AMR Research, 2009년 10월 2일. http://www.amrresearch.com/content/view.aspx?compURI=tcm: 7−48415.

3. Frederick, J. "Walgreens Offers New Urban Solution: Expanded Grocery Set for 'Food Deserts.'" Drug Store News, 2009년 6월 29일.

제11장

1. Berk, C. C. "Pepsi's Gamble: Sitting on Sidelines at the Super Bowl." CNBC.com, 2009년 12월 17일. http://www.cnbc.com/id/34465594. (2010년 2월 27일 방문)

2. Hodge, S. A. "U.S. States Lead the World in High Corporate Taxes." Tax Foundation, 2008년 3월 18일. http://www.taxfoundation.org/publications/show/22917.html. (2010년 2

월 27일 방문)

3. Blodgett, H. "The Conscientious Investor." Atlantic Monthly, December 2007.

4. Goldman Sachs, "Introducing GS Sustain" (chap. 12, n. 12).

5. 201년 3월 1일, 저자가 직접 진행한 배질 데메로티스와의 인터뷰 내용.

6. Independent Sector. "Facts and Figures About Charitable Organizations." Fact sheet, 2009년 10월 30일.
http://www.independentsector.org/programs/research/Charitable_Fact_S heet.pdf. (2010년 3월 30일 방문)

7. 도시 연구소의 국내 프로그램 분류 코드 분석 참고.
http://nccs.urban.org/classification/NPC.cfm.(2010년 2월 27일 방문)

8. McNichol, E., and Johnson, N. "Recession Continues to Batter State Budgets; State Responses Could Slow Recovery." Center on Budget and Policy Priorities, 2010년 2월 25일.
http://www.cbpp.org/cms/index.cfm?fa=view&id=711.(2010년 2월 27일 방문)

9. "Survey: Most Americans Believe Government Broken." CNN Politics, 2010년 2월 22일.
http://www.cnn.com/2010/POLITICS/02/21/poll.broken.govt/index.html. (2010년 2월 27일 방문)

10. Reich, R. B. SuperCapitalism: The Transformation of Business,Democracy, and Everyday Life. New York: Knopf, 2007,pp. 182~184.

CSR 3.0

글 쓴 이 | 제이슨 사울
옮 긴 이 | 안젤라 강주현
발 행 일 | 2011년 10월 29일 초판 1쇄 발행
펴 낸 이 | 양근모
발 행 처 | 도서출판 청년정신 ◆ 등록 1997년 12월 26일 제10-1531호
주   소 | 경기도 파주시 교하읍 문발리 535-7 세종출판벤처타운 408호
전   화 | 031) 955-4923 ◆ 팩스 031) 955-4928
이 메 일 | pricker@empal.com